○ 第3辑

劳动人事争议仲裁与审判指引

Labour and Personnel Dispute Arbitration and Trial Guidelines

北京市劳动和社会保障法学会 组织编写

中国劳动社会保障出版社

图书在版编目（CIP）数据

劳动人事争议仲裁与审判指引.第3辑/北京市劳动和社会保障法学会组织编写.－－北京：中国劳动社会保障出版社，2025.－－ISBN 978-7-5167-6837-2

Ⅰ.D922.591.5

中国国家版本馆 CIP 数据核字第2025UB2139号

中国劳动社会保障出版社出版发行

（北京市惠新东街1号　邮政编码：100029）

*

北京盛通印刷股份有限公司印刷装订　　新华书店经销

787毫米×1092毫米　16开本　23.25印张　354千字

2025年4月第1版　2025年4月第1次印刷

定价：88.00元

营销中心电话：400-606-6496

出版社网址：https://www.class.com.cn

版权专有　　　侵权必究

如有印装差错，请与本社联系调换：（010）81211666

我社将与版权执法机关配合，大力打击盗印、销售和使用盗版图书活动，敬请广大读者协助举报，经查实将给予举报者奖励。

举报电话：（010）64954652

《劳动人事争议仲裁与审判指引》(第3辑)编辑委员会

主　　任　姜俊禄

副 主 任　张恒顺

编　　委　(以姓氏笔画为序)

马照辉　王建平　刘松山

余　燕　范　围　徐　淳

高　红　程　阳

执行编辑　(以姓氏笔画为序)

高　峡　高明靖

序　言

2024年6月17日人力资源社会保障部官网发布《2023年度人力资源和社会保障事业发展统计公报》，其中"全年全国各级劳动人事争议调解组织和仲裁机构共办理劳动人事争议案件385.0万件，涉及劳动者408.2万人。全年办结争议案件373.4万件，结案金额829.9亿元。全年劳动人事争议调解成功率77.7%，仲裁结案率98.1%，仲裁终结率72.3%"。

最高人民法院工作报告披露，在所有案件分类中，婚姻家事案件数量是最多的。2023年审结婚姻家事案件217万件，较2022年增长19.5%。

之所以将调解仲裁阶段办理的劳动人事案件数量与审判阶段的婚姻案件作比较，就是因为每个人一天只有24小时，除了8小时睡眠外，就是8小时工作和8小时婚姻家庭生活。而实际上，非常普遍的加班现象及冗长的通勤导致8小时工作变得更长，挤占了婚姻家庭生活时间。

我们几乎所有人都在劳动人事组织关系中，要么是管理方，要么是被管理方，或者既是管理方又是被管理方。从这个角度看，劳动人事关系构成了最基础的社会关系。

从2019—2022年的数据可以看到，劳动人事争议案件数量呈现逐年上升的趋势。

2022年全国各级劳动人事争议调解组织和仲裁机构共办理劳动人事争议案件316.2万件，涉及劳动者341.3万人。全年办结争议案件303.3万件，结案金额682.2亿元。调解成功率75.1%，仲裁结案率96.9%，仲裁终结率72.5%。

2021年全国各级劳动人事争议调解组织和仲裁机构共办理劳动人事争议案件263.1万件，涉及劳动者285.8万人，涉案金额576.3亿元。全年办结争议案件252.0万件，调解成功率73.3%，仲裁结案率97.0%，仲裁终结率71.1%。

2020年全国各级劳动人事争议调解组织和仲裁机构共处理劳动人事争议案

件221.8万件，涉及劳动者246.5万人，涉案金额530.7亿元。全年办结争议案件212.3万件，调解成功率为70.6%，仲裁结案率为96.2%，仲裁终结率为70.5%。

2019年全国各级劳动人事争议基层调解组织和仲裁机构共处理劳动人事争议案件211.9万件，涉及劳动者238.1万人，涉案金额489.7亿元。全年办结争议案件202.3万件，调解成功率为68.0%，仲裁结案率为95.5%。终局裁决17.7万件，占裁决案件数的41.2%。

案件上升的原因是我国处于巨大利益的调整时期，改革进入深水区，劳资博弈显性化。劳动人事争议仲裁委员会受理的案件逐年上升，从另一个侧面可以看出劳动人事争议处理仍在法治的轨道上进行，是可控的、可预期的。这归功于各级劳动人事争议仲裁委员会仲裁员和各级人民法院法官所做的努力以及律师的积极疏导和引导理性维权。

呈现在读者眼前的这本年度案例集汇集了2023年北京市处理的疑难劳动人事争议案件的一部分，有一定代表性。涉及北京作为互联网大厂聚散地独特的劳动人事争议特点、新质生产力的核心城市涉及的科技人员纠纷、新旧动能转换及企业调整经营而引起的群体纠纷，还有房地产、装修行业的下行以及教培行业整顿导致破产而引起的群体劳动人事争议等。

读者可以从侧面看到劳动人事争议案件背后的我国企业的生存状态。当然这是局部微观经济的缩影。我们需要在巨大的经济调整中坚守法律人的初心，保持定力，坚持公平正义，创造和谐劳动关系。

姜俊禄

北京市劳动和社会保障法学会名誉会长

2025年3月

目 录

裁审衔接

1. 专业技术培训合同中用人单位提供的培训费用认定 …………… 颜哲 3
2. 劳动者与用人单位就退休年龄争议的处理 …………………… 闫旭 7

劳动关系的认定

3. 在劳动合同中约定见习期的性质和效力 ………………… 王丽蕊 15
4. 确认劳动关系之诉，人民法院应进行实体审查和裁判 ……… 王丽蕊 21
5. 达到法定退休年龄劳动者的劳动关系认定及工伤待遇 …… 邢龙飞 杨柳鑫 27
6. 建筑施工领域用工单位将承包业务违法分包，劳动者因工伤亡时的工伤保险负担问题 ……………………………… 郝东霞 赵磊 34
7. 事实劳动关系的分析认定 ……………………………… 孙慧莹 40
8. 已达法定退休年龄的劳动者与用人单位之间能否建立劳动关系 ………………………………………………… 蒋召民 任慧 43
9. 骑手注册个体工商户与二级供应商的劳动关系认定 ……… 李文娟 47
10. 新就业形态中双方法律关系的审查和认定 ……………… 鲍远芳 51

劳动合同的签订与履行

11. 劳动合同期满后未及时续订，单位是否应支付二倍工资？ ………………………………………… 刘玉清 沈成宝 59

12. 预先约定排除劳动者法定权利的合同条款无效 ……… 吴博文　王雅怡　65
13. 用人单位不得仅以女职工产假返岗后原岗位被替代为由对其
    进行调岗 ……………………………………… 王丽蕊　王雅怡　71
14. 用人单位原则上应对未订立书面劳动合同承担无过错责任 …… 王丽蕊　79
15. 劳动者在履行工作职责过程中赔偿责任的承担 ………… 冉雪芳　84
16. 单位高管解聘过程中劳动法与公司法的竞合问题 ………… 李博　88
17. 应当订立无固定期限劳动合同而未订立的，二倍工资支付期间
    是否具有封顶上限 ………………………………… 岳久博　何勇　92
18. 用人单位违法安排劳动者待岗的认定及工资支付问题 ………… 赵凡　98
19. 劳动者受骗给用人单位造成损失的赔偿责任认定规则 ………… 孙青　102

劳动合同的解除与终止

20. 哪些情形属于《中华人民共和国劳动合同法》第三十八条中规定的
    "劳动条件"？…………………………………………… 蒋娟　109
21. 劳动者严重违反劳动纪律时解除劳动合同的法律适用 ………… 吴博文　115
22. 试用期解除劳动合同中的"录用条件" …………………… 陈晨　121
23. "劳动者提前三十日通知可解除劳动合同"的理解与适用 …… 王新如　125
24. 个体培训机构经营权转让情形下劳动合同解除的判定 ……… 王丽媛　130
25. 如何辨析劳动合同法中的客观经济情况和客观
    情况 ……………………………………… 胡洁　于正弋　汪维佳　134
26. 医疗补助费制度的适用情形和适用条件分析 ………………… 吴昊　139
27. 员工完成规范化培训后离职，是否应向用人单位支付
    违约金？…………………………………………… 李舒璇　144
28. 劳动者在用人单位连续工作年限的认定 …………… 薛晨　胡浩　151
29. 试用期内出勤率约定条款效力的审查和认定 ………………… 王伟娜　156
30. 长期待岗对判决继续履行劳动合同的影响 ………………… 崔明明　161

31. 连续二次及以上订立固定期限劳动合同，最后一次固定期限
    劳动合同到期，用人单位能否终止合同 …………………… 陈纪先　166
32. 连续工作满十年用人单位能否到期终止合同 …………… 陈纪先　170
33. 员工违反忠诚义务，用人单位是否可以解除劳动
    合同 ………………………………………………… 张雪霞　王其其　173
34. 劳动者通过仲裁方式行使劳动合同被迫解除权的，能得到
    经济补偿吗 ………………………………………………… 张爱军　176
35. 限制公职人员解除劳动关系应谨慎 …………………… 袁林楠　181
36. 放假期间的生活费能否纳入经济补偿的计算基数 ……… 陈纪先　185
37. 劳动者非因本人原因变更用人单位后的经济补偿金适用规则 …… 刘敏　190
38. 用人单位口头辞退劳动者是否应当认定为用人单位已与劳动者
    解除了劳动关系 …………………………………………… 高嘉琦　194
39. 劳动者拒不服从用人单位调岗安排的，用人单位可以解除
    劳动合同 …………………………………………………… 李奇欣　197
40. 解除劳动合同经济补偿金的疫情免责认定 ……………… 张栓　201
41. 用人单位因劳动者不胜任工作而解除劳动合同，需合理
    合法 ………………………………………………………… 张瑞娟　207
42. 劳动者以新冠肺炎疫情风险为由拒不到岗，用人单位以旷工为由
    解除劳动关系的合法性 …………………………………… 任丽娜　210
43. 用人单位能否因劳动者在母公司的违纪行为解除劳动合同 …… 郝云峰　212
44. 经济性裁员与裁减人员概念的混淆与适用问题 ………… 马照辉　216
45. 新单位合法辞退，原单位经济补偿责任是否被吸收 …… 潘烨　221
46. 新冠肺炎疫情防控期间缓发劳动报酬是否应支付解除劳动关系
    经济补偿 …………………………………………………… 赵起宁　227
47. "试用期只约定一次"的实务适用 ……………………… 王立业　230
48. 用人单位违法解除赔偿金基数计算争议 ………………… 付勇　234

49. 用人单位仅依据劳动合同约定与劳动者解除劳动合同是否合法 …… 张宁 237

50. 女职工"哺乳期"内劳动合同期届满，合同自哺乳期满终止 …… 边晓凤 241

51. 对"三期"女职工进行工作安排应具备正当性和合理性 …… 任梦捷 244

52. 印章存疑怎么办，"人章关系"是关键 …… 任双添 248

53. 当医疗期"闯进"试用期，试用期能否"延长" …… 张亚东 孙硕 252

54. 劳动关系中对用人单位合法权益的保护 …… 陈慧 256

劳动报酬与工时休假

55. 关于金融行业"离职后不予发放递延奖金"的条款效力问题 …… 陈慧佳 263

56. 国有企业工资总额限制能否作为降薪依据 …… 刘向蕾 268

57. 包薪制法律问题实务分析 …… 王倩男 271

58. 考核制度调整需经过民主程序 …… 郭颖 275

59. 改制企业的员工报酬处理 …… 孙美超 278

60. 劳务派遣员工待岗期间，劳动合同履行标准以及社会保险义务的履行 …… 罗维 282

61. 股权激励之限制性股票收入是否应计入劳动报酬 …… 胡洁 于正弋 汪维佳 286

62. 交替安排上班和居家如何支付工资 …… 李飒 291

社会保险与福利待遇

63. 劳动者与用人单位就工伤赔偿签订的协议效力认定 …… 刘芳菲 297

64. 用人单位未缴纳养老保险导致劳动者不能享受养老保险待遇，

赔偿损失计算标准及依据 ………………………… 张军圆 300

65. 用工单位承担工伤保险责任的工伤赔偿范围认定 …… 梁国彬 刘张琪 303

66. 劳动者的实际用人单位与社会保险缴费单位不一致，
工伤待遇由谁支付？ ……………………………… 张连光 307

67. 解除劳动关系后工伤职工依据复查鉴定主张工伤待遇
差额的是否支持 …………………………………… 屈利然 贾云博 311

68. 超过法定退休年龄的劳动者工伤赔偿责任主体 …………… 栾佳为 315

69. 因工致残的退休后提供劳务人员工伤赔偿责任承担主体 …… 王兴硕 318

70. 关于医疗保险、失业保险待遇损失相关问题的实务研讨 …… 宋跃国 321

71. 劳动合同解除后是否应为劳动者补缴社会保险费 …… 李风志 车路锦 327

商业秘密与竞业限制

72. 劳动者通过与第三人建立劳动关系规避竞业限制义务属于
违约 ………………………………………………………… 商锡亮 335

73. 竞业限制协议中的报告义务 ………………………………… 魏月 338

74. 竞业限制履行情况报告义务的效力分析 …………………… 郭淑娴 342

其他

75. 关于女性劳动者退休年龄的认定 …………………… 段海燕 何思明 349

76. 劳动者有权要求用人单位重新出具离职证明吗？ ………… 陈宏 356

裁审衔接

1. 专业技术培训合同中用人单位提供的培训费用认定

争议焦点

1. 专业技术培训合同中用人单位提供的培训费用应该如何认定？
2. 用人单位在培训期间支付给劳动者的工资福利待遇能否被认定为培训费？
3. 劳动者因个人原因提出离职，导致工作时长不满约定的服务期，用人单位能否要求劳动者返还培训费用？

基本案情

原告（仲裁被申请人、一审原告、二审被上诉人）：张某

被告（仲裁申请人、一审被告、二审上诉人）：天津某医院

张某与天津某医院签订聘用合同书，张某所在的岗位为医师，双方认可聘用合同书属于劳动合同性质。在劳动合同履行过程中，双方签订"天津市住院医师规范化培训合同"，约定："培训期为3年，培训为全脱产形式，用人单位按正式职工标准支付医师在规定的培训期间的基本工资和相应的福利待遇，学习期间，连续计算工龄；医师培训合格后保证回到用人单位工作并且为其服务5年，如医师违约，用人单位有权要求其按每年20 000元的标准支付违约金，以及3年培训期间支付的工资和福利待遇。"合同签订后，张某参加规范化培训，培训期间，市财政局负担医师的交通补贴、培训费用等共计45 000元。培训期间，天津某医院如约支付张某工资及福利待遇20余万元。培训合格后，张某回到原用人单位工作，但工作27个月时，他提出辞职，该医院批准。后医院申请仲裁，请求：(1) 张某支付天津某医院违约金55 000元；(2) 张某返还天津某医院支付的

2015年10月8日至2018年10月7日的工资和福利待遇275 697.62元。

审理结果

  2021年6月7日，劳动人事争议仲裁委员会裁决，被申请人（张某）支付申请人（天津某医院）违约金142 111元。张某不服，向人民法院起诉。

  一审法院认为，《中华人民共和国劳动合同法》第二十二条规定，用人单位为劳动者提供专项培训费用，对其进行专业技术培训的，可以与该劳动者订立协议，约定服务期。劳动者违反服务期约定的，应当按照约定向用人单位支付违约金。违约金的数额不得超过用人单位提供的培训费用。用人单位要求劳动者支付的违约金不得超过服务期尚未履行部分所应分摊的培训费用。本案原告参加的专业住院医师规范化培训，专业性较强，对原告从事医疗职业具有必要性，培训合格将提升原告的专业技能，故应属于专业技术培训。原告、被告在"天津市住院医师规范化培训合同"中约定，原告培训合格后保证回到被告处工作并且为被告服务满5年。原告培训合格后，在被告处服务27个月，随后提出解除劳动关系，违反服务期约定，应当依约向被告支付服务期尚未履行部分（33个月）的违约金。关于违约金数额，因原告服务期存在部分未履行情形，则违约金数额不能超出服务期尚未履行部分应分摊的培训费用。本案被告虽未实际支出培训费，但被告作为用人单位可以自主决定是否推荐医师参加培训，被告将培训机会给予原告，市财政局根据被告推荐的医师，负担了交通补贴、培训费用共计45 000元，可以视为用人单位支付的培训费用。因此，原告应向被告支付违约金24 750元（45 000元÷60月×33月）。原告、被告签订了"天津市住院医师规范化培训合同"，约定培训期间被告按正式职工标准支付原告基本工资和相应的福利待遇。由此可见，原告培训期间仍执行正常工作期间的工资标准，被告未就培训期间工资构成、薪资待遇与原告协商变更。因此，不能将被告支付原告的基本工资外的福利待遇视为培训费用，同时获取工资待遇是用人单位应当依法履行的义务，不能因原告的违约行为而免除。综上所述，依照《中华人民共和国劳动合同法》第二十二条、《中华人民共和国劳动合同法实施条例》第十六条之规定，判决："该医师向医院支付违约金24 750元。"

  天津某医院不服一审判决结果，上诉至二审法院，二审法院维持一审法院判决结果。

评析意见

关于本案形成的背景系医院贯彻《关于建立住院医师规范化培训制度的指导意见》而后续引发的争议纠纷。该意见规定，单位委派的培训对象，培训期间原人事（劳动）、工资关系不变，委派单位、培训基地和培训对象三方签订委托培训协议，委派单位发放的工资低于培训基地同等条件住院医师工资水平的部分由培训基地负责发放。政府对培训基地的基础设施、设备购置及委派对象给予必要补助。

在本案中，人民法院与劳动人事争议仲裁委员会对案件事实认定一致，但造成裁审处理结果不一致的主要原因在于，劳动人事争议仲裁委员会认为 3 年培训期内张某未向天津某医院实际提供劳动，培训期内天津某医院向张某支付的工资福利不是张某对天津某医院付出劳动的回报，不属于劳动报酬，而是天津某医院依照合同约定向张某支付的培训费用。市财政局负担的交通补贴、培训费用及天津某医院支付张某的工资福利待遇扣除天津市最低工资标准的部分，均视为用人单位向劳动者支付的培训费用。按张某未履行的期限分摊，应向天津某医院支付违约金 142 111 元。而人民法院认为，张某于天津某医院培训期间仍执行正常工作期间的工资标准，被告未就培训期间工资构成、薪资待遇与原告协商变更。因此，不能将被告支付原告的基本工资外的福利待遇视为培训费用，同时对于获取工资待遇是用人单位应当依法履行的义务，不能因原告的违约行为而免除。因此，仅将市财政局负担的交通补贴、培训费用作为培训费用，按张某未履行的期限分摊，核算张某应向天津某医院支付违约金 24 750 元。

该案审理的重难点是培训费用的认定，以及在该认定关系下违约金数额的计算。市财政局负担的医师交通补贴、培训费用等共计 45 000 元，应视为用人单位提供的培训费用。该观点在裁审实践中争议不大。该笔费用虽不是用人单位直接支出，但却是用人单位及市财政局执行《关于建立住院医师规范化培训制度的指导意见》的体现。用人单位对于推荐何人参加培训有选择权和决定权，医师实际参加相关培训，对其职业技能提升是必要的，也因此受益，可以视为用人单位对医师进行专业技术培训而支付的有凭证的培训费用以及因培训产生的用于该医师的其他直接费用。关于工资福利待遇能否认定为培训费问题，由于工资、社会保险、公积金属于劳动报酬及社会保险待遇范畴，属于用人单位应当依法履行的义务，不能视为用人单位支出的培训费用。福利待遇是否应认定为培训费，是导致裁审不一致的关键原因。对此，笔者认为应考查医师在培训期间的工作、学习状态，医师到培训基地参加脱产培训，是否要从培训基地进行问诊、临床实践等，考量医师培训期间工作强度是否相当于正常医师工作期间的工作强度。还应考虑医师及医院签订的"天津市住院医师规范化培训合同"是否明确约定培训期间工资构成变更情况以及对于基本工资外的福利待遇视为用人单位支付劳动者的培训相关费用。

劳动者由于个人原因提出离职，导致工作时长不满约定的服务期，用人单位能否要求劳动者返还培训期间用人单位支付劳动者的工资及福利待遇？第一，由于工资、社会保险、公积金属于劳动报酬及社会保险待遇范畴，属于用人单位应当依法履行的义务，不能视为用人单位支出的培训费用，即便双方签订的"天津市住院医师规范化培训合同"约定了如医师违约要退还3年培训期间支付的工资，该约定也属于无效约定。第二，关于福利待遇是否应该予以返还：如果该部分福利待遇被认定为培训相关费用，在计算违约金中予以折算，不宜再另行判决劳动者返还用人单位福利待遇；如果该部分福利待遇未被认定为培训费用，未在计算违约金中予以折算，用人单位起诉返还，应对该福利待遇是偏向于工资性质，还是偏向于用人单位可以自主决定发放的范畴予以权衡。

综上所述，上述问题反映了有关法律实施细则、司法解释对于专业技术培训合同中培训费认定不够细化的问题，导致实践中对此理解不一致，造成了对案件事实认定相同，但裁判结果不同的问题。故对该问题进行深入探讨，并对相关规定进行细化是十分必要的。

（天津市滨海新区人民法院　颜哲）

2. 劳动者与用人单位就退休年龄争议的处理

争议焦点

1. 达到法定退休年龄的劳动者是否能认定为与用人单位存在劳动关系？
2. 劳动者与用人单位就退休年龄发生分歧应如何处理？

基本案情

申请人：孙某

被申请人：某银行信用卡中心

孙某为某银行信用卡中心北京分中心直销渠道室直销团队经理，管理100多名下属外包人员，负责团队的招聘、培训和日常管理，双方于2019年7月1日签订无固定期限劳动合同。孙某，女，于1970年12月12日出生，2020年12月12日年满50周岁，档案及社会保险系统中均为工人身份，社会保险系统于2020年12月12日自动减员。2020年11月开始某银行信用卡中心多次向孙某发送邮件告知孙某于2020年12月12日达到法定退休年龄，双方劳动关系依法终止，并要求孙某提交退休相关材料。孙某回复邮件表示，其属于管理岗位，其退休年龄为55周岁，要求继续履行双方的劳动合同。孙某向劳动人事争议仲裁委员会提起仲裁申请，要求某银行信用卡中心继续履行双方之间的劳动合同。

审理结果

本案历经一裁两审，裁判结果各有不同。

劳动人事争议仲裁委员会依据《中华人民共和国劳动争议调解仲裁法》第二条规定，认为双方争议焦点为退休年龄的认定，不属于劳动争议范畴，因此作出不予受理通知书,未予受理。

一审法院结论如下。劳动者达到法定退休年龄的,劳动合同终止,对其要求继续履行劳动合同的请求未予支持。一审法院认为,孙某人事档案及社会保险系统均登记为工人身份,孙某虽主张其所在岗位为管理岗位,应当55岁退休,但未提交有效证据予以证明,因此一审法院对其主张的退休年龄未予采信。

二审法院结论如下。孙某的工作岗位及工作职责体现出通常意义上的管理内容,而某银行信用卡中心未提交充分证据证明孙某属于非管理岗位,因此对于孙某所称其属于管理岗位的相关主张予以采信,对其要求继续履行劳动合同的请求予以支持。二审法院认为,《北京市人力资源和社会保障局关于进一步加强基础管理,规范退休核准工作有关问题的通知》的附件《北京市退休核准工作流程告知书》规定,正常退休条件为男性年满60周岁,女性管理岗位和专业技术岗位年满55周岁,女性非管理岗位年满50周岁,缴费年限(含视同缴费年限)累计满15年。依据上述规定,判断女职工的退休年龄并非简单依据档案中"干部"或者"工人"的界定,而是更注重对女职工具体工作岗位的界定。但针对退休条件中所指管理岗位和非管理岗位的判定,目前国家各类规范性文件中没有准确的普适性定义或列举式定义。故在法律及相关司法解释对管理岗位及非管理岗位的区分无明确规定的情形下,由于不同企业在招录职工时,职位的名称、岗位的定性、职工的级别等内容均存在差异,对职工岗位性质的认定应根据岗位职责及工作内容等进行综合判定。

评析意见

上述案例中所涉及的问题主要在于劳动者的法定退休年龄认定部门,以及劳动者与用人单位因法定退休年龄发生争议后引发的劳动合同终止合法与否问题的处理方法与途径。

对于上述问题司法判例出现了较大分歧,主要分为两种观点,一种观点认为劳动合同终止是否合法,以及是否继续履行劳动合同等问题属于劳动争议范畴,而劳动者与用人单位关于法定退休年龄的各自主张属于争议产生的原因,应当在审理当中一并进行审查,不应以人力资源社会保障行政部门核准的结果为前提。

另一种观点认为,劳动者退休年龄的认定属于人力资源社会保障行政部门中负责办理退休业务的部门进行审查的内容，属于人力资源社会保障行政部门依法应当履行的行政职能，不属于劳动争议案件的受理范围。如果劳动者与用人单位就法定退休年龄发生争议的，劳动者与用人单位均可向人力资源社会保障行政部门申请办理退休手续，由该部门根据相关规定判断劳动者是否符合退休条件。

《国务院关于安置老弱病残干部的暂行办法》第四条规定，党政机关、群众团体、企业、事业单位的干部，符合下列条件之一的，都可以退休。（一）男年满六十周岁，女年满五十五周岁，参加革命工作年限满十年的；（二）男年满五十周岁，女年满四十五周岁，参加革命工作年限满十年，经过医院证明完全丧失工作能力的；（三）因公致残，经过医院证明完全丧失工作能力的。《国务院关于工人退休、退职的暂行办法》第一条规定，全民所有制企业、事业单位和党政机关、群众团体的工人，符合下列条件之一的，应该退休。（一）男年满六十周岁，女年满五十周岁，连续工龄满十年的。（二）从事井下、高空、高温、特别繁重体力劳动或者其他有害身体健康的工作，男年满五十五周岁、女年满四十五周岁，连续工龄满十年的。本项规定也适用于工作条件与工人相同的基层干部。（三）男年满五十周岁，女年满四十五周岁，连续工龄满十年，由医院证明，并经劳动鉴定委员会确认，完全丧失劳动能力的。（四）因工致残，由医院证明，并经劳动鉴定委员会确定，完全丧失劳动能力的。《劳动和社会保障部办公厅关于对劳社厅函〔2001〕44号补充说明的函》规定，参加企业职工基本养老保险的人员被判处拘役及以上刑罚或劳动教养的，服刑或劳动教养期间达到法定退休年龄的，暂缓办理退休手续，待服刑或劳动教养期满后按规定办理退休手续。《劳动和社会保障部关于制止和纠正违反国家规定办理企业职工提前退休有关问题的通知》第一条规定，要严格执行国家关于退休年龄的规定，坚决制止违反规定提前退休的行为。国家法定的企业职工退休年龄是：男年满60周岁，女工人年满50周岁，女干部年满55周岁。由以上规定可知，我国相关法律法规对于法定退休年龄与办理退休手续有着明确的规定，并且禁止提前退休的行为。

依据《北京市人力资源和社会保障局关于进一步加强基础管理，规范退休核准工作有关问题的通知》，人力资源社会保障局对于退休核准条件、依据及流程有着明确的规定，如该通知的附件《北京市退休核准工作流程告知书》第二条办理条件规定，正常退休条件为男性年满60岁，女性管理岗位和专业技术岗位年满55岁，女性非管理岗位年满50岁，缴费年限（含视同缴费年限）累计满15

年。第三条申报材料规定，正常退休基本材料为职工档案、《北京市基本养老保险待遇核准表》等。按非管理岗位办理退休的女职工需提供本人退休申请及劳动合同书、岗位协议等其他相关证据材料。《北京市基本养老保险规定》第四条规定，市劳动保障行政部门负责组织、指导、监督和管理全市基本养老保险工作；区、县劳动保障行政部门负责监督和管理本行政区域内的基本养老保险工作。综上所述，劳动者是否达到法定退休年龄，是否符合退休条件属于人力资源社会保障部门应当履行的行政职能，应当以人力资源社会保障部门核准结果为准，并且现有的判例对于劳动者是否达到法定退休年龄的判断依据也是社会保障部门关于退休条件的相关规定。

以上两种观点，笔者倾向于第二种观点，判断劳动者是否达到法定退休年龄需要结合劳动者的档案、社会保险等多项内容，由人力资源社会保障行政部门予以认定，劳动人事争议仲裁委员会与人民法院不宜进行处理。

在案例中，另涉及劳动者在岗期间工作岗位的认定问题。劳动者是应当以"工人"身份50岁退休，还是以"干部"身份55岁退休，两级人民法院给出了截然相反的结论。

在实务处理中，通常有两种审理思路。

第一种审理思路认为，劳动者的工作岗位性质划分和界定属于用人单位的具体用工行为，涉及用人单位生产、经营及管理等问题，因此用人单位对此拥有自主决定权。法律依据如下。《劳动部关于贯彻执行〈中华人民共和国劳动法〉若干问题的意见》规定，关于在企业内录干、聘干问题，劳动法规定用人单位内的全体职工统称为劳动者，在同一用人单位内，各种不同的身份界限随之打破。应该按照劳动法的规定，通过签订劳动合同来明确劳动者的工作内容、岗位等。用人单位根据工作需要，调整劳动者的工作岗位时，可以与劳动者协商一致，变更劳动合同的相关内容。用人单位内全部职工实行劳动合同制度后，职工在用人单位内由转制前的原工人岗位转为原干部（技术）岗位或由原干部（技术）岗位转为原工人岗位，其退休年龄和条件，按现岗位国家规定执行。《四川省贯彻执行〈中华人民共和国劳动法〉若干问题的实施意见》规定，用人单位职工全部实行劳动合同制后，职工在用人单位内由工人转为干部岗位或由干部转为工人岗位，其退休年龄和条件，按照现任岗位国家规定分别执行，即由工人转为干部岗位，并在干部岗位满两年以上的，按干部的退休年龄和条件退休；由干部转为工人岗位，并在工人岗位满两年以上的，按工人的退休年龄和条件退休。工人岗位、干部岗位的划分，由用人单位确定，报所在地人力资源社会保障行政部门和社会保险局备案。

  第二种审理思路认为，劳动者的工作岗位性质应当由裁判人员综合岗位职责及工作内容进行判断。因为现有法律及相关司法解释对管理岗位及非管理岗位的区分无明确规定，而不同企业在招录职工时，职位的名称、岗位的定性、职工的级别等内容均存在差异，所以对职工岗位性质的认定应根据岗位职责及工作内容等进行综合判定。在此种审理思路下对于举证责任的分配也有所不同，有的审理人员认为因用人单位处于管理地位，故用人单位应当对其主张的劳动者的法定退休年龄及岗位性质承担举证责任。有的审理人员认为主张积极事实一方的当事人应当承担举证责任，就管理岗位或技术岗位与非管理岗位而言，非管理岗位属于一般职能岗位，故主张其为管理岗位或技术岗位的劳动者应当承担举证责任。

（北京市朝阳区劳动人事争议仲裁院　闫旭）

劳动关系的认定

3. 在劳动合同中约定见习期的性质和效力

争议焦点

现阶段，在劳动合同中约定见习期的性质和效力。

基本案情

原告（仲裁被申请人）：某地产公司

被告（仲裁申请人）：李某

2014年8月1日李某（乙方）入职某地产公司（甲方），甲乙双方劳动合同中关于试用期或见习期的约定如下。

2.1 甲、乙双方就合同期限选择下列 A 类确定。A. 有固定期限合同：本合同期限自 2014 年 8 月 1 日起，至 2020 年 7 月 31 日止。其中试用期（或见习期）为 12 个月，自 2014 年 8 月 1 日起，至 2015 年 7 月 31 日止。

2.2 本合同试用期结束前，乙方未以书面形式通知甲方解除劳动合同的，甲方有义务以口头或书面形式通知乙方有关转正事宜；乙方试用期内不符合有关录用条件或具有本合同 10.2.5 条规定的情形的，甲方可解除劳动合同。

……

10.2.2 乙方解除本合同，应当提前 30 日以书面形式通知甲方，双方协商确定乙方最后工作日期，乙方在试用期内辞职的，须提前 3 日书面通知甲方。

10.2.5 有下列情形之一的，甲方可以随时解除劳动合同且不支付经济补偿金，双方依法办理退工手续：（1）乙方在试用期内被证明不符合录用条件的……

李某的工资调整审批表载明：填表日期为2015年8月17日，调整种类为转正，见习期与转正后执行不同工资标准（金额略）。

双方劳动合同于2020年7月31日期满终止。

李某以要求某地产公司支付工资差额、违法约定试用期赔偿金等为由向北京市某区劳动人事争议仲裁委员会提起仲裁，该劳动人事争议仲裁委员会于2021年5月19日作出裁决书，裁决如下：（1）确认某地产公司与李某于2014年8月1日至2020年7月31日存在劳动关系；（2）某地产公司支付李某2015年2月1日至2015年7月31日期间工资差额11 676元；（3）某地产公司支付李某违法约定试用期赔偿金24 870元；（4）某地产公司支付李某终止劳动合同的补偿金43 399.5元；（5）驳回李某的其他仲裁请求。

某地产公司不服仲裁裁决，提起诉讼，主张双方在劳动合同中约定了见习期而非试用期，不存在违法约定试用期的情形。李某辩称，劳动合同中约定的见习期实为试用期，存在违法超过法定期限约定试用期的情形。

二审庭审中，某地产公司陈述见习期间对劳动者能力进行考核，考核合格予以转正。

审理结果

一审法院认为，本案中劳动合同约定见习期为1年，法律并未禁止用人单位与劳动者约定见习期，并不能将见习期解释、引申为试用期。

一审法院判决如下：（1）确认某地产公司与李某于2014年8月1日至2020年7月31日存在劳动关系；（2）某地产公司于本判决生效之日起7日内支付李某终止劳动合同经济补偿金43 399.5元；（3）某地产公司无须支付李某违法约定试用期赔偿金24 870元；（4）某地产公司无须支付李某2015年2月1日至2015年7月31日的工资差额11 676元。

二审法院认为，其一，从合同文本来看，本案劳动合同约定了"试用期（或见习期）"，虽画线去掉了"试用期"，但其他条款中多处约定了试用期，且并未画线去掉相应条款，故劳动合同中关于试用期的约定亦适用于合同双方。其二，从制度功能来看，本案劳动合同约定劳动者适用试用期或见习期，可以证明二者具有可替代性。某地产公司陈述见习期具有对劳动者进行考察的功能，且见习期工资标准低于转正后的工资标准，以上权利义务亦具备试用期的特点。其三，从法律沿革来看，见习期是计划经济体制下统一分配就业体制的产物；而企业与劳动者建立劳动关系实行自主择业、双向选择的，不再符合适用见习期的条件。其四，根据新法优于旧法和上位法优于下位法的原则，《中华人民共和国劳动合同法》施行之后，劳动关系权利义务应当符合该法的规定。用人单位通过约定见习期等方式违反该法关于试用期的规定，降低相应劳动基准、损害劳动者权益的，应承担违法约定试用期的法律后果。综上所述，本案双方劳动合同中约定的见习期在法律性质上属于试用期。现双方约定见习期一年，超过法定试用期期限。

二审法院判决如下：（1）维持一审法院民事判决第一、二项；（2）撤销一审法院民事判决第三、四项；（3）某地产公司于本判决生效之日起7日内支付李某违法约定试用期赔偿金 24 870 元；（4）某地产公司于本判决生效之日起7日内支付李某 2015 年 2 月 1 日至 2015 年 7 月 31 日的工资差额 11 676 元。

评析意见

一、关于见习期、试用期的历史沿革

（一）见习期

所谓见习，指的是毕业生见习，包括两种情形：第一种是见习期内的见习。即对毕业生初次正规就业所实行的功能类似于试用期的见习，包括在劳动合同期限内，属于正规就业劳动关系，见习期满转为正式职工。第二种是见习基地的见习。所谓见习基地，是指经各级人力资源社会保障等有关部门和单位审核认定，可以吸纳符合条件的见习人员参加就业见习并享受相关政策扶持的单位。这种见习属于毕业生正规就业前的过渡就业形式。本文以下所述"见习期"，属于以上第一种见习。

我国自20世纪50年代起以行政规章的形式开始规定和实行见习期制度。1957年的《国务院关于高等学校和中等专业学校毕业生在见习期间的临时工资待遇的规定》规定，国家为了更好地加强锻炼和合理地使用高等学校和中等专业

学校的毕业生,每个毕业生在工作初期都必须有至少一年的见习时期,在见习期内不评定正式工资,只发给临时工资。1981年教育部、国家计委、国家人事局联合印发的《高等学校毕业生调配派遣办法》(已失效)规定,毕业生到达工作岗位后,实行一年见习的制度。1987年国家教育委员会、劳动人事部印发的《高等学校毕业生见习暂行办法》(已失效)规定,高等学校本、专科毕业生分配工作后,原则上都要安排到基层见习。见习期为一年。1996年《劳动部办公厅对〈关于劳动用工管理有关问题的请示〉的复函》规定,大中专、技校毕业生新分配到用人单位工作的,仍应按原规定执行为期一年的见习期制度,见习期内可以约定不超过半年的试用期。根据以上规定,符合条件的应届毕业生新分配到用人单位工作,实行见习期制度。

此后,随着市场经济的发展和经济体制的改革,择业就业模式发生了根本性变革,原有高校毕业生基于"分配"进行就业的政策陆续废止。在此背景下,见习期制度的规定也有所调整。2006年《人事部、财政部关于印发事业单位工作人员收入分配制度改革方案的通知》规定,新参加工作的大学本科(含获得双学士学位的本科生和未获得硕士学位的研究生)及以下毕业生,实行一年见习期……获得硕士学位的毕业生和获得博士学位的毕业生,不实行见习期。2008年施行的《中华人民共和国劳动合同法》及《中华人民共和国劳动合同法实施条例》均未再对见习期作出规定。

(二) 试用期

1994年施行的《中华人民共和国教师法》首次以法律的形式规定了试用期。此后,1995年施行的《中华人民共和国劳动法》第二十一条规定,劳动合同可以约定试用期。试用期最长不得超过六个月。1995年印发的《劳动部关于贯彻执行〈中华人民共和国劳动法〉若干问题的意见》规定,试用期是用人单位和劳动者为相互了解、选择而约定的不超过六个月的考察期。该规定明确了试用期的制度功能定位。此外,该意见还规定,劳动者与用人单位形成或建立劳动关系后,试用、熟练、见习期间,在法定工作时间内提供了正常劳动,其所在的用人单位应当支付其不低于最低工资标准的工资。对试用期、熟练期、见习期的工资标准统一进行了规定。像这样进行的一并表述,在其他规范性文件里也有所体现,如1954年国务院印发的《复员建设军人安置暂行办法》(已失效)、1983年施行的《国务院关于科技人员合理流动的若干规定》(已失效)等。以上将见习期、试用期一并进行行文表述的方式反映了试用期和见习期具有类似的制度功能。

二、见习期、试用期的共性和区别

结合相关法律沿革可知，见习期主要是指除博士生、硕士生以外的应届大中专毕业生分配工作后确定为正式职工前所需要的期限，其功能是对新入职应届毕业生进行业务考核，该功能与《中华人民共和国劳动合同法》规定的试用期功能基本相同。《中华人民共和国劳动合同法》第九十六条规定，事业单位与实行聘用制的工作人员订立、履行、变更、解除或者终止劳动合同，优先适用有关事业单位的特殊规定，没有特殊规定的，才适用本法。故事业单位在人事制度的框架下仍可适用见习期制度对应届毕业生进行业务适应和考核。而《中华人民共和国劳动合同法》颁布施行后，既不具备见习基地资格也不是事业单位的用人单位与劳动者建立劳动关系，应符合该法的规定，该法未规定见习期，而是对试用期设定了明确规则。

综上所述，两者区别主要体现于以下四点。

一是适用对象不同。现阶段，见习期适用于人事关系，是对新参加工作的大学本科（含获得双学士学位的本科生和未获得硕士学位的研究生）及以下毕业生在转正之前制定的考核期限；试用期则适用于劳动关系，适用对象不限于新参加工作的人员，但同一用人单位与同一劳动者只能约定一次试用期，对于以完成一定工作任务为期限的劳动合同、劳动合同期限不满3个月的、非全日制用工，双方当事人不得约定试用期。

二是期限不同。见习期一般为1年，可根据情况延长；试用期的期限根据劳动合同期间的不同设定不同的上限，最长不得超过6个月，用人单位与劳动者可以约定或者不约定试用期。

三是工资标准不同。见习期执行见习期工资标准，见习期工资应不低于最低工资标准，具体工资标准由相关人事关系的法规、规章、规范性文件所规定；试用期工资可由双方进行约定，但不得低于本单位相同岗位最低档工资或者劳动合同约定工资的80%，并不得低于用人单位所在地的最低工资标准。

四是解除规则不同。对于见习期而言，如果用人单位认为毕业生在见习期内不合格，可以延长见习期，或作出辞退处理。对于试用期而言，劳动者在试用期内提前3日通知用人单位，可以解除劳动合同。劳动者在试用期间被证明不符合录用条件的,用人单位可以解除劳动合同。除劳动者有《中华人民共和国劳动合同法》第三十九条和第四十条第一项、第二项规定的情形外,用人单位不得解除劳动合同。用人单位在试用期解除劳动合同的,应当向劳动者说明理由。

三、根据劳动合同权利义务内容认定"见习期"的性质和效力

根据以上论述可知,在法律法规、规范性文件的制定层面,试用期和见习期本身具有类似的功能价值。现阶段,虽然以上论及的部分关于见习期的规范性文件尚未废止,但《中华人民共和国劳动合同法》施行之后,根据新法优于旧法和上位法优于下位法的原则,用人单位和劳动者建立劳动关系,应当符合该法的规定。《中华人民共和国劳动合同法》虽并未明确禁止用人单位和劳动者之间约定试用期以外的见习期、熟练期等期间,但该法具有为劳动者设立劳动基准的立法价值,用人单位和劳动者不得降低劳动基准,作出免除用人单位法定责任、排除劳动者权利的约定。《中华人民共和国劳动合同法》第十九条、第二十条、第二十一条对试用期期限、工资标准、劳动合同解除规则进行了规定,用人单位和劳动者对于试用期的权利义务安排应符合以上规定。用人单位通过约定见习期等方式,降低以上劳动基准、损害劳动者权益的,应认定属于违反《中华人民共和国劳动合同法》关于试用期的规定,应承担相应的法律后果。

(北京市第一中级人民法院　王丽蕊)

4. 确认劳动关系之诉，人民法院应进行实体审查和裁判

争议焦点

当事人预先作出"不再（就劳动关系）向对方主张任何权利""放弃通过仲裁或诉讼向对方主张权利""（就劳动关系）再无其他争议"等意思表示，嗣后又另行提起仲裁、诉讼，请求确认双方之间存在劳动关系的，人民法院是否应当依据上述意思表示径行驳回诉讼请求，还是应当就涉诉期间双方是否存在劳动关系进行实体审查和裁判？

基本案情

原告（上诉人）：刘某某

被告（被上诉人）：A公司

刘某某经A公司法定代表人介绍，入职A公司，担任该公司实际控制人的司机。

本案仲裁和诉讼前，刘某某曾另案将A公司申请至北京市甲区劳动人事争议仲裁委员会，请求A公司向其支付解除劳动关系经济补偿金及加班工资。2021年8月11日，该劳动人事争议仲裁委员会出具调解书，载明经该劳动人事争议仲裁委员会调解，双方自愿达成如下协议：A公司于2021年8月15日前一次性支付刘某某人民币16 000元，双方不再就劳动关系向对方主张任何权利。当日，刘某某和A公司法定代表人均在调解书上签字确认。该调解书载明的支付义务已履行。

嗣后，2021年9月6日，刘某某将A公司申请至北京市乙区劳动人事争议仲

裁委员会，请求确认双方于 2016 年 4 月 20 日至 2021 年 1 月 31 日期间存在劳动关系。2021 年 10 月 27 日，该劳动人事争议仲裁委员会出具裁决书，裁决驳回申请人刘某某的仲裁请求。刘某某不服该仲裁裁决，于法定期限内诉至人民法院，诉请确认刘某某与 A 公司 2016 年 4 月 20 日至 2021 年 1 月 31 日存在劳动合同关系。

仲裁、一审、二审期间刘某某均提交了证明双方存在劳动关系的相关证据。

审理结果

一审法院认为，乙区劳动人事争议仲裁委员会出具的调解书载明，A 公司于 2021 年 8 月 15 日前一次性支付刘某某 16 000 元，双方不再就劳动关系向对方主张任何权利。经核实，刘某某已确认收到 A 公司支付的 16 000 元。在此情况下，刘某某再向人民法院提起诉讼要求确认双方劳动关系没有事实与法律依据，人民法院对此不予支持。

一审法院判决：驳回刘某某的全部诉讼请求。

二审法院认为，双方已在先前仲裁调解程序中约定"双方不再就劳动关系向对方主张任何权利"，但本案中，人民法院仍应根据事实就涉诉期间双方之间是否存在劳动关系进行实体审查和裁判。理由如下。

其一，双方约定了"不再就劳动关系向对方主张任何权利"，但对劳动关系的确认并不能理解为"向对方主张权利"。因为对劳动关系的确认仅是对于既有权利义务关系的认定，其诉的利益在于使双方的法律地位得以安定，不直接导致权利义务的增益或减损；且劳动合同本身属于双务合同，劳动关系双方互负权利义务，确认双方存在劳动关系并不意味着一方向对方主张权利。

其二，请求确认存在劳动关系属于典型的确认之诉。对于给付之诉或形成之诉的诉讼标的，权利人存在处分的可能，人民法院可以基于当事人的权利处分对相应诉讼请求予以驳回，驳回结果与权利处分的事实亦能够吻合；但对于确认之诉的诉讼标的，权利人无法处分，因为人民法院仍应根据已经存在的事实进行裁判，而不能因为当事人的处分行为而回避裁判或作出与法律事实不相符的确认。

其三，民事诉讼中当事人应遵循诚实信用原则和处分原则，但当事人对民事权利和诉讼权利的处分应限于不损害社会公共利益和他人利益的范围。劳动关系并非单一的私法关系，而是具有社会法关系属性。对于劳动关系的确认，不仅影响到劳动报酬支付等经济利益的保障，还影响到劳动者的履历确认等身份关系的认定，影响到与劳动关系挂钩的社会保险权利的实现，而个人履历是社会关系的重要内容，社会保险的依法缴纳也不仅涉及个案中劳动者一方的个人权利，还涉及整个社会保险征缴秩序的维护，涉及国家利益和公共利益。鉴于此，当事人即便作出了对于确认劳动关系之权利的处分，该处分行为亦应归于无效。在此基础上，本院就涉诉期间双方是否存在劳动关系进行审查，并结合在案证据，确认刘某某与A公司于2016年4月20日至2021年1月31日存在劳动关系。

二审法院判决如下：（1）撤销一审法院民事判决；（2）确认刘某某与A公司于2016年4月20日至2021年1月31日存在劳动关系。

评析意见

本案的首要争议焦点在于，一方当事人单方作出"不再向对方主张任何权利""放弃通过仲裁或诉讼向对方主张权利""双方再无其他争议"等内容的意思表示，或双方当事人在另案仲裁和诉讼（请求中不包含确认劳动关系）中达成调解，约定"不再向对方主张任何权利""双方再无其他争议"等内容的，当事人再行仲裁、起诉确认劳动关系，应如何处理。

对此，司法实务界存在两种不同观点。第一种观点认为，鉴于存在以上双方或单方意思表示内容，而要求确认劳动关系属于劳动争议纠纷的一种类型，也附带隐含了主张后续权利的意思表示，故对再次诉请确认劳动关系不应予以支持，并驳回相应诉讼请求。本案一审法院即持有该观点。第二种观点认为，当事人对确认劳动关系之诉讼权利的处分不发生法律效力，当事人再次诉请确认劳动关系，人民法院不能仅依据在先意思表示的内容径行驳回诉讼请求，而仍应就涉诉期间双方是否存在劳动关系进行实体审查和裁判。本案二审法院即持有该观点。就持有该种观点理由，现分析如下。

一、当事人权利处分意思表示的内涵界定

以上列举的当事人此类意思表示往往包含两种含义：一是在实体上，单方或双方认可权利义务结算完毕，即便有未结算完毕的权利义务，亦在实体上表示放弃；二是在行为上，单方或双方表示放弃通过私力救济或公力救济（仲裁、诉讼）的方式向对方另行主张权利。也就是说，此类意思表示包含当事人处分自己

的民事权利和诉讼权利的意思表示。

《中华人民共和国民事诉讼法》第十三条规定，民事诉讼应当遵循诚信原则。当事人有权在法律规定的范围内处分自己的民事权利和诉讼权利。该条款是关于民事诉讼中诚实信用原则和处分原则的规定。诚实信用原则是指人民法院、当事人以及其他诉讼参与人在审理民事案件和进行民事诉讼时必须公正、诚实、善意。① 处分原则是指在法律规定的范围内，当事人有权对自己的实体权利和诉讼权利进行支配和处置。②

当事人上述意思表示是否因违反诚实信用原则和处分原则，而对嗣后的劳动关系确认之诉的相关权利产生处分的效力，是此类案件争议的焦点问题。

二、处分原则在程序法意义上的边界

（一）民事诉权的不可处分性

如果认为以上列举的当事人此类意思表示对确认劳动关系之诉的相关权利存在处分的效力，首先要回答的问题是，当事人诉请确认劳动关系，人民法院在程序上是否应予以受理。对此笔者认为，人民法院应当予以受理，当事人作出的权利处分的意思表示不具有排除诉权的效力。

处分原则的基本内涵是，当事人是否起诉或终结诉讼，何时或何种内容、范围（人民法院对当事人没有提出的请求事项不能裁判），对何人起诉，原则上由当事人自由决定，国家不能干预。人民法院在民事诉讼中应当处于被动消极的地位。③ 处分原则的重点在于对当事人诉讼权利自由支配的肯定和保障，其前提应当是认可当事人享有法定的诉讼权利。诉权的"宪法化"已是现代宪政发展趋势之一。法谚云，"有权利必有救济"，宪法在赋予国民自由权、人身权、财产权的同时，必须赋予国民在权利受到侵害时寻求司法救济的权利，因此诉权是宪法上的救济权。④ 这种权利当事人可以选择行使或不行使，但其放弃的意思表示不导致该权利的消灭，一旦当事人再行选择行使诉权，人民法院仍应当依法受理。《中华人民共和国民事诉讼法》第一百二十六条规定，人民法院应当保障当事人依照法律规定享有的起诉权利。对符合本法第一百二十二条的起诉，必须受理。

---

① 张卫平. 民事诉讼法 [M]. 4版. 北京：法律出版社，2016：46.
② 张艳丽. 民事诉讼费 [M]. 2版. 北京：北京大学出版社，2017：47-48.
③ 三月章. 民事诉讼法 [M]. 弘文堂，1986：186.
④ 张艳丽. 民事诉讼费 [M]. 2版. 北京：北京大学出版社，2017：81.

该规定内容也说明，当事人作出"放弃通过仲裁或诉讼向对方主张权利"等权利处分的意思表示，但起诉符合相关法律规定要求的，人民法院仍必须受理，当事人的相应意思表示不具有排除诉权的法律效力。

（二）确认之诉在性质上的不可处分性

在确定了相应诉讼请求属于人民法院民事案件的受案范围的前提下，接下来要回答的问题是，人民法院对于确认劳动关系之诉是否应当进一步启动实体审查，抑或应当基于在先的权利处分的意思表示，径行驳回诉讼请求。对此笔者认为，人民法院应当启动实体审查，当事人作出的权利处分的意思表示不免除人民法院的审查义务。

按照当事人诉讼请求的目的和内容不同，可以将民事之诉分为确认之诉、给付之诉和形成之诉。确认之诉是指原告请求人民法院确认其与被告之间某种法律关系存在或不存在的诉讼。确认劳动关系之诉就是典型的确认之诉。不同于给付之诉和形成之诉，确认之诉仅是对于既有权利义务关系的认定，其诉的利益在于使双方之间的法律地位得以安定，但不直接导致权利义务的增益或减损，故在确认之诉中不存在可以予以处分的标的和对象。此外，人民法院对于确认之诉的裁判应当与在案证据所反映的法律事实相吻合，否则为错误的裁判。不同于给付之诉和形成之诉，确认之诉中不论当事人嗣后作出如何的意思表示，都不能变更在先已存在的法律关系性质，故人民法院仅根据当事人在后作出的权利处分的意思表示径行认定某种法律关系不存在，是回避裁判的行为，也可能使裁判结果偏离法律事实。

三、处分原则在实体法意义上的边界

一般情况下，民事主体基于自身原因处分自己的民事权利，只在当事人之间发生法律效力，对社会和他人并不产生影响。但特殊情形下，当事人单方或双方作出的处分权利的意思表示会损害社会公共利益或他人合法权益，此时，当事人的处分行为的拘束力及于他人利益，国家有必要进行一定的干预。《中华人民共和国宪法》第五十一条规定，中华人民共和国公民在行使自由和权利的时候，不得损害国家的、社会的、集体的利益和其他公民的合法的自由和权利。《中华人民共和国民法典》第一百五十三条第一款规定，违反法律、行政法规的强制性规定的民事法律行为无效。但是，该强制性规定不导致该民事法律行为无效的除外。第一百五十四条规定，行为人与相对人恶意串通，损害他人合法权益的民事法律行为无效。以上规定都说明，当事人必须在法律规定的范围内行使处分权，其行使处分权存在违反法律、行政法规的强制性规定或恶意串通，损害他人合法权益等情形的，处分的意思表示归于无效。

　　据此，在民事诉讼中，当事人处分自己的民事权利的，人民法院应对行使处分权的内容进行实体审查，以确定相应意思表示的效力。劳动关系并非单一的私法关系，而是具有社会法关系属性。对劳动关系的确认，不仅影响劳动报酬支付等经济利益的保障，还影响劳动者的履历确认等身份关系的认定，影响与劳动关系挂钩的社会保险权利的实现。而个人履历是社会关系的重要内容；社会保险的依法缴纳则依据《中华人民共和国社会保险法》的强制性规定，且不仅涉及个案中当事人的权利义务，还涉及整个社会保险征缴秩序的维护，涉及国家利益、公共利益和其他公民的合法权益。所以，当事人放弃对劳动关系之确认的权利处分，在实体上超越了处分原则的边界，该意思表示应属无效。即便当事人作出以上列举的意思表示，甚或当事人单方或双方作出双方之间不存在劳动关系、双方之间存在其他性质的法律关系等意思表示，该意思表示都不能当然被采信，人民法院仍应当根据劳动关系的构成要件予以实体审查，并对确认劳动关系的诉讼请求作出裁判。

（北京市第一中级人民法院　王丽蕊）

5. 达到法定退休年龄劳动者的劳动关系认定及工伤待遇

🎯 争议焦点

1. 退休人员再就业时与用人单位建立的是劳动合同关系还是劳务合同关系？

2. 退休人员再就业后，在工作中构成工伤已致伤残等级，用人单位是否应承担工伤主体责任，并应按照相关法律规定进行一次性赔偿，支付一次性工伤医疗补助金、一次性伤残就业补助金？

📋 基本案情

再审申请人（一审原告、二审上诉人）：郝某

再审被申请人（一审被告、二审上诉人）：天津某地毯公司

郝某起诉主张停工留薪期工资 20 729.6 元、停工留薪期护理费 36 830 元、停工留薪期结束至劳动能力鉴定结论下达前的工资 43 779.42 元、医疗费 12 670.7 元、住院伙食补助费 570 元、一次性伤残补助金 44 728.2 元、一次性工伤医疗补助金 40 662 元、一次性伤残就业补助金 60 993 元、经济补偿金 20 331 元，金额共计 281 293.92 元。

人民法院查明的事实如下。

2016 年 6 月，郝某经人介绍到天津某地毯公司工作，负责打扫卫生和安保，平均月工资 1 925 元。2019 年 8 月 26 日他在工作中受伤，在天津医院住院 10 天，在卫生院住院 9 天。2020 年 8 月 14 日，郝某申请工伤认定。2021 年 1 月 12 日，区人力资源和社会保障局作出认定工伤决定书，认定郝某所受伤害为工伤。2021 年 2 月 22 日，区劳动能力鉴定委员会作出工伤职工停工留薪期确认通知，确认郝某停工留薪期为8个月。2021年3月15日，该劳动能力鉴定委员会作出劳动能力鉴定结论书，认定郝某伤残等级为八级。原告、被告因赔偿问题协商未果，故呈讼。另外，郝某于2015年8月开始领取城乡居民基本养老保险待遇。

审理结果

一、一审审理结果

一审法院认为，根据《最高人民法院行政审判庭关于超过法定退休年龄的进城务工农民因工伤亡的，应否适用〈工伤保险条例〉请示的答复》，用人单位聘用的超过法定退休年龄的务工农民，在工作时间内、因工作原因伤亡的，应当适用《工伤保险条例》的有关规定进行工伤认定。本案中，相关人力资源社会保障行政部门作出了郝某为工伤的认定工伤决定书，且天津某地毯公司在法律规定的期限内并未提起行政诉讼，该认定工伤决定书已生效。故天津某地毯公司依法应按照《工伤保险条例》规定的工伤保险待遇项目和标准支付费用。

关于停工留薪期工资问题，双方认可郝某月平均工资低于天津市最低工资标准2 050元，故郝某停工留薪期工资为16 400元。关于住院期间生活护理费问题，为治疗本案所涉伤情，郝某在天津医院住院治疗10天，故认定郝某住院期间生活护理费为1 234.4元。关于停工留薪期护理费问题，因无证据予以证明，不予支持。关于住院伙食补助费问题，支持郝某住院伙食补助费300元。关于交通费问题，根据医院与郝某住所地之间的实际路程等情况，酌定交通费500元。关于医疗费问题，根据郝某提供的与涉诉伤情治疗有关的医疗费票据，支持其在天津医院产生的费用983.11元。关于一次性伤残补助金问题，根据《工伤保险条例》第三十七条，郝某一次性伤残补助金应为38 748.6元。

关于一次性工伤医疗补助金和一次性伤残就业补助金问题，根据《天津市工伤保险若干规定》第二十九条，工伤职工解除劳动（聘用）合同或者终止劳动（人事）关系时，已达到法定退休年龄并符合按月领取养老金条件的，不支付一次性工伤医疗补助金和一次性伤残就业补助金。本案中，经审理并无证据显示郝某达到退休年龄后已经通过社会保险部门依法享受养老保险及医疗保险待遇。天津某地毯公司认为郝某按月领取的城乡居民基本养老保险金即为上述规定中的"养老金"，而不应再支付一次性工伤医疗补助金和一次性伤残就业补助金。一审法院认为，郝某作为农民，其领取的城乡居民基本养老保险金具有社会福利性质，且金额较少，不同于职工基本养老保险金，不足以覆盖日常生活消费。其仍需通过提供劳动维持生计，其因工伤产生的医疗困难及劳动能力下降带来的就业困难并无相应的弥补途径。在此情况下，剥夺其享受一次性工伤医疗补助金和一次性伤残就业补助金的权利，违背立法精神。故对郝某该项诉讼请求予以支持。经核算郝某一次性工伤医疗补助金和一次性伤残就业补助金为88 065元。

一审判决如下：（1）天津某地毯公司支付郝某住院伙食补助费300元、住院期间生活护理费1 234.4元、医疗费983.11元、一次性伤残补助金38 748.6元、一次性工伤医疗补助金和一次性伤残就业补助金88 065元、停工留薪期工资16 400元、交通费500元，总计146 231.11元；（2）驳回郝某其他诉讼请求。

二、二审审理结果

郝某与天津某地毯公司均不服一审判决，提起上诉。二审法院认为，因郝某入职时已经年满60周岁，超出法定退休年龄，故郝某与天津某地毯公司之间构成劳务关系。郝某因工受伤，已经人力资源社会保障行政部门认定为工伤，天津某地毯公司应当担负郝某的相关工伤待遇。

关于停工留薪期工资问题，根据我国法律规定，职工因工作遭受事故伤害或者患职业病需要暂停工作接受工伤医疗的，在停工留薪期内，原工资福利待遇不变，由所在单位按月支付。双方系劳务关系，且均认可郝某月平均工资为1 925元，故应当按照该标准计算郝某停工留薪期工资。天津某地毯公司已经支付郝某停工留薪期工资11 800元。故天津某地毯公司应当补足郝某停工留薪期工资差额3 600元。

关于郝某要求天津某地毯公司支付停工留薪期结束至劳动能力鉴定结论下达前的工资问题，因无法律依据，一审法院不予支持并无不当。

关于医疗费问题，工伤职工治疗非工伤引发的疾病，不享受工伤医疗待遇。天津某地毯公司认可一审判决对于医疗费的认定，二审法院予以认定。关于郝某主张的其他医疗费部分，因郝某未提供充分的证据证明上述全部费用的产生均与工伤伤情有关，但参考认定工伤决定书中郝某双下肢静脉血栓、陈旧性脑梗死"考虑与外伤有关"的意见，二审法院酌情确定天津某地毯公司对此部分医疗费补偿郝某3 000元。

关于住院伙食补助费问题，一审法院支持郝某住院伙食补助费300元，予以维持。关于停工留薪期间生活护理费问题，根据法律规定，生活不能自理的工伤职工在停工留薪期需要护理的，由所在单位负责。一审法院根据本案证据，认定护理费准确，论理充分，予以维持。关于交通费问题，根据法律规定，工伤保险待遇中的交通费指经医疗机构出具证明，报经办机构同意，工伤职工到统筹地区以外就医所需的交通、食宿费，故郝某的该项主张不予支持。关于一次性伤残补助金问题，一审法院认定准确，予以维持。关于一次性工伤医疗补助金和一次性伤残就业补助金问题，因郝某入职时已经超过法定退休年龄，故郝某此项主张缺乏法律依据，不予支持。关于解除劳动合同经济补偿金问题，因双方系劳务关系，郝某的该项主张于法无据，不予支持。

二审法院判决如下：（1）撤销一审民事判决；（2）天津某地毯公司支付郝某停工留薪期工资差额3 600元、医疗费3 985.1元、住院伙食补助费300元、住院期间生活护理费1 234.4元、一次性伤残补助金38 748.6元，总计47 868.1元；（3）驳回郝某其他诉讼请求。

三、再审审理结果

郝某不服二审判决，申请再审，天津市高级人民法院指令再审。二审法院再审认为，关于争议焦点一，郝某与天津某地毯公司之间建立的是劳动关系还是劳务关系。《最高人民法院关于审理劳动争议案件适用法律若干问题的解释（三）》（已失效）第七条规定，用人单位与其招用的已经依法享受养老保险待遇或领取退休金的人员发生用工争议，向人民法院提起诉讼的，人民法院应当按劳务关系处理。本案中，虽然郝某到天津某地毯公司工作时已超过法定退休年龄，但是郝某未享受城镇职工基本养老保险待遇，且其入职后接受天津某地毯公司的管理与安排，负责打扫卫生和安保工作，并按月领取工资，直至工作中受伤，并被相关部门认定为工伤，故双方应认定为属于劳动关系。

关于争议焦点二，郝某发生工伤后，天津某地毯公司是否还需要支付一次性工伤医疗补助金、一次性伤残就业补助金。《天津市工伤保险若干规定》第二十九条规定，解除劳动（聘用）合同或者终止劳动（人事）关系的职工，由工伤保险基金支付一次性工伤医疗补助金，由用人单位支付一次性伤残就业补助金。工伤职工解除劳动（聘用）合同或者终止劳动（人事）关系时，已达到法定退休年龄并符合按月领取养老金条件的，不支付一次性工伤医疗补助金和一次性伤残就业补助金，但属于《中华人民共和国劳动合同法》第三十八条规定的情形除外。本案中，区人力资源社会保障局已作出了认定工伤决定书且已生效，郝某应享受相应的工伤待遇。且郝某虽已达到法定退休年龄，但未享受城镇职工基本养老保险待遇，故其被认定为工伤后，天津某地毯公司仍应支付其一次性工伤医疗补助金和一次性伤残就业补助金，共计为88 065元。

关于郝某要求解除劳动合同经济补偿金、支付停工留薪期结束至劳动能力鉴定结论下达前的工资、医疗费、住院伙食补助费、住院期间生活护理费、交通费、一次性伤残补助金的请求，二审处理意见并无不当。但是因郝某与天津某地毯公司存在劳动关系，郝某月平均工资为1 925元，低于天津市最低工资标准，故郝某停工留薪期工资为16 400元，天津某地毯公司已经支付郝某停工留薪期工资11 800元，应当补足郝某停工留薪期工资差额4 600元。

再审法院判决如下：（1）撤销原二审判决及一审判决；（2）天津某地毯公司支付郝某停工留薪期工资差额4 600元、医疗费3 985.1元、住院伙食补助费300元、住院期间生活护理费1 234.4元、一次性伤残补助金38 748.6元、一次性工伤医疗补助金和一次性伤残就业补助金88 065元，总计136 933.1元；（3）驳回郝某其他诉讼请求。

评析意见

一、超过法定退休年龄不能阻却劳动者与用人单位之间存在劳动关系

《中华人民共和国劳动法》对劳动者在年龄上的唯一禁止性规定亦是禁止招用不满16周岁的未成年人（童工），而未明确禁止用人单位与达到或超过法定退休年龄的人员建立劳动关系。我国设定法定退休年龄的目的，在于保护劳动者的身体健康，而非禁止达到法定退休年龄但仍有能力工作的劳动者继续工作，当劳动者达到法定退休年龄，认为继续工作不会影响自身的身体健康时，有权选择退休后继续工作。因此，达到法定退休年龄退休是劳动者的终止性权利，劳动者有权选择行使或放弃。

《中华人民共和国劳动合同法》第四十四条规定，劳动者开始依法享受基本养老保险待遇的，劳动合同终止。《中华人民共和国劳动合同法实施条例》第二十一条规定，劳动者达到法定退休年龄的，劳动合同终止。后一规定是对前一规定的补充。因为在劳动合同实际履行过程中，存在大量用人单位未为员工办理基本养老保险而导致员工已达到法定退休年龄却无法享受基本养老保险待遇的情形，如果绝对要求用人单位不能终止该类已达法定退休年龄员工的劳动关系，则用人单位需一直与该员工保持劳动关系，这不仅会损害用人单位的利益，也不具有可执行性。因此，《中华人民共和国劳动合同法实施条例》在《中华人民共和国劳动法》的基础上，对未办理基本养老保险却已达退休年龄员工的劳动关系终止问题作了补充规定，赋予了用人单位在劳动者已达到法定退休年龄时享有对劳动合同的终止权，但该终止权的实施并非意味着用人单位在劳动者已达到法定退休年龄时，劳动关系自动终止，也没有禁止超过法定退休年龄的劳动者再与用人单位建立劳动合同关系。因为法律并不禁止劳动者的年龄高于法定退休年龄，只要不违反法律禁止性规定且有劳动能力的人员，均能成为劳动关系的劳动者。

二、享受城乡居民基本养老保险待遇不能阻却劳动者与用人单位建立劳动关系

从立法目的和农民工利益保护的角度来看，《中华人民共和国劳动法》确立了保护劳动者合法权益，确立、维护和发展稳定和谐的劳动关系以及促进经济发展和社会进步三方面的目的，其诸多强制性条款旨在维持、满足劳动者最基本的生活需要，但是离退休人员由于其自达到法定退休年龄之日起，社会保险机构会按月支付其退休金，其最基本的生活需要已经得到了保障。相反，由于达到退休年龄的农民工不具备退休的基本条件，只要其有劳动行为能力，几乎终身要参加劳动，通过劳动满足自身基本生活需要。我国农村人口占很大的比例，其人均纯收入较低，生活不够富裕，因此每家的富余劳动力通常会选择到城市通过劳动挣钱补贴家用，其中不乏超过法定退休年龄的老年人。随着我国人口老龄化加剧，农民工进城务工也有老龄化的趋势，因此，从全方位保护超龄农民工再就业时的合法权益角度出发，应当赋予超龄但尚未享受基本养老保险等待遇的农民工作为劳动法适格主体的资格，认定他们与现用人单位间存在劳动关系有利于对这一人群的劳动保护。

《最高人民法院关于审理劳动争议案件适用法律问题的解释（一）》第三十二条规定，用人单位与其招用的已经依法享受养老保险待遇或者领取退休金的人员发生用工争议而提起诉讼的，人民法院应当按劳务关系处理。将是否享受基本养老保险待遇作为认定存在劳动关系还是劳务关系的标准。即用人单位只有在招用已经享受基本养老保险待遇或领取退休金人员的情况下，才能认定用人单位与

劳动者之间存在劳务关系，否则应认定用人单位与劳动者之间存在劳动关系。现阶段，我国城镇职工基本养老保险与城乡居民基本养老保险在资金来源、缴费基数、发放基数等方面存在较大差异。《最高人民法院关于审理劳动争议案件适用法律问题的解释（一）》第三十二条中规定的"已经依法享受养老保险待遇"应理解为已经依法享受城镇职工基本养老保险，而不包括城乡居民基本养老保险。是否领取城乡居民基本养老保险待遇不影响劳动关系的认定，已经领取城乡居民基本养老保险待遇但未享受城镇职工基本养老保险或领取退休金的人员与用人单位发生的用工争议，应按劳动关系处理。

三、超过法定退休年龄并领取城乡居民基本养老保险待遇的劳动者发生工伤后，用工单位需要支付一次性工伤医疗补助金、一次性伤残就业补助金

劳动者在因工受到伤害致残时，其劳动能力必然会受到损失，此时其享有的一次性工伤医疗补助金和一次性伤残就业补助金可以起到弥补劳动力损失并保证因工致残者基本生活的作用，其本质并非损害赔偿，而是对工伤致残职工及其家属基本生活的保障。因工致残者享有一次性工伤医疗补助金和一次性伤残就业补助金，可以最大限度地保障其合法权益，维护社会和谐稳定。郝某作为农民，其领取的城乡居民基本养老保险待遇具有社会福利性质，且金额较少，不同于城镇职工基本养老保险，不足以覆盖日常生活消费。其仍需通过提供劳动维持生计，其因工伤产生的医疗困难及劳动能力下降带来的就业困难并无相应的弥补途径。在此情况下，剥夺其享受一次性工伤医疗补助金和一次性伤残就业补助金的权利，违背立法精神，也不利于保障因工致残者的合法权益和日常生活。因此，超过法定退休年龄并领取城乡居民基本养老保险待遇的劳动者发生工伤后，用工单位需要支付一次性工伤医疗补助金、一次性伤残就业补助金。

（天津市第一中级人民法院　邢龙飞　杨柳鑫）

6. 建筑施工领域用工单位将承包业务违法分包，劳动者因工伤亡时的工伤保险负担问题

争议焦点

建筑施工领域，用工单位违反法律法规规定将承包业务违法分包给不具备用工主体资格的组织或自然人，该组织或自然人聘用的劳动者从事承包业务因工伤亡时，劳动者请求确认与用工单位之间存在劳动关系不予支持，用工单位是否应承担用工主体责任并在劳动者被认定为工伤的情况下承担工伤保险责任？

基本案情

原告：段某

被告：某公司3

第三人：某公司1、某公司2

2018年某县某乡实施气代煤施工项目，建设单位为某公司1。2018年4月1日某公司1（发包人）与某公司2（承包人）签订"农村气代煤PMC项目管理承包合同"，同日，某公司2与某公司3（分包人）签订"建设工程施工劳务分包合同"，开始施工日期为2018年4月1日，工程完工日期为2019年3月31日。2018年5月21日，某公司3（甲方）与魏某的班组（乙方）签订"内部承包劳务合同"，该合同约定工程劳务项目由甲方负责实施，乙方团队负责具体施工，甲方设立劳务人员报酬专用支付账户直接向乙方团队成员支付工资。2018年10月11日下午，在某村天然气施工工地，原告段某在施工过程中被村民杨某打伤，段某伤后于2018年10月11日至2018年11月6日在省人民医院住院治疗

26 天，后于 2019 年 1 月 7 日至 2019 年 1 月 28 日又在省人民医院住院治疗 21 天。经省人民医院诊断，段某伤情为颅骨凹陷性骨折、创伤性颅内血肿、创伤性硬脑膜下血肿、创伤性蛛网膜下腔出血、创伤性颅内积气等。段某称某公司 3 已支付其医疗费用。某公司 3 未给段某缴纳工伤保险。段某作为申请人，以某公司 3 为用人单位，向某市人力资源和社会保障局申请工伤认定，2020 年 7 月 13 日，某市人力资源和社会保障局作出认定工伤决定书，认定段某受到的事故伤害属于工伤认定范围，认定为工伤。某市劳动能力鉴定委员会于 2020 年 11 月 6 日作出初次鉴定结论书，段某伤残情况属八级伤残。2020 年 12 月 18 日，段某向某公司 3 邮寄送达解除劳动合同通知书，某公司 3 于 2020 年 12 月 21 日签收。

案发后，段某作为申请人并以某公司 3 为被申请人、某公司 1 和某公司 2 为第三人，向某县劳动人事争议仲裁委员会申请仲裁裁决，某县劳动人事争议仲裁委员会于 2022 年 3 月 7 日作出仲裁裁决书。段某不服该裁决，遂诉至一审法院，形成本案。

另查明，段某的伤情等级已达重伤二级，某县人民检察院指控杨某犯故意伤害罪一案，一审法院受理后，段某作为刑事附带民事诉讼原告人向一审法院对杨某提起附带民事诉讼，在该案审理过程中，段某要求被告人杨某赔偿其各项经济损失 194 290.89 元，庭审中，杨某没有异议，后经该院判决杨某各项经济损失 194 290.89 元，该判决已生效，杨某至今未履行判决书确定的赔偿义务。某公司 3 向一审法院起诉请求如下：（1）确认原告与被告不具有事实劳动关系；（2）确认被告所受伤害不属于工伤；（3）被告人的工伤申报已经超过了法定申报时效；（4）原告不能给付被告工伤赔偿；（5）本案诉讼费用由被告承担。

审理结果

仲裁裁决结果如下：（1）双方解除劳动关系；（2）被申请人支付申请人一次性伤残补助金 41 676.23 元、停工留薪期工资 56 831.22 元、一次性工伤医疗补助金 126 291.6 元、一次性伤残就业补助金 50 516.64 元；（3）被申请人支付申请人住院伙食补助 940 元，劳动能力鉴定费 600 元、检测费 724 元；（4）某公司 1 和某公司 2 对申请人工伤赔付承担连带责任。

一审法院判决如下：（1）某公司3于判决生效后15日内支付段某一次性伤残就业补助金47 755.33元、一次性工伤医疗补助金119 388.33元、一次性伤残补助金52 238.08元、停工留薪期工资75 982.67元、停工留薪期护理费4 809.32元、住院伙食补助费940元、劳动能力鉴定费600元、检测费724元，合计302 437.73元；（2）某公司1和某公司2对段某的上述经济损失承担连带责任；（3）驳回段某的其他诉讼请求。

二审法院判决，驳回上诉，维持原判。

评析意见

当前，建筑施工领域存在着违法分包、转包的现实问题。用工单位违反法律、法规规定将承包业务违法分包给不具备用工主体资格的组织或自然人，该组织或自然人聘用的劳动者从事承包业务因工伤亡时，劳动者如何获得救济是当前建筑施工领域劳动争议的难点和焦点。分析双方之间是否存在劳动关系，应参照《劳动和社会保障部关于确立劳动关系有关事项的通知》规定，除劳动者与用人单位需符合劳动法等法律法规规定的主体资格、劳动者提供的劳动是用人单位业务组成部分外，用人单位还需对劳动者具有用工管理权，双方形成人身及经济上的从属关系。一般情况下，在双方不存在人身、组织及经济上的从属关系时，不能认定双方之间存在劳动关系。在不存在劳动关系的前提下，根据《劳动和社会保障部关于确立劳动关系有关事项的通知》《人力资源和社会保障部关于执行〈工伤保险条例〉若干问题的意见》《最高人民法院关于审理工伤保险行政案件若干问题的规定》，用工单位将承包业务违法分包给不具备用工主体资格的组织或自然人，该组织或自然人聘用的劳动者从事承包业务时因工伤亡的情况下，该用工单位应承担用工主体责任，并在劳动者被认定为工伤的情况下承担工伤保险责任。据此，厘清了劳动者与用工单位之间的关系边界，解决了因工伤亡劳动者的救济途径，充分保障了因工伤亡劳动者的合法权益，达到了法律效果与社会效果的有机统一。具体到本案，评析如下：

关于段某工伤认定问题。第一，关于本案涉及的认定工伤决定书问题。某公司3对案涉认定工伤决定书认定程序有异议，主张段某未确认劳动关系、胁迫魏某书写承诺书及骗取工伤认定，并提交某县人力资源和社会保障局出具的"段某受伤一事告知书"予以证明。据查，某市人力资源和社会保障局作出认定工伤决定书，认定段某受到的事故伤害属于工伤认定范围，认定（或视同）为工伤。某公司3不服该认定工伤决定书，向人民法院提起行政诉讼，并经某市中级人民法院终审判决，认定（或视同）段某为工伤。某公司3虽述称对该生效判决已申请再审，在没有撤销人民法院生效判决及工伤认定书的前提下，段某所受伤害仍属于工伤，故对某公司3关于案涉认定工伤决定书认定错误的主张，不应予支持。段某是否酗酒属于工伤认定问题，不属于本案审理范围，故对某公司3主张段某因醉酒不能认定为工伤的理由，不应支持。第二，关于本案工伤认定的特殊性问题。通常情况下，社会保险部门认定职工工伤，应以职工与用人单位之间存在劳动关系为前提，但特殊情况下有例外。《最高人民法院关于审理工伤保险行政案件若干问题的规定》第三条第一款第（四）项规定，用工单位违反法律、法规规定将承包业务转包给不具备用工主体资格的组织或者自然人，该组织或者自然人聘用的职工从事承包业务时因工伤亡的，用工单位为承担工伤保险责任的单位。具体到本案中，某公司3将其承包的工程分包给不具备用工主体资格的自然人，段某系在工作场所因受到暴力伤害致伤，某公司3应承担工伤保险责任。但某公司3依法承担的工伤保险责任系依据法律规定，并不是以双方存在劳动关系为前提，即属于工伤认定的例外情形。双方是否存在劳动关系应根据事实及法律法规另行予以认定。

关于段某工伤保险待遇问题。第一，关于医疗费问题。《中华人民共和国民事诉讼法》第十三条规定，当事人有权在法律规定的范围内处分自己的民事权利和诉讼权利。本案中，段某未主张医疗费用系其在法律规定的范围内处分自己的民事权利和诉讼权利，且其诉称医疗费用已由某公司3支付，系当事人陈述，一审法院并未予以认定，某公司3关于确认其未支付段某任何费用的理由，理据不足，不应支持。第二，关于一次性伤残补助金及停工留薪期工资问题。某公司3主张一审法院认定支付段某一次性伤残补助金及停工留薪期工资错误。《人力资源社会保障部、住房和城乡建设部、国家安全生产监督管理总局、全国总工会关于进一步做好建筑业工伤保险工作的意见》第七条规定，针对建筑业工资收入分配的特点，对相关工伤保险待遇中难以按本人工资作为计发基数的，可以参照统筹地区上年度职工平均工资作为计发基数。一审法院参照河北省2017年度全省在岗职工年平均工资作为计发基数，有部门规章依据。一审法院根据当事人的诉讼请求依法计算一次性伤残补助金及停工留薪期工资数额，并无不当。某公司3主张一审法院未尊重当地劳动人事争议仲裁委员会的行政管辖权，无事实与法律依据，不予支持。第三，关于停工留薪期月数的计算问题。据已查明事实，段某伤情为颅骨凹陷性骨折、创伤性颅内血肿、创伤性硬脑膜下血肿、创伤性蛛网膜下腔出血、创伤性颅内积气等。《河北省工伤职工停工留薪期分类目录》中急性硬膜下血肿不稳定期为10个月，恢复期为3~6个月。一审法院计算段某停工留薪期月数虽属顶格认定且超过12个月的一般期限，但考虑段某伤情严重，且延长期限未超过合理范围，故对某公司3主张段某停工留薪期月数计算有误的理由，亦不应予支持。

  关于段某与某公司3是否存在劳动关系问题。《劳动和社会保障部关于确立劳动关系有关事项的通知》规定，认定劳动关系除劳动者和用人单位需符合劳动法等法律法规规定的主体资格、劳动者提供的劳动是用人单位业务部分外，用人单位还需对劳动者具有用工管理权，双方形成人身及经济上的从属关系。具体到本案中，魏某为案涉工程的负责人，且魏某招用段某在工地工作，双方并无异议。段某为证明与某公司3存在劳动关系提交了魏某书写的承诺书及视听资料。该承诺书载明段某为魏某的管理人员，且医疗费由魏某垫付，并未提及某公司3与段某之间的身份关系，不足以证明双方具有身份上的支配和从属关系。视听资料显示，魏某称其未给付段某工资且受伤后无义务再发工资，该视听资料亦不足以证明段某与某公司3有经济上的从属性。段某关于依据认定工伤决定书证明存在劳动关系的理由不能成立，上文已经论述，不再赘述。某公司3为证明无工资关系提交的魏某施工队考勤簿及发放工资表并无段某名字，魏某未出庭提出异议，段某辩称考勤簿及工资表系伪造，但未提交证据予以证明，段某在工资支付周期内不领取工资不符合日常经验，且根据视听资料中魏某称其为段某发放工资的陈述，故本院认为段某与某公司3并无经济上的从属性。其他证据不能单独、直接证明某公司3与段某存在身份上的支配和从属关系，亦不能证明段某接受某公司3的监督、管理和支配，以及遵从某公司3的考勤、奖惩、晋升、工资晋级等制度，即双方不具有身份上的支配和从属关系。综上所述，人民法院认为，段某与某公司3之间不存在劳动关系。某县劳动人事争议仲裁委员会作出的仲裁裁决书依据工伤认定书和伤残鉴定结论直接裁定双方解除劳动关系，并未对双方是否存在劳动关系予以审查，该裁决书因当事人提起诉讼而不生效。一审法院亦未针对是否存在劳动关系予以审理，仅以与查明事实不符为由不予采信某公司3的辩解，并以段某向某公司3邮寄解除劳动合同书为由，认定双方劳动关系已解除，应属事实认定错误，应予以纠正。但某公司3依法应承担工伤保险责任并无不当，依法应予维持。

（河北省石家庄市中级人民法院　郝东霞　赵磊）

7. 事实劳动关系的分析认定

争议焦点

签订劳动合同后被派往超市从事特定品牌商品促销工作的劳动者,如何认定劳动关系或事实劳动关系?

基本案情

原告:A公司

被告:董某春

被告:某超市

被告:B公司

董某春和孙某梅系夫妻关系,孙某梅于2022年11月24日在工作岗位突发疾病死亡,生前是A公司处员工。2021年4月1日孙某梅与A公司签订劳动合同,合同签订后,孙某梅被派至某超市工作,主要负责促销B公司生产的酱油、调料等调味品。实际工作中孙某梅由A公司和某超市共同管理,孙某梅的工资支付方式为由A公司的法定代表人孙某每月以微信转账方式支付。2022年3月9日A公司为员工孙某梅购买了团体意外伤害保险。2022年11月24日,孙某梅按照规定正常到某超市上班,并于8:05打卡,8:40在单位群里报到。在进入正常工作状态后,10:30左右孙某梅因劳累突然倒在工作岗位上,后送至医院救治无效于当日死亡。11月25日经医院诊断认定其死亡原因为心源性猝死。

本案被告董某春在妻子孙某梅死亡后,向某市劳动人事争议仲裁委员会申请劳动人事争议仲裁,请求确认孙某梅与原告A公司自2021年4月1日至2022年11月24日存在劳动关系。劳动人事争议仲裁委员会经审理后作出仲裁裁决书,支持了董某春的诉求。A 公司不服仲裁裁决结果提起诉讼。

本案原告 A 公司提出诉讼请求如下：（1）请求人民法院判令被告某超市、B 公司及原告 A 公司共同与死者孙某梅之间存在劳动关系；（2）本案诉讼费用由被告承担。原告 A 公司认为，死者孙某梅生前从事超市促销员的工作，其只是形式上与原告存在用人关系，但其工作时接受被告某超市和 B 公司的双重管理，尤其是被告 B 公司为其提供了工资薪金。孙某梅死亡时正在从事的工作内容也是被告某超市安排的，某超市和 B 公司是实质的用人单位。故被告某超市和 B 公司及原告 A 公司共同与死者孙某梅之间存在劳动关系。

被告董某春认为孙某梅与原告 A 公司自 2021 年 4 月 1 日至 2022 年 11 月 24 日存在劳动关系。

被告某超市辩称，该超市非本案适格当事人，A 公司与孙某梅确认劳动关系争议一案，与该超市之间不存在任何关系，该超市并非本案适格主体。

被告 B 公司辩称，孙某梅只与 A 公司存在劳动关系，与 B 公司不存在劳动关系。

审理结果

人民法院审理结果如下：（1）原告 A 公司与孙某梅于 2021 年 4 月 1 日至 2022 年 11 月 24 日存在劳动关系；（2）驳回原告 A 公司要求确认孙某梅与被告某超市、B 公司存在事实劳动关系的诉讼请求。

评析意见

一、劳动关系的确认

《中华人民共和国劳动合同法》第七条规定，用人单位自用工之日起即与劳动者建立劳动关系。用人单位应当建立职工名册备查。本案中，原告 A 公司与劳动者孙某梅签有劳动合同，A 公司的法定代表人通过微信向劳动者孙某梅支付工资报酬，A 公司为劳动者投保了意外伤害保险，A 公司对以上事实均予以认可，足以认定 A 公司与劳动者孙某梅之间存在劳动关系。

二、本案争议的事实劳动关系的确认

《劳动和社会保障部关于确立劳动关系有关事项的通知》规定："一、用人

单位招用劳动者未订立书面劳动合同,但同时具备下列情形的,劳动关系成立。(一)用人单位和劳动者符合法律、法规规定的主体资格;(二)用人单位依法制定的各项劳动规章制度适用于劳动者,劳动者受用人单位的劳动管理,从事用人单位安排的有报酬的劳动;(三)劳动者提供的劳动是用人单位业务的组成部分。"本案中,虽然劳动者孙某梅工作地点在某超市,从事的是B公司产品的促销工作,但是劳动者孙某梅系原告A公司招录安排到某超市从事促销员工作,原告A公司、劳动者孙某梅、某超市三方签订了"卖场促销员进场协议书",协议中明确约定劳动者孙某梅与原告A公司建立劳动关系,且由A公司为其支付劳动报酬,以上足以认定劳动者孙某梅系与A公司存在劳动关系,不能认定劳动者与某超市存在劳动关系。B公司虽基于原告A公司与被告B公司双方所签订的合同对促销员孙某梅进行了必要的管理和培训,但原告所提交的证据不能充分证明B公司向原告支付促销费系向促销员支付的薪金,且对于孙某梅促销员的工资支付在原告与孙某梅双方签订的劳动合同中明确约定给付主体为A公司。故无法认定B公司与孙某梅之间存在事实劳动关系。

(河北省平泉市人民法院 孙慧莹)

8. 已达法定退休年龄的劳动者与用人单位之间能否建立劳动关系

争议焦点

在劳动者已经达到法定退休年龄，但未享受基本养老保险待遇的情况下，用人单位能否与其建立劳动关系？

基本案情

原告： 李某

被告： 某公司

李某，女，1970年1月6日生，系某公司员工，于2008年2月1日入职，先后与某公司于2008年、2016年两次签订劳动合同。2021年5月27日，某公司以《中华人民共和国劳动合同法实施条例》第二十一条"劳动者达到法定退休年龄的，劳动合同终止"的规定为由，制作终止劳动合同通知书向李某送达，要求与李某终止劳动合同。李某收到某公司终止劳动合同通知书后，于2021年5月30日向某县劳动人事争议仲裁委员会提出申请，该劳动人事争议仲裁委员会经审查于同日作出不予受理案件通知书，理由为申请人超过法定退休年龄。李某对上述不予受理案件通知不服，于2021年6月7日向人民法院起诉。

审理结果

一审法院审理后认为，《中华人民共和国劳动合同法实施条例》第二十一条"劳动者达到法定退休年龄的，劳动合同终止"的规定，与《中华人民共和国劳动合同法》第四十四条"有下列情形之一的，劳动合同终止：（二）劳动者开始依法享受基本养老保险待遇的"规定存在冲突，但在法律效力上，《中华人民共和国劳动合同法实施条例》属于行政法规，《中华人民共和国劳动合同法》属于法律，前者效力低于后者且后者修改施行时间晚于前者，亦属后法性质；而2010年9月14日起施行的《最高人民法院关于审理劳动争议案件适用法律若干问题的解释（三）》（已失效）则属于司法解释，该解释第七条规定用人单位与其招用的已经依法享受养老保险待遇或领取退休金的人员发生用工争议，向人民法院提起诉讼的，人民法院应当按劳务关系处理。虽然，该司法解释条款没有明确用人单位是否可以以"达到法定退休年龄"为由单方面与劳动者终止劳动关系，但从该司法解释的精神理解，在劳动者未享受养老保险待遇或领取退休金的情况下，劳动者与用人单位之间仍应认定为存在劳动关系。2021年8月10日，一审法院判决，原告与被告继续维持劳动合同关系。

被告不服，提起上诉。二审法院认为，根据《中华人民共和国劳动合同法实施条例》第二十一条，在一般情况下，劳动者在达到法定退休年龄后就不具备与用人单位建立劳动关系的主体资格。一审判决双方继续维持劳动合同关系违反上述规定，最终，二审法院改判，判决驳回原告的诉请。

评析意见

实践中，由于企业用工需求与劳动力市场供给存在矛盾，并且随着我国人均寿命逐年提高，超过法定退休年龄人员继续务工的现象日益增多。

《中华人民共和国劳动法》第七十三条规定，劳动者在下列情形下，依法享受社会保险待遇：（一）退休。《中华人民共和国劳动合同法》第四十四条规定，有下列情形之一的，劳动合同终止：（二）劳动者开始依法享受基本养老保险待遇的。《最高人民法院关于审理劳动争议案件适用法律问题的解释（一）》第三十二条规定，用人单位与其招用的已经依法享受养老保险待遇或者领取退休金的人员发生用工争议而提起诉讼的，人民法院应当按劳务关系处理。按照上述法律、法规及司法解释，劳动者退休且享受养老保险待遇或领取退休金才是终止劳动关系的必要条件，并未明确达到退休年龄即劳动合同终止。

而《中华人民共和国劳动合同法实施条例》第二十一条规定劳动者达到法定

退休年龄的，劳动合同终止。此外，《人力资源社会保障部对十三届全国人大二次会议第 6979 号建议的答复》，也明确指出，劳动者达到法定退休年龄后，就不再符合劳动法律法规规定的主体资格，因此无法构成建立劳动关系的必要条件，此时，双方劳动合同自然终止。

从上述规定可以看出，有关劳动合同终止的情形与法律规定存在矛盾，已达到法定退休年龄的劳动者继续用工能否认定为劳动关系，主要评判标准有两个："是否达到退休年龄"和"是否已享受基本养老保险待遇"。《最高人民法院关于审理劳动争议案件适用法律问题的解释（一）》明确，对达到法定退休年龄的人员，如已依法享受基本养老保险待遇或领取退休金，则其与用人单位之间的用工争议，应按劳务关系处理。那么，主要争议就在于，达到法定退休年龄但未依法享受养老保险待遇或领取退休金的劳动者发生用工争议时，其劳动合同是否已经终止，该劳动者与用人单位之间的法律关系如何认定？

观点一：《中华人民共和国劳动合同法》和《中华人民共和国劳动合同法实施条例》并不冲突。因为《中华人民共和国劳动合同法》第四十四条规定，有下列情形之一的，劳动合同终止：（六）法律、行政法规规定的其他情形。既然有法律的授权，所以不发生法律的冲突，《中华人民共和国劳动合同法实施条例》第二十一条就属于该第（六）项规定的情况，它引入了达到法定退休年龄劳动合同即终止的事由。因此，"达到法定退休年龄"和"劳动者开始依法享受基本养老保险待遇"这两个条件是并列关系，只要满足两个条件中的任一条件，就可以认定为劳动合同终止。

而且以劳动者是否开始享受基本养老保险待遇作为判断劳动关系是否终止，在现实中有其尴尬之处。根据《中华人民共和国社会保险法》，职工应当参加基本养老保险，由用人单位和职工共同缴纳基本养老保险费。按照《中华人民共和国劳动合同法实施条例》和人力资源社会保障部《对十三届全国人大二次会议第 6979 号建议的答复》明确的观点，劳动者达到法定退休年龄后劳动合同自然终止，当然也无法继续缴纳基本养老保险。但如果依《中华人民共和国劳动合同法》及其司法解释中的观点，劳动者达到退休年龄但并没有依法享受基本养老保险待遇时，其劳动合同并不当然终止，此时就会出现在劳动关系存续的情况下又无法缴纳基本养老保险的情况，无疑违背了《中华人民共和国社会保险法》。

观点二：严格按照法律及司法解释规定，法律的效力高于行政法规、地方性法规、规章。因此,《中华人民共和国劳动合同法》的效力应该高于《中华人民共和国劳动合同法实施条例》。最高人民法院的司法解释也与《中华人民共和国劳动合同法》持一致观点。劳动者在达到退休年龄但未能依法享受基本养老保险待遇的情况下,其与用人单位之间的劳动关系并不能自然终止。但是,此种情形下,用人单位因政策障碍无法向劳动者履行缴纳社会保险义务的,应当免除用人单位相应的法律责任,即劳动者不能全面享受正常劳动关系所应有的待遇。

　　本案中,一审法院与观点二相符,二审法院与观点一相符。两种观点都有其合理之处,现实中也亟待研讨确定统一的裁判标准。

(河北省玉田县人民法院　蒋召民　任慧)

9. 骑手注册个体工商户与二级供应商的劳动关系认定

争议焦点

在劳动者以个体工商户名义订立"项目承包协议"的情况下,其与供应商之间是否存在劳动关系?如果存在,与哪级供应商之间存在劳动关系?

基本案情

申请人:赵某

被申请人:A 公司

赵某由李某招聘,于 2021 年 7 月 30 日进入某配送站点工作。李某为赵某提供了工作服和电动车,并为李某提供住宿。赵某按照李某的指引在 D 公司(平台公司)的 App 注册成为配送员,在平台接单从事配送工作。赵某平时受站长夏某管理,有事情就与李某对接,工资由 A 公司(二级供应商)10 天一结,每个月有不同的保险公司为其投保平安意外保险。站长夏某曾在名为"C 公司(一级供应商)配送某某片区骑士①群"的工作群中发布"1. 每天在线 8 小时完成 8 单,每月出勤 25 天……完不成当天任务每次罚款 100 元……2. 请假休息的需要提前一天告诉我……不提前通知的按旷工算,每次 200 元,连续 4 天无故不出勤按自动离职处理"的内容。

2021 年 10 月 3 日,赵某在派单过程中发生交通事故,该笔订单在其受伤后由站长夏某指派其他骑手进行配送,当日赵某被移出工作群,赵某的接单 App 后台显示"供应商 C 公司-北京站欲与您解除绑定关系"。赵某向劳动人事争议仲裁委员会申请仲裁,要求与 A 公司确认劳动关系,进而主张工伤保险待遇。但

A 公司认为其与赵某是合作关系，仅向赵某代发服务费。

A 公司主张，本公司与 C 公司于 2021 年 4 月 26 日签订的《平台服务协议》《平台补充协议二》约定，C 公司将所需要的服务形成任务包发包给 A 公司，A 公司承包后转包给具有符合 C 公司业务要求资质的个人或企业（含个体工商户），基于此，C 公司向 A 公司支付服务费。同时双方约定，C 公司先将骑手承包业务佣金结算单金额支付给 A 公司，再由 A 公司代为向骑手发放承揽配送服务费；接活方或接活团队成员在执行任务期间受到或对任何第三方造成人身、财产伤害，由 C 公司承担责任。

A 公司提交了赵某与 B 公司（A 公司的关联公司）于 2021 年 7 月 30 日签订的《个人工作室注册协议》，证明赵某委托 B 公司为其办理个体工商户等注册事宜。但是，赵某表示入职时要求签订合同才能上岗，且系在手机签订，工作人员直接将页面拉至签名页，中途条款并未出示。A 公司认为 B 公司与赵某于 2021 年 7 月 30 日签订了《项目转包协议》，由赵某个人经营的工作室独立承包 C 公司的配送服务。但是，赵某主张其并未与 B 公司签订《项目转包协议》，因为其中的签名与《个人工作室注册协议》中的签名一模一样，而人在签字时不可能写出一模一样的名字，故该签名系伪造。而且，如果其与 B 公司签订合同，则必然包括合作价款，但该合同并未提出单价、数量等必备条款。并且，该合同约定甲方的业务发包、转包方式月结，但其与 B 公司无月结合作。

A 公司的经营范围包括人力资源服务（不含劳务派遣）；城市配送运输服务（不含危险货物）（依法须经批准的项目，经相关部门批准后方可开展经营活动，具体经营项目以审批结果为准）；外卖递送服务（除依法须经批准的项目外，凭营业执照依法自主开展经营活动）。

审理结果

劳动人事争议仲裁委员会支持了赵某要求与 A 公司（二级供应商）确认劳动关系的请求。

评析意见

本案争议焦点是，在赵某以个体工商户名义订立《项目承包协议》的情况下，其与供应商之间是否存在劳动关系？与哪级供应商之间存在劳动关系？

在新就业形态下，劳动关系与合作关系之间的边界更加模糊，劳动者的劳动形式、劳动时间、工作场所、取酬方式等更加灵活多样。一些平台企业及其用工合作企业利用这一特点，诱导或强迫劳动者注册成为个体工商户，并与之订立合作协议。从法律主体资格来看，劳动者注册为个体工商户后，既可以作为自然人与用人单位建立劳动关系，也有权以个体工商户的名义开展市场经营活动。在第一种情形下，劳动者与企业之间存在"管理-从属"关系，即企业对劳动者实施劳动管理，劳动者向企业提供从属性劳动，双方市场主体地位不平等，法律关系呈现明显的从属性；在第二种情形下，个体工商户与企业均具有平等的市场主体法律地位，个体工商户可以依照约定向企业提供服务并获取对价，但服务内容和方式、对价形式及多少等事项由双方协商确定，企业与个体工商户背后的自然人之间不具有"管理-从属"关系。用人单位未与劳动者订立书面劳动合同时，认定劳动者与用人单位是否存在劳动关系，主要根据劳动者工作内容是否属于用人单位主营业务范围、是否接受用人单位日常管理、是否接受劳动报酬等因素来确定。本案中，在A公司的安排下，其关联公司B公司为赵某注册个体工商户，并以个体工商户名义从B公司处承包了C公司的业务，但从用工事实来看，赵某并不具有工作自主性，仍然接受较高强度的用工管理，被单方确定劳动规则、报酬标准等事项，系提供从属性劳动，并未作为具有平等法律地位的市场主体开展自主经营活动，故赵某仍然作为自然人与用人单位建立劳动关系。本案系用人单位以合作之名行劳动用工之实，严重损害了劳动者劳动保障权益。

对于《平台服务协议》《平台补充协议二》《项目转包协议》《个人工作室注册协议》的性质，可以从以下三方面判定。首先，从《平台服务协议》以及《平台补充协议二》的内容来看，A公司系从C公司处承包了配送业务，并负责根据C公司的结算单向接活方（个体工商户）履行支付薪资义务。赵某隶属于A公司承包的C公司的站点，接受站长的考勤管理，由A公司支付劳动报酬。赵某与A公司之间存在着明显的组织从属性、人格从属性、经济从属性。其次，《项目转包协议》《个人工作室注册协议》只有电子签章，不能认定赵某已经阅读并知晓法律后果并同意协议内容，且赵某从事配送服务，成立个体工商户不具有合理性。A公司利用虚拟软件平台，诱导甚至强迫赵某与案外第三方关联公司签订电子格式合同并注册成为个体工商户，系通过建立所谓平等主体之间合作关系的形式规避用人单位责任，无法认定赵某具有以个体工商户身份从事配送业务的真实意愿。最后，虽然不清楚站长夏某、招聘人员李某的身份归属，但赵某所从事的业务系从A公司的关联公司B公司处承包所得的C公司业务，而C公司将业务承包给了A公司。从银行流水亦可以看出，赵某与A公司之间联系的紧密性明显超过与案外第三人（C公司、B公司）的联系，故认定赵某与A公司存在劳动关系更为适宜。结合生活常理，像赵某这样的骑手实际并不清楚A公司与C公司的承包关系、与B公司之间的关联关系、与D公司之间的合作关系，而赵某从事的工作与A公司承包业务范围相对应，工作中接受站点直接管理，由A公司发放薪资，在此情况下，赵某要求与A公司确认劳动关系无可厚非。A公司不能仅以与案外诸第三人存在其他法律关系而对抗赵某要求与A公司确认劳动关系的请求。

相比于一级供应商（C公司），被注册个体工商户的骑手与二级供应商（A公司）确认劳动关系更为适宜。理由如下。首先，尽管工作群和接单平台后台显示有"C公司"字样，但不足以证明管理与招聘人员均属于C公司，故不宜适用表见代理，进而扩大劳动关系认定范围。同时，在已有银行流水的初步证据显示赵某在从事A公司经营范围内有报酬的劳动的情况下，A公司以赵某受雇于C公司为由进行抗辩，应由A公司对此承担举证责任。尽管A公司不能证明本公司不存在管理与招聘赵某的人员，但鉴于A公司与C公司存在业务联系的事实，相比于劳动者，A公司仍然有更强的举证能力。但A公司并未就站长夏某、招聘人员李某的劳动关系归属进行举证，应承担举证不能的不利后果。其次，从《平台服务协议》《平台补充协议二》可知，C公司须向A公司支付服务费，该服务费的性质与劳务外包协议的服务费性质类似，而A公司的经营范围亦涵盖人力资源和外卖递送服务，故A公司关于本公司仅基于协议提供代发服务的抗辩不能成立。最后，《平台服务协议》中由C公司承担接活方受伤风险的条款是两公司之间的内部约定，A公司可另行向C公司主张，即A公司的经营风险不能转嫁至劳动者。综上所述，应当认定赵某与二级供应商A公司之间存在劳动关系。

（北京市顺义区劳动人事争议仲裁院 李文娟）

10. 新就业形态中双方法律关系的审查和认定

争议焦点

新就业形态中骑手与平台方、付款方、承包方等众多主体是否构成劳动关系，其权益应如何保障？

基本案情

申请人：张某

被申请人：天津某人力资源管理公司

张某于 2020 年 10 月 6 日入职天津某人力资源管理公司，岗位是某平台骑手，配送其所在站点范围内的外卖。公司要求张某下载某平台众包 App，签订网约配送协议，注册成为某平台骑手，在某平台上接单，接单后赶往商家取餐，在规定时间内送到消费者处，超时会罚钱；无须接受平台派单，接单后还可以转单，工作服和派送箱都有明显的某平台标志；每个月无底薪，按单计算工资，随时可通过 App 提取工资，平均工资 10 000 元；公司未与其签订劳动合同，未为其缴纳社保。2021 年 1 月 9 日，张某所在的站点站长将他的账户封停，不让他继续使用，导致他无法提取 2020 年 12 月之后的提成。张某申请劳动人事争议仲裁，请求确认劳动关系并支付提成。

张某就其主张提交了《网约配送员协议》和银行流水，《网约配送员协议》约定了双方的权利与义务，以及结算周期等内容。银行流水显示打款具有非周期性特征，汇款方为江苏某企业管理有限公司。

天津某人力资源管理公司认可张某提交的两份证据的真实性，不认可与张某存在劳动关系，主张公司与某平台有合作关系，承包某平台的部分配送业务；张某是通过某平台众包 App 线上注册成为骑手，注册成功即可配送，无条件要求与资质限制，系具有临时性的、兼职性的网约骑手，通过平台签订的《网约配送员协议》；双方并无建立劳动关系的合意，公司依据协议约定为其进行配送订单日的意外险投保和服务费报税结算等，由江苏某企业管理有限公司支付服务费；公司对张某不进行管理，张某自行支配服务内容、自主决定服务时间，自行承担服务的风险，双方不具有支配关系，法律地位平等，不属于劳动关系。

审理结果

仲裁阶段未采信张某关于与天津某人力资源管理公司存在劳动关系的主张，对张某基于劳动关系提出的请求未予支持，之后张某在"某平台众包"App 收到剩余提成，未再起诉。

评析意见

随着互联网平台经济的发展，平台用工规模不断扩大，引发的劳动争议也日益增多，本案就是一起较为典型的新就业形态案件，双方关系的定性是处理该类型案件主要重点、难点。

目前认定劳动关系的重要依据仍然是《劳动和社会保障部关于确立劳动关系有关事项的通知》，即从主体资格、管理模式和劳动报酬获取三方面审查是否具有劳动关系。在主体资格方面，本案中张某具有劳动者主体资格，天津某人力资源管理公司也是合格的用人单位。从张某的陈述和提交的证据不难看出，张某实际受制于某平台的规则，在该平台上抢单，根据订单的指派送餐，送餐超时还要接受某平台的处罚，遵循该平台的规则获得劳动报酬，似乎某平台才是实际用工方；而张某提交的银行流水又产生了第三个主体，即江苏某企业管理公司，也正是直接支付张某劳动报酬的主体；天津某人力资源管理公司在这场复杂的关系中既不用人也不付款，与张某之间产生的关系最为薄弱，但双方又是协议的签订主体。在管理模式方面，张某自由选择提供劳动的时间，自主接单无强制派单；天津某人力资源管理公司对张某不进行管理，其公司的规章制度不适用于张某，张某的劳动过程主要受平台规则的管理和控制。从劳动报酬取得方面，由平台决定报酬的标准，但并非按月支付劳动报酬，而是依张某的提取随时获得，与传统的劳动关系有所不同。在本案中，张某就双方存在建立劳动关系的合意和受到天津某人力资源管理公司的管理两个方面均无直接证据指向天津某人力资源管理公司，所以根据目前的裁判尺度，未认定双方存在劳动关系。单就本案而言，张某案后收到了服务费，即使输掉了案子也没造成实际损失，似乎是个圆满的结局，然而个案背后所隐藏的庞大新就业形态从业者劳动权益保障的问题令我们不得不深思。

平台经济在劳动密集型的服务消费领域发展迅猛，如外卖、快递配送、用车出行、家政保洁等，众多快递小哥、外卖小哥风里来雨里去，甚至在新冠肺炎疫情严重时期成为维持大众基本生活的重要保障，对他们的劳动保障十分必要。以本案中众包骑手为例，从人格从属性上来说，人格从属性虽然减弱，但并未消失，具体表现在以下四个方面：（1）骑手的工作时间虽然自由选择，但平台为保证运力体量和流量，平台规则大都推行接单奖励和上线时长奖励等奖励模式，由此鼓励从业者长时间使用平台；（2）骑手的工作内容和地点看似自由，实际是在平台现有的订单中进行选择，通过路线、时间的要求，无形中控制了从业者的工作过程；（3）多数平台准入门槛低，但为了保证服务质量，会对从业者进行业务培训，同时通过平台的服务规则、评价体系对其进行奖惩，从业者需要遵守平台的各项工作规定；（4）从业者需对外展示平台方统一的标识，如电动车和派送箱、头盔等，对于善意第三人来说从业者的行为代表着平台方。从经济从属性上来说，从业者为了获得更稳定更高的收入会长时间使用同一平台，甚至很多骑手全职从事骑手工作，全职化和经济从属性特点凸显，且从业者无议价权，完全遵从平台方的定价规则和处罚规则，双方不是平等的法律关系，存在倾斜保护的必要。

2021年人力资源社会保障部、国家发展改革委、交通运输部等八部门联合印发的《关于维护新就业形态劳动者劳动保障权益的指导意见》（以下简称《指导意见》），打破了传统分类模式，提出"不完全劳动关系"的概念，笔者认为这一概念在以案例中张某为例的众多骑手上是具有适用空间的，如张某可以选择自主接单，不受公司强制派单，接单后还可以转单，体现出较弱的人格从属性，但其较长时间使用某平台接单，收入月均万元，具有较强的经济从属性，其与平台或分包公司构成不完全劳动关系。不完全劳动关系可为新就业形态中的此类劳动者的劳动权益保障提供制度依据。

在此理论基础上，进一步讨论不完全劳动关系劳动者的基准权利保护问题，在现有法律制度中，充分平衡新就业形态用工双方的权益让渡需求，探究各项制度基于何种从属性达到保护劳动者的何种权益，类比不完全劳动关系中的平台网约劳动者的各项权益类别，从而确定哪些制度可以直接适用于不完全劳动关系，哪些制度在不完全劳动关系中不具有可行性。

第一，契约缔结权。传统劳动关系模式中签订书面劳动合同旨在稳固劳动关系，是人格从属性的重要表现，是用人单位的法定义务，法律对签订形式、必备条款、合同期限等均作出严格且具象的规定；而不完全劳动关系的人格从属性削弱、服务期限不具有稳定性等特点，使得该项制度缺乏适用的必要性，需要寻求新的制度模式，正如《指导意见》指出"不完全符合确立劳动关系情形但企业对劳动者进行劳动管理的，指导企业与劳动者订立书面协议，合理确定企业与劳动者的权利义务"，即双方可以通过订立书面协议以确定双方权利义务，但未签订协议并不适用劳动合同法中的双倍工资制度。

第二，平等就业权。平台网约劳动者属于广义的劳动者范畴，亦享有平等就业权和自由择业权。《指导意见》对此有三点要求：一是平台企业不得进行职业歧视，不能直接或间接要求劳动者符合某些特定的性别、民族、年龄、地域等条件；二是禁止平台企业收取劳动者财物，如不能规定平台账户中保留一定数额押金的情况下才可提现，或是要求劳动者直接缴纳保证金；三是禁止平台限制劳动者多平台就业，对于就业歧视及收取财物行为应设置相关的救济途径。

第三，劳动报酬权。劳动者对平台的经济依赖性导致网约平台劳动者的劳动报酬保护成为首要需求。平台应建立与工作任务、劳动强度相匹配的收入分配机制，应严禁将"最严算法"作为考核要求，通过"算法取中"等方式，由相关政府部门协同代表从业者利益的工会组织与平台企业及相关合作方行业协会共同商定，合理确定订单数量、准时率、在线率等考核要素，适当放宽配送时限，且需要公开、公示收入分配机制以及对订单的抽成等；平台不得利用平台优势地位随意大幅更改计算方式或单位基准，应及时、足额支付劳动报酬，不得随意克扣，保证向平台提供正常劳动的平台网约劳动者支付的工资不低于当地最低工资标准。

第四，休息休假权。因为不完全劳动关系中，平台网约劳动者是为获取更高收入自愿多接单、多直播而导致超时工作，且工作地点不固定，其工作和休息的界限是不清晰的，在线等待接单的时间不应简单视为延长工作时间，但在等待接单的时间内，其脑力和体力也发生一定的消耗，并非完全处于休息状态，属于工作和休息的中间状态，这导致难以计算平台网约劳动者的工作时间。因此，在不完全劳动关系模式参照适用劳动法既有的普通工时制度和加班费制度缺乏可行性，需要在制度设计方面有所创新，如双方可约定工作时间的计算方式，超过一定的工作时长平台不再派单等。

第五，劳动保护权。劳动保护关乎劳动者的生命权和健康权，是劳动者的基本权利，平台网约劳动者作为以提供劳动谋求生计的个人，对该项权利的需求程度与劳动者是等同的。企业应严格执行国家劳动安全卫生保护标准，不得制定损害劳动者安全健康的考核指标，要严格遵守安全生产相关法律法规，建立健全安全生产规章制度和操作规程，配备必要的劳动安全卫生设施和劳动防护用品；及时对劳动工具的安全和合规状态进行检查，加强安全生产和职业卫生教育培训，重视劳动者的身心健康，及时开展心理疏导；强化恶劣天气等特殊情形下的劳动保护，最大限度减少安全生产事故和职业病危害。

第六，社会保障权。在不完全劳动关系中，双方的人格从属性不断弱化，企业对平台网约劳动者的控制权和支配权均低于一般用人单位，从而给予平台网约劳动者不断扩大的劳动自主权，且劳动者可自行参加城乡居民基本养老保险、城乡居民基本医疗保险等，从而使养老保险、医疗保险、失业保险和生育保险缺乏适用的可行性和需求性。由于平台从业者群体面临着极大的意外伤害风险，参险意愿强烈，又无法纳入工伤保险范围，笔者认为可以参照现行工伤保险制度的基本理念，单独建立平台网约劳动者的职业伤害保险模式，构建政府部门主导、商业保险机构承办、"互联网+服务"的运行新模式，最终建立新就业形态从业者工伤保障制度和多层次工伤保险体系，重点解决他们的伤残和工亡的保障问题。

第七，关系解除权。因解除劳动关系的经济补偿金和赔偿金旨在对经年累月的劳动贡献进行补偿或赔偿，均按照劳动者在单位的工作年限来计算，计量的时间要素属于人格从属性；而不完全劳动关系中的劳动者可以自主选择平台、自主选择工作时间、自主退出网约机制，整个工作流程欠缺时间和管控要素，因此也就欠缺了在解除不完全劳动关系时经济性权利所依赖的衡量标准，缺乏法律介入的可行性。

（北京市朝阳区劳动人事争议仲裁院　鲍远芳）

劳动合同的签订与履行

11. 劳动合同期满后未及时续订，单位是否应支付二倍工资？

争议焦点

《中华人民共和国劳动合同法》中的"用工之日"是否特指"初次用工之日"？

基本案情

原告（劳动仲裁被申请人）：北京某公司
被告（劳动仲裁申请人）：王某

王某于 2020 年 8 月 25 日入职北京某公司。该公司与入职员工签订的劳动合同约定的工作期限均为两年，只有王某提出要求签订一年，当日双方签订了一年期限的劳动合同，即 2020 年 8 月 25 日至 2021 年 8 月 24 日。人力资源部门工作人员在将王某的劳动合同录入电子档案时，因其他入职人员合同到期日均为 2022 年，故拖动鼠标时误将王某的合同到期日 2021 年错录为 2022 年。2022 年 8 月 9 日，工作人员电话联系王某，告知其合同即将到期，准备续订事宜，王某说日期不对，合同早于 2021 年 8 月 24 日到期。经核实，该合同确于 2021 年 8 月 24 日到期，当即工作人员联系王某续订合同，王某说考虑考虑，但一直没有回复。后工作人员又分别于 2022 年 8 月 31 日、9 月 14 日两次与王某沟通，王某均以需要考虑为由不续订合同。2022 年 9 月 19 日，王某向北京市某区劳动人事争议仲裁委员会申请仲裁，仲裁裁决支持了王某的请求。公司不服，提起诉讼，一审判决公司败诉。公司不服一审判决，向北京市某中级人民法院提起上诉，该案正在审理中。

审理结果

北京市某区劳动人事争议仲裁委员会与北京市某区人民法院依据《中华人民共和国劳动合同法》第十条、第八十二条,《中华人民共和国民事诉讼法》第二百六十条规定作出相同判决:公司一次性支付王某2021年9月20日至2022年8月24日未签劳动合同二倍工资差额186 112.3元。

评析意见

本案中,北京市某区人民法院实体权利判决依据为《中华人民共和国劳动合同法》第十条、第八十二条。《中华人民共和国劳动合同法》第十条规定,建立劳动关系,应当订立书面劳动合同。已建立劳动关系,未同时订立书面劳动合同的,应当自用工之日起一个月内订立书面劳动合同。用人单位与劳动者在用工前订立劳动合同的,劳动关系自用工之日起建立。第八十二条规定,用人单位自用工之日起超过一个月不满一年未与劳动者订立书面劳动合同的,应当向劳动者每月支付二倍的工资。用人单位违反本法规定不与劳动者订立无固定期限劳动合同的,自应当订立无固定期限劳动合同之日起向劳动者每月支付二倍的工资。事实上,北京市《关于劳动争议案件法律适用问题研讨会会议纪要(一)》(已失效)对此有明确规定,劳动合同期满后,劳动者仍在用人单位工作,用人单位超过一个月未与劳动者订立书面劳动合同的,应当依照《中华人民共和国劳动合同法》第八十二条的规定,向劳动者支付二倍工资。二倍工资的计算基数应以相对应的月份的应得工资为准。北京市《关于劳动争议案件法律适用问题研讨会会议纪要(二)》(已失效)第27条规定,劳动合同期满后未订立劳动合同,劳动者仍在原用人单位继续工作,应适用《中华人民共和国劳动合同法》第十条、第十四条第三款、第八十二条,《中华人民共和国劳动合同法实施条例》第六条、第七条的规定进行处理。在此情况下,由于用人单位对原劳动合同期满和继续用工的法律后果均有预期,因此不需要再给予一个月的宽限期,原劳动合同期满次日,即是用人单位应当订立劳动合同之日和承担未订立劳动合同的法律后果之日。北京市各级人民法院审判此种案件均依照《关于劳动争议案件法律适用问题研讨会会议纪要》(以下简称《会议纪要》)规定,以便统一裁判。但因《会议纪要》仅可作为法院审判经验共识予以参考，不能直接作为裁判依据写入判决书，因此判决书上法律依据都只采用《中华人民共和国劳动合同法》第十条、第八十二条规定，判决用人单位向职工支付二倍工资。

如前所言，《会议纪要》系北京市各级人民法院法官研讨达成的共识，也是为了实现统一裁判该类案类判的需要。实践中，北京市各级人民法院也是在贯彻落实《会议纪要》的共识成果，虽然不能直接在判决书上援引，但判决结果与《会议纪要》规定基本一致。虽然如是，这个共识、这个规定、这样判决是否完全与法律规定、法理相符？笔者认为不相符。

一、如何理解"用工之日"

仔细比较《会议纪要》与《中华人民共和国劳动合同法》《中华人民共和国劳动合同法实施条例》用语就会发现二者之间的差别。《会议纪要》使用的是"劳动合同期满后"，而《中华人民共和国劳动合同法》第十条、第十四条、第八十二条以及《中华人民共和国劳动合同法实施条例》第五条、第六条、第七条用的都是"自用工之日起"，比如"自用工之日起一个月内""自用工之日起超过一个月不满一年""自用工之日起满一年"。那么"用工之日"就是关键，它究竟是什么意思？第一次签订的劳动合同期满后劳动者继续在原单位工作而未再及时签订劳动合同，是否如《会议纪要》所理解的属于《中华人民共和国劳动合同法》第十条"建立劳动关系，应当订立书面劳动合同。已建立劳动关系，未同时订立书面劳动合同的，应当自用工之日起一个月内订立书面劳动合同。用人单位与劳动者在用工前订立劳动合同的，劳动关系自用工之日起建立"与第八十二条"用人单位自用工之日起超过一个月不满一年未与劳动者订立书面劳动合同的，应当向劳动者每月支付二倍的工资"规定的情形？

《中华人民共和国劳动合同法》中共有五处"自用工之日起"，分别是第七条、第十条、第十四条和第八十二条，其中第十条、第十四条和第八十二条前面已提到，第七条规定："用人单位自用工之日起即与劳动者建立劳动关系。用人单位应当建立职工名册备查。"看含义，显然与其他四处意义相同。《中华人民共和国劳动合同法实施条例》中共有八处"用工之日起"，分别在第五条、第六条、第七条、第九条和第二十五条，其中第五条、第六条和第七条前面已提到，意义与用法均与《中华人民共和国劳动合同法》的五处相同，都是直接与订立劳动合同相关，如果这些都有同义互证之嫌，并不能完全让人信服，那么《劳动合同法实施条例》第九条与第二十五条则是涉及计算工作年限与赔偿年限，这一点可以清楚理解"自用工之日起"的指称。第九条规定，劳动合同法第十四条第二款规定的连续工作满10年的起始时间，应当自用人单位用工之日起计算，包括劳动合同法施行前的工作年限。第二十五条规定，用人单位违反劳动合同法的规定解除或者终止劳动合同，依照劳动合同法第八十七条的规定支付了赔偿金的，不再支付经济补偿。赔偿金的计算年限自用工之日起计算。这两条明显能看出"用工之日"指的是劳动者初次入职用人单位，即劳动者为用人单位提供劳动，接受用人单位管理的第一天，一部法律之中，相同用语肯定含义相同，否则会出现歧义，需要换个说法或出具注释，《中华人民共和国劳动合同法》对此并未特别说明，由此可以看出这五处意义是相同的。既然确定了《中华人民共和国劳动合同法》第七条、第十条、第十四条和第八十二条共五处"自用工之日起"意义相同，指的就是劳动者初次入职用人单位，提供劳动并接受管理的第一天，显而易见，《会议纪要》的"合同期满"与《中华人民共和国劳动合同法》第八十二条"自用工之日起"并不相同，劳动者第一次与单位签订的劳动合同期满后并不能视为新的"用工之日"，因此，从"自用工之日起"的准确含义来看，劳动合同期满后未及时续订的情形根本不符合《中华人民共和国劳动合同法》第八十二条的规定，用人单位不应当向劳动者支付二倍工资。

二、《会议纪要》的规定与《中华人民共和国劳动合同法》立法精神相悖

法律最主要的属性就是公平、正义。虽然劳动者与用人单位相比是弱者，《中华人民共和国劳动合同法》作为社会法，倾斜保护劳动者的合法权益，但公平、正义的法律属性在社会法中也有体现，在用国家法律的强制性保护劳动者的基本合法权益的同时，也会保护用人单位的基本权益，平衡二者之间的利益，而不是一味地过度保护劳动者权益。在《中华人民共和国劳动合同法》施行初期，用人单位对劳动者的权益尊重不够，很多用人单位对订立书面劳动合同重视不足，因此，在没有签订劳动合同的情况下，发生劳动争议，劳动者的合法权益很难维护。但十几年过去了，用人单位已普遍与劳动者签订了劳动合同，即使未续订，原来签订的劳动合同、工资发放流水、社保缴费记录、上班打卡记录和工作微信群能够形成一个完整的证据链，证明双方存在劳动关系，劳动者的合法权益完全可以得到保障。二倍工资属于惩罚性规定，随意对惩罚性规定进行扩大解释，对用人单位显然不公平，更与法律的公平、正义属性以及《中华人民共和国劳动合同法》立法精神相悖。

《中华人民共和国劳动合同法》第十四条第三款与第八十二条是完整衔接的，第十四条第三款规定，用人单位自用工之日起满一年不与劳动者订立书面劳动合同的，视为用人单位与劳动者已订立无固定期限劳动合同。第八十二条规定，用人单位自用工之日起超过一个月不满一年未与劳动者订立书面劳动合同的，应当向劳动者每月支付二倍的工资。这两条都规定的是在用人单位自始至终未与劳动者签订劳动合同的情形下，对用人单位的惩罚。即超过一个月不满一年的支付二倍的工资；满一年的，视为用人单位与劳动者已订立无固定期限劳动合同。细研这两条规定可以看出，二倍工资并不适用于满一年未签订劳动合同的情形，更没有将支付二倍工资与视同订立无固定期限劳动合同并用。用人单位与劳动者自用工之日起签订了劳动合同，该劳动合同期满未及时续订，与上述两条规定的情形并不相同，如何处理？不止上述两条没有规定，整部《中华人民共和国劳动合同法》都没有规定此种情形。但虽未规定，上两条的衔接与背后的法律精神可以给我们理解并如何处理此种情形提供参考。最高人民法院的司法解释对此有准确的理解，进而对《中华人民共和国劳动合同法》没有规定的此种情形进行了解释。《最高人民法院关于审理劳动争议案件适用法律若干问题的解释》（一）第三十四条规定，劳动合同期满后，劳动者仍在原用人单位工作，原用人单位未表示异议的，视为双方同意以原条件继续履行劳动合同。一方提出终止劳动关系的，人民法院应当支持。《中华人民共和国劳动合同法》第十四条规定，用人单位应当与劳动者签订无固定期限劳动合同而未签订的，人民法院可以视为双方之间存在无固定期限劳动合同关系，并以原劳动合同确定双方的权利义务关系。用人单位已经与劳动者订立了一次劳动合同，劳动者的合法权益已经被书面合同固定下来，权益已经得到了保障，后续即使没有及时续订，法律应从默许角度来理解原合同的执行延续，这样的理解对用人单位已经有相当的约束力，与继续书面签订劳动合同效果一样，对劳动者的合法权益也作了很好的保护。如果说还有提高工资待遇权利等没有直接体现，那稍有些苛责了，这样的权益劳动者可以主动提出，所以并不能苛求默示视同处理情形。最高人民法院的这条司法解释不仅准确地理解了立法精神，准确延续了这种精神，同时也作出了解释，具有可操作性，这是与事实相符的，显然比《会议纪要》罔顾已有一次劳动合同事实准确且高明得多。笔者可以理解《会议纪要》有此规定是为了更好地落实《中华人民共和国劳动合同法》的实施、更好地保护劳动者合法权益，事实上起初也起到了这样的效果，但十几年过去了，现在的实际情况已不同于以往，如果还因循守旧，不与时俱进，显然与立法精神相悖。

综上所述，《会议纪要》关于劳动合同期满后未及时续订，要求用人单位支付二倍工资的理解与规定，既破坏了一部法律自身用语的统一，又与该法的立法精神明显相悖，更与事实不符，应该重新评估。若实现其规定效果，只需重新修订《中华人民共和国劳动合同法》第八十二条规定，在"自用工之日起超过一个月不满一年未与劳动者订立书面劳动合同"后加上"以及劳动合同期满后一年内未及时续订"的情形即可。因此，在现有法律规定下，笔者认为，用人单位在劳动合同期满后未及时与劳动者续订劳动合同无须支付二倍工资，应视同原劳动合同继续履行。

(北京福茂律师事务所　刘玉青　沈成宝)

12. 预先约定排除劳动者法定权利的合同条款无效

争议焦点

1. 劳动者与用人单位签订"解除劳务合同协议书"约定合同解除后劳动者不再向用人单位主张任何权利，但该协议签订后劳动者仍在用人单位处工作，该约定是否有效？

2. 用人单位后续违法解除劳动关系，法院计算解除劳动合同赔偿金时是否应当将上述协议签订前的工作年限计入？

3. 劳动者主张上述协议签订前的加班费是否应当得到支持？

基本案情

上诉人（原审原告）： 陈某某

被上诉人（原审被告）： 某装饰工程有限公司

陈某某自2018年9月13日到某装饰工程有限公司（以下简称某装修公司）工作，岗位是预算员。双方签订了数份劳务协议，期限分别自2018年9月13日至2019年9月12日、自2019年9月13日至2020年9月12日、自2020年9月13日至2021年9月12日。双方于2021年7月31日签订"解除劳务合同协议书"，协议中约定："一、甲乙双方经协商一致，自愿解除双方于2020年9月13日签订的劳务协议，双方劳务关系于签订本协议之日起终止……四、甲乙双方解除劳务协议后，甲乙双方不再向对方主张任何权利、义务，双方不再有任何法律纠纷。"双方于2021年8月1日签订劳动合同书，合同期限自2021年8月1日至2022年7月31日。陈某某最后工作至2022年5月6日。某装修公司向陈某某作出解除劳动关系通知书，以公司经营方针与业务发生重大调整和变化为由，于2022年5月6日解除双方的劳动关系。

陈某某于2022年6月向北京市某区劳动人事争议仲裁委员会申请劳动仲裁，要求：（1）确认陈某某与某装修公司在2018年9月13日至2021年7月31日存在劳动关系；（2）某装修公司支付陈某某违法解除劳动合同赔偿金115 073.36元；（3）某装修公司支付陈某某2019年8月1日至2022年5月6日延时、休息日、法定节假日加班工资35 993.39元；（4）某装修公司支付陈某某2021年12月年终奖4 000元。劳动人事争议仲裁委员会于2022年9月13日作出裁决书，裁决如下：（1）确认某装修公司与陈某某自2018年9月13日至2021年7月31日存在劳动关系；（2）某装修公司于本裁决书生效之日起7日内一次性支付陈某某违法解除劳动合同赔偿金26 400元；（3）某装修公司于本裁决生效之日起7日内一次性支付陈某某2021年年终奖3 880元；（4）驳回陈某某的其他仲裁请求。

某装修公司认可该仲裁裁决，陈某某不服仲裁裁决，于法定期限内提起诉讼。

审理结果

一审法院审理期间，原被告双方均提出自己的主张和证据。

关于解除劳务合同协议书的效力。陈某某表示，某装修公司与其签订劳务协议是不合法的，应为无效，之后双方签订的"解除劳务合同协议书"也应当是无效的，不具有法律效力。某装修公司认为上述"解除劳务合同协议书"真实有效。双方均提交了"解除劳务合同协议书"，两份协议约定内容一致，且对两份协议中陈某某签名的真实性，陈某某均予以认可。

关于违法解除劳动合同赔偿金的金额。陈某某提交其2021年5月至2022年4月共计12个月的工资明细，证明其在上述12个月期间的月基本工资金额、应发工资金额、实发工资金额。经法院核算，2021年5月至2022年4月陈某某月平均应发工资为14 384.17元。陈某某认为解除劳务合同协议书应为无效，其工作年限应从2018年9月13日计算至2022年5月6日，故违法解除劳动合同赔偿金应当按照4个月计算，某装修公司应给付其违法解除劳动合同赔偿金

115 073.36元。某装修公司认可陈某某提交的2021年5月至2022年4月共计12个月的工资明细，但该公司表示不同意给付陈某某违法解除劳动合同赔偿金115 073.36元。

关于延时加班费、休息日加班费、法定节假日加班费的认定。陈某某提交钉钉聊天记录截屏、微信聊天记录截屏、电子邮件截屏等，证明其加班的事实。某装修公司对上述证据质证表示，基本认可上述证据的真实性，但对证明目的均不予认可，上述微信记录、钉钉记录仅体现了双方对工作的沟通交流情况。

一审法院根据双方的主张及查明的事实，于2022年12月26日作出一审判决，判决如下：（1）确认某装修公司与陈某某自2018年9月13日至2021年7月31日存在劳动关系；（2）某装修公司于判决生效之日起7日内支付陈某某违法解除劳动合同赔偿金28 768.34元；（3）某装修公司于判决生效之日起7日内支付陈某某2021年年终奖3 880元；（4）驳回陈某某的其他诉讼请求。

陈某某不服该判决，于法定期限内提起上诉。

二审法院另查明，在本案仲裁阶段双方认可的具有真实性的"钉钉系统请假审批截屏"显示，陈某某在2019年8月27日至8月30日提起年假、事假申请，在2020年3月13日、3月20日和8月23日等时间提起年假申请，均显示审批通过；本案仲裁阶段某装修公司提供的"2020年2月1日至2020年10月31日考勤记录"证明陈某某出勤情况。

二审法院于2023年4月28日作出二审判决，判决如下：（1）维持一审判决第一项、第三项；（2）撤销一审判决第二项、第四项；（3）某装修公司于本判决生效之日起7日内向陈某某支付违法解除劳动合同赔偿金115 073.361元；（4）某装修公司于本判决生效之日起7日内向陈某某支付2021年8月1日至2022年3月29日延时加班工资、休息日加班工资以及法定休假日加班工资共计4 360.81元；（5）驳回陈某某的其他诉讼请求。

评析意见

就劳动关系的认定，一方面，根据在案证据能够认定，在双方订立劳务协议期间，陈某某也存在向某装修公司请年假、事假的情形，且某装修公司对此进行了审批；并且某装修公司亦对陈某某记录考勤。可见，在双方订立劳务协议期间，某装修公司对陈某某进行具有支配性的劳动用工管理。另一方面，没有证据显示陈某某在订立劳务协议与劳动合同期间从事的工作有何不同。此外，某装修公司对仲裁裁决和一审判决认定在双方订立劳务协议期间存在劳动关系均不持异议，故应当认定陈某某与某装修公司自2018年9月13日至2022年5月6日存在劳动关系。

就违法解除劳动合同赔偿金。一方面，仲裁裁决和一审判决均认定某装修公司解除与陈某某劳动合同的行为构成违法解除，某装修公司对此不持异议，故可以直接予以确认，认定某装修公司解除与陈某某劳动合同的行为构成违法解除，其须向陈某某支付违法解除劳动合同赔偿金。另一方面，双方当事人对一审判决确定的陈某某离职前12个月的平均工资均未提出异议，故对此亦予以确认。

就计算违法解除劳动合同赔偿金时工作年限的确定。"解除劳务合同协议书"是基于双方存在劳务关系而订立的，但实际上双方存在的是劳动关系，也就是说，"解除劳务合同协议书"并非基于双方真实的法律关系而作出的约定。双方虽然于2021年7月31日订立"解除劳务合同协议书"，但是实际上双方之间的用工法律关系并没有如约定中断，而是一直持续到2022年5月6日，因此，"解除劳务合同协议书"的约定与实际履行情况不符。更为重要的是，《中华人民共和国劳动合同法》第四十七条第一款规定，经济补偿按劳动者在本单位工作的年限，每满一年支付一个月工资的标准向劳动者支付。六个月以上不满一年的，按一年计算；不满六个月的，向劳动者支付半个月工资的经济补偿。该法第八十七条规定，用人单位违反本法规定解除或者终止劳动合同的，应当依照本法第四十七条规定的经济补偿标准的二倍向劳动者支付赔偿金。也就是说，上述法律对违法解除劳动合同赔偿金的计算标准作出了强制性规定，劳动者依据该规定要求用人单位支付赔偿金是其法定权利。虽然用人单位与劳动者可以通过事后约定的方式对劳动者已经享有的权利进行处分，比如约定劳动者放弃部分或者全部权利，但是在本案中，双方的劳动关系自2018年9月13日一直存续到2022年5月6日，此期间并未间断，并不存在"解除劳务合同协议书"所约定的于2021年7月31日解除的事实。易言之，陈某某在订立"解除劳务合同协议书"时，并不能预料在将来的某一天某装修公司会违法解除劳动合同，从而其可以依法向某装修公司主张违法解除劳动合同赔偿金，因此，"解除劳务合同协议书"中"解除劳务协议后，甲乙双方不再向对方主张任何权利、义务，双方不再有任何法律纠纷"的约定，对于陈某某将来可能享有的向某装修公司主张违法解除劳动合同赔偿金的权利来说，并不构成其对已经享有的权利所作的事后处分，而只能视为其在劳动合同履行期间对将来可能享有的权利的预先放弃。但是，在劳动关系中，一般情况下劳动者处于弱势的受管理、受支配地位，用人单位处于优势的管理、支配地位，为防范用人单位利用其优势地位侵害劳动者权益，法律作出了一系列保护性规定。比如，为防范用人单位利用其优势的缔约地位与劳动者订立不平等合同，《中华人民共和国劳动合同法》第二十六条第一款第（二）项规定，用人单位免除自己的法定责任、排除劳动者权利的劳动合同无效或者部分无效。而前述使劳动者预先放弃主张违法解除劳动合同赔偿金权利的约定，显然就属于在劳动合同履行过程中，用人单位通过约定"免除自己的法定责任、排除劳动者权利"的情形，因此，依据《中华人民共和国劳动合同法》第二十六条第一款第（二）项，该约定应属无效。因此，在计算违法解除劳动合同赔偿金时，不能以"解除劳务合同协议书"中的约定为依据，仍应当依法完整计算陈某某在某装修公司的工作年限，故某装修公司应当向陈某某支付违法解除劳动合同赔偿金115 073.36元。

就加班工资。双方于2021年7月31日订立的"解除劳务合同协议书"约定"解除劳务协议后，甲乙双方不再向对方主张任何权利、义务，双方不再有任何法律纠纷"，而陈某某主张的2021年7月31日之前的加班工资这项权利，在其订立"解除劳务合同协议书"时也已存在，因此，就该项权利来说，上述约定并不构成劳动者对权利的预先放弃，而是属于劳动者对已经享有的权利的处分，故该约定并无不妥，当属有效。因此，对陈某某主张某装修公司向其支付2019年8月29日至2021年7月31日延时、休息日、法定休假日加班工资的请求，不应当予以支持。但是，就陈某某主张的2021年8月1日至2022年3月29日延时、休息日、法定休假日加班工资这项权利，由于在其订立"解除劳务合同协议书"时尚未产生，因此，"解除劳务合同协议书"中"解除劳务合同后，甲乙双方不再向对方主张任何权利、义务，双方不再有任何法律纠纷"的约定，对于该项权利来说，并不构成其对已经享有的权利所作的事后处分，同样只能视为其在劳动合同履行期间对将来可能享有的权利的预先放弃。如前所述，这种令劳动者预先放弃权利的约定，应属无效。再看具体在案证据，虽然陈某某提交的大部分钉钉聊天记录、微信聊天记录、电子邮件等展示的只是某个时间点上发生的工作交流，不能认定为由某装修公司安排的加班，但是亦确实有部分证据展示出在 2021 年 8 月 1 日至 2022 年 3 月 29 日，陈某某存在接受某装修公司安排进行的加班，就该部分加班，某装修公司应依据《中华人民共和国劳动法》第四十四条的规定向陈某某支付加班工资。

（北京市第一中级人民法院　吴博文　王雅怡）

13. 用人单位不得仅以女职工产假返岗后原岗位被替代为由对其进行调岗

争议焦点

1. 女职工休产假期间原工作岗位被其他员工接替，用人单位能否以此为由对女职工进行调岗？

2. 在调岗协商不成的情况下，女职工拒绝签订书面劳动合同，用人单位是否能够以此为由拒绝与女职工签订无固定期限劳动合同？

基本案情

上诉人（原审原告）：王某某

被上诉人（原审被告）：甲科技公司

王某某与甲科技公司签订有期限为 2014 年 3 月 24 日至 2017 年 3 月 23 日的劳动合同，并签订期限为 2017 年 3 月 23 日至 2020 年 3 月 24 日劳动合同续订书，约定王某某从事会计工作。劳动合同约定用人单位因管理经营需要调动劳动者工作岗位时，劳动者应予接受。王某某于 2019 年 4 月 23 日生产，其生产前，甲科技公司于 2019 年 4 月 8 日另行招聘了一名会计毛某某来接替王某某的工作，王某某和毛某某进行了工作交接。王某某于 2019 年 4 月 18 日至 2019 年 8 月 25 日休产假。返岗上班后，甲科技公司以其工作已经被毛某某接替为由告知其不能继续从事原岗位，王某某不予同意。王某某哺乳期于 2020 年 4 月 22 日结束。

2020 年 3 月 20 日，甲科技公司人力资源部向王某某发送邮件，就续订劳动合同征询意见，并告知其因原岗位已被毛某某代替，故无法继续提供原会计岗。邮件内容如下。"1.……为此公司为您推荐了多个岗位供您选择，包括审计员、外派（子公司）财务经理、研发助理……2.关于续订的薪资待遇：公司同意续订劳动合同后每月工资增加100元。3.关于续订的其他条件：其他劳动合同条件及待遇不变。"2020年4月17日王某某回复邮件，表示"产假结束后公司应恢复我原会计工作岗位，公司所提供的其他岗位与我不匹配。因此，依据法律规定，我不接受公司以调岗为由与我解除劳动合同"。2020年4月22日王某某再次向甲科技公司人力资源部发送邮件，告知同意续订劳动合同，但不同意调岗，拒绝解除劳动合同。同日甲科技公司人力资源部回复："因您本人原因不续订导致合同到期自动终止，从明日起公司将按照双方不存在劳动关系处理。"

王某某以要求甲科技公司支付违法解除劳动合同赔偿金、未休年休假工资及年终奖为由向北京市某区劳动人事争议仲裁委员会提出申请，该劳动人事争议仲裁委员会作出裁决书，裁决如下：（1）甲科技公司支付王某某2019年1月1日至2019年12月31日未休年休假工资2 336.55元；（2）甲科技公司支付王某某终止劳动关系经济补偿金47 190元；（3）驳回王某某的其他仲裁请求。甲科技公司认可该仲裁裁决，王某某不服仲裁裁决，于法定期限内向北京市某区人民法院提起诉讼。

审理结果

北京市某区人民法院经审理认为，王某某原为会计岗位，因该岗位属于职能岗，需要长期有员工从事相关工作，王某某在产假期间甲科技公司另行招聘会计人员接替王某某进行工作存在其合理性及必要性。王某某休假结束后，甲科技公司基于经营现状，给王某某提供不同岗位进行选择，且部分岗位与财务工作相关，并未对王某某造成明显不便，也未降低王某某的劳动报酬，应视为维持了原劳动合同条件与王某某订立劳动合同，王某某因岗位调整拒绝签订书面劳动合同，甲科技公司据此与其终止劳动合同并无不当。甲科技公司应支付王某某终止劳动合同经济补偿金47 190元。

王某某不服一审判决，于法定期限内向北京市某中级人民法院提起上诉。

二审期间，甲科技公司陈述，双方在协商续订劳动合同时，该公司为王某某提供了三个岗位供其选择：一是派驻于子公司的财务经理岗位，甲科技公司在河南有一家子公司，需由甲科技公司派驻一名财务人员担任子公司的财务人员；二是审计员岗位，审计对象包括甲科技公司及其子公司，审计员工作与财务工作相关联；三是研发助理岗位，系研发部针对产品的研发岗位。王某某主张其不同意上述调岗的理由在于，其担任原岗位不需要出差，而甲科技公司告知财务经理岗位需外派河南，审计员岗位也需要长期出差，而其刚过哺乳期，无法长期驻外，且甲科技公司提供的岗位王某某并不擅长，该公司系以调岗之名而行违法解除劳动合同之实。关于诉讼请求的确认，二审期间王某某陈述，如人民法院认定甲科技公司的行为构成违法终止劳动合同，其同意将其诉请的"违法解除劳动合同赔偿金94 380元"调整为"违法终止劳动合同赔偿金94 380元"。

北京市某中级人民法院经审理认为，甲科技公司属于违法终止劳动合同，应当向王某某支付违法终止劳动合同赔偿金94 380元。理由是，首先，从变更工作岗位的合法性、合理性审查的角度，甲科技公司仅以女职工孕产休假期间已经安排其他同岗位人员代替其原岗位为由要求对女职工进行调岗的，该调岗事由缺乏合法性、合理性。其次，从终止劳动合同的违法性认定角度，王某某满足签订无固定期限劳动合同的条件，在王某某多次明确提出有续订意愿的情形下，甲科技公司无权选择终止劳动合同。最后，甲科技公司提出的调岗方案对劳动者而言存在劳动条件的不利变更，不符合"维持或者提高劳动合同约定条件"的情形，甲科技公司不能据此终止固定期限劳动合同。

评析意见

一、变更工作岗位的合法性、合理性审查

用人单位调整劳动者工作岗位属于变更劳动合同内容，应该符合劳动法律相关规定。《中华人民共和国劳动合同法》第三十五条规定，用人单位与劳动者协商一致，可以变更劳动合同约定的内容。变更劳动合同，应当采用书面形式。变更后的劳动合同文本由用人单位和劳动者各执一份。第四十条规定，有下列情形之一的，用人单位提前三十日以书面形式通知劳动者本人或者额外支付劳动者一个月工资后，可以解除劳动合同：（一）劳动者患病或者非因工负伤，在规定的医疗期满后不能从事原工作，也不能从事由用人单位另行安排的工作的；（二）劳动者不能胜任工作，经过培训或者调整工作岗位，仍不能胜任工作的；（三）劳动合同订立时所依据的客观情况发生重大变化，致使劳动合同无法履行，

经用人单位与劳动者协商，未能就变更劳动合同内容达成协议的。

据此可知，用人单位对劳动者进行调岗存在意定变更和法定变更两种路径：一是双方协商一致变更工作岗位，即意定变更；二是存在法定变更劳动合同的情形。意定变更的原理与传统合同理论中的协议变更合同基本一致，法定变更是传统合同理论中情势变更原则在劳动合同中的体现。意定变通常存在两种情形，一是双方在劳动合同中约定可以变更工作岗位的情形、变更工作岗位的范围等，出现可以变更工作岗位的约定事由的，用人单位在约定范围内作出调岗安排；二是双方劳动合同未对变更工作岗位作出约定，在发生需要调岗的事由时，双方通过协商一致达成调岗合意。

就意定变更而言，双方约定的调岗事由应当具有合理性，否则可能因符合《中华人民共和国劳动合同法》第二十六条而被认定为无效，且用人单位安排劳动者调岗的，应当举证证明约定的调岗条件成就。劳动合同作出"用人单位因经营管理需要，有权对劳动者调动工作岗位"等原则性约定解决女职工因孕产休假的正常缺工，一般不能被解释为"生产经营需要"而用人单位有权单方调岗的情形。就法定变更而言，《中华人民共和国劳动合同法》第四十条规定的第（一）项、第（二）项情形无须双方对变更工作岗位协商一致，用人单位有单方安排的权利；在第（三）项情形中，用人单位应就劳动合同的变更与劳动者进行协商。综上所述，在劳动合同变更的法律框架内，变更工作岗位有其既定的法律路径，用人单位作出调岗安排应当符合法律规定或合同约定，其中在用人单位有权作出单方调岗的情形下，调岗亦应当具有合理性，否则，变更工作岗位可能被认定为不发生法律效力，劳动者亦有权予以拒绝。

具体就本案而言，双方订立的劳动合同未约定用人单位在女职工孕产休假返岗后可以据此对其进行调岗，因此不存在调岗的合同基础。在案证据亦能够证明双方未就调岗达成协商一致。故本案不符合意定变更工作岗位的情形。

就女职工孕产休假后返岗是否符合法定变更工作岗位的情形，应当从《中华人民共和国劳动合同法》第四十条出发进行解释。其一，女职工正常的怀孕、生产不属于劳动者患病或者非因工负伤的情形。其二，女职工在怀孕期间可能存在不能胜任工作的情形。《女职工劳动保护特别规定》第六条规定，女职工在孕期不能适应原劳动的，用人单位应当根据医疗机构的证明，予以减轻劳动量或者安排其他能够适应的劳动。对怀孕7个月以上的女职工，用人单位不得延长劳动时间或者安排夜班劳动，并应当在劳动时间内安排一定的休息时间。怀孕女职工在劳动时间内进行产前检查，所需时间计入劳动时间。故在女职工怀孕期间的必要情形下，用人单位对其调整工作强度或工作岗位不仅是用人单位的权利，更是其法定义务。但应当指出，《女职工劳动保护特别规定》第六条仅适用于女职工怀孕期间，不能对该条款的适用任意扩大化。怀孕、生产有其符合自然规律且为公众周知的时间周期，一般情况下，女职工孕产休假结束返岗后，不能胜任工作的障碍即已消除，用人单位继续对女职工变更工作岗位，不再具有法定事由，除非双方另有约定，否则女职工要求恢复原工作岗位的，用人单位应予同意。其三，不论女职工在入职前是否婚育，女职工怀孕、生产显然都不属于劳动合同订立时所依据的客观情况发生重大变化，致使劳动合同无法履行的情形；用人单位在女职工孕产休假期间安排其他人员代替其岗位，亦系用人单位主动为之的行为，亦不属于客观情况的变化。综上所述，女职工孕产休假后返岗不符合《中华人民共和国劳动合同法》第四十条规定的情形，不属于法定变更工作岗位的情形。

因此，除非另有约定，用人单位仅以女职工孕产休假期间已经安排其他同岗位人员代替其原岗位为由要求对女职工进行调岗的，该调岗事由缺乏合法性、合理性。本案中，王某某对用人单位的调岗要求予以拒绝，具有法律依据和事实依据。

二、终止劳动合同的违法性认定

（一）从无固定期限劳动合同制度的角度

《中华人民共和国劳动合同法》第十四条第二款第（三）项规定，用人单位与劳动者协商一致，可以订立无固定期限劳动合同。有下列情形之一，劳动者提出或者同意续订、订立劳动合同的，除劳动者提出订立固定期限劳动合同外，应当订立无固定期限劳动合同：（三）连续订立二次固定期限劳动合同，且劳动者没有本法第三十九条和第四十条第（一）项、第（二）项规定的情形，续订劳动合同的。根据该规定，用人单位与劳动者连续订立两次固定期限劳动合同的，第二次固定期限劳动合同到期时，劳动者有权选择订立固定期限劳动合同或者终止劳动合同，用人单位无权选择订立固定期限劳动合同或者终止劳动合同。上述情形下，劳动者提出或者同意续订、订立无固定期限劳动合同，用人单位应当与劳动者订立无固定期限劳动合同。《北京市高级人民法院、北京市劳动争议仲裁委员会关于劳动争议案件法律适用问题研讨会会议纪要（二）》（已失效）第三十六条规定，订立书面劳动合同需要当事人意思表示一致，由劳动者与用人单位平等协商，以确定合同期限、工作内容、劳动报酬等事项。双方就劳动合同必要条款不能达成一致的……劳动者要求与用人单位订立书面劳动合同的，劳动人事争议仲裁委员会、人民法院可释明当事人变更请求，主张确认双方存在劳动关系。可见，在符合建立无固定期限劳动合同的法定条件的情形下，用人单位即便与劳动者未就续订劳动合同的权利义务内容达成一致，亦不影响人民法院确认无固定期限劳动关系的存在。换言之，用人单位不能以未就工作岗位的确定与劳动者达成一致意见为由拒绝续订无固定期限劳动合同，以此为由终止劳动合同的，属于违法终止劳动合同。

本案中，王某某与甲科技公司已经连续两次签订固定期限劳动合同，且满足签订无固定期限劳动合同的其他条件。在王某某多次明确提出双方之间应签订无固定期限劳动合同的情形下，甲科技公司无权选择终止劳动合同，而应当依法与王某某订立无固定期限劳动合同。对无固定期限劳动合同内容，双方应平等协商，以确定工作内容、劳动报酬等事项。本案中，王某某提出关于岗位调整的意见，系行使缔约磋商的权利，其因双方未能就岗位调整达成一致意见而未续订劳动合同，不能当然视为无正当理由拒绝续订劳动合同。甲科技公司径行终止劳动合同，属于违法终止劳动合同。

（二）从固定期限劳动合同终止制度的角度

《中华人民共和国劳动合同法》第四十六条第（五）项规定，有下列情形之一的，用人单位应当向劳动者支付经济补偿：（五）除用人单位维持或者提高劳动合同约定条件续订劳动合同，劳动者不同意续订的情形外，依照本法第四十四条第（一）项规定终止固定期限劳动合同的。该法第四十四条第（一）项规定："有下列情形之一的，劳动合同终止：（一）劳动合同期满的。"

如上所述，在符合订立无固定期限劳动合同的法定情形下，双方之间应当存续劳动关系，但劳动者不能据此单方要求提高劳动合同约定的条件。如用人单位以维持或提高劳动合同的约定条件要求续订无固定期限劳动合同，劳动者不予同意，而要求按照其主张的更高条件续订无固定期限劳动合同，用人单位可以拒绝，并据此终止固定期限劳动合同。此时，应根据在案事实审查用人单位提出的续订条件是否符合《中华人民共和国劳动合同法》第四十六条第（五）项规定的"维持或提高劳动合同约定条件"的要求。对此,笔者认为,其一,如上所述,除非另有约定,否则用人单位仅以女职工孕产休假期间已经安排其他同岗位人员代替其原岗位为由要求对女职工进行调岗的,并要求以调岗为前提续订劳动合同,本身不具备合法性和合理性。其二,在用人单位依法或依约有权对劳动者进行调岗的情形下,仍应当确保调岗具有必要性和正当性。双方就此发生争议引发仲裁和诉讼的,用人单位对此负有证明责任。以本案为例,甲科技公司提供给王某某选择的岗位或在工作地点上有所变化,或在工作内容上有所变化,均实质性变更了原劳动合同约定的工作岗位权利义务内容,且在通勤成本、对家庭生活的影响、对业务技能的要求等方面对劳动者具有更重的负担。因此甲科技公司提出的调岗方案对劳动者而言存在劳动条件的不利变更,不符合"维持或者提高劳动合同约定条件"的情形。

三、女职工劳动保护和用人单位用工自主权的平衡

为减少和解决女职工在劳动中因生理特点造成的特殊困难,劳动法律法规对女职工进行特殊保护。《女职工劳动保护特别规定》第五条规定,用人单位不得因女职工怀孕、生育、哺乳降低其工资、予以辞退、与其解除劳动或者聘用合同。相应地,特殊保护制度会一定程度加重用人单位的负担,限制其用工自主权。有必要对两种利益进行平衡。

有观点认为,女职工休产假期间,用人单位安排其他员工从事其原岗位的工作具有合理性,女职工返岗后原岗位已无空缺,安排其到新岗位工作,属于用人单位行使用工自主权,法律不应对其进行否定评价。《女职工劳动保护特别规定》第七条规定,女职工生育享受98天产假,其中产前可以休假15天;难产的,增加产假15天;生育多胞胎的,每多生育1个婴儿,增加产假15天。女职工怀孕未满4个月流产的,享受15天产假;怀孕满4个月流产的,享受42天产假。笔者认为,即便考虑各地现行的鼓励生育新政对产假的另行规定,女职工孕产休假期间仍属短期,对用人单位用工管理造成的不便是有限的。女职工因孕产休假不能提供劳动期间,用人单位可以根据生产经营需要另行安排人员代替其工作,不能通过现有人员分担孕产休假女职工工作量的,可以另行聘用劳务派遣人员,既能解决用人单位的缺工问题,又能保障女职工休假结束依法返岗的合法权益。

还有观点认为,对于较为重要、关键的岗位,如本案中王某某原从事的财务岗,因涉及用人单位核心业务、商业秘密,或具有管理职能,难以通过现有人员

分担的方式完成其工作份额，聘用劳务派遣人员短期顶岗则会增加用人单位的经营风险，故女职工休产假期间用人单位安排其他员工从事其原岗位的，应限制其休假后返回原岗位的权利。对于此观点，笔者认为，照此逻辑，女职工越是身处重要岗位，其因生育被替代的风险越高，职业发展中断的可能性也越大，女职工更加难以走上重要的岗位，长此以往，必然导致贬低女性的劳动价值，实则属于一种针对女性的就业歧视。对此，用人单位应当对女职工怀孕、生产、哺乳等给工作管理带来的不利影响承担合理范围内的容忍义务，以保障女职工的平等就业权。

依法保障育龄女性的合法权益，关乎女职工平等就业权的实现，也是用人单位对应尽社会责任的承担。女性与男性平等地参与社会分工，是社会文明发展进步的标志。从宏观效果来看，整个国家和社会也会因此受益。尤其在我国人口老龄化日趋严重的今天，对育龄女性的就业歧视会进一步打击女性的生育意愿，有悖现行人口政策，并从长远来讲对我国经济发展、两性平等、共同富裕的目标产生不利影响。对此，司法裁判应当树立正确的导向，尊重人民群众朴素善良的正义观，践行社会主义核心价值观，在保护劳动者合法权益和用人单位用工自主权之间作出平衡，助力构建和谐劳资关系，推动社会运行良性健康发展。

（北京市第一中级人民法院　王丽蕊　王雅怡）

14. 用人单位原则上应对未订立书面劳动合同承担无过错责任

争议焦点

未订立书面劳动合同二倍工资差额的认定，是否以用人单位存在过错为前提条件？

基本案情

原告（上诉人）：王某

被告（被上诉人）：A公司

王某与A公司于2019年11月1日至2020年5月31日存在劳动关系，双方未订立书面劳动合同。

王某以要求A公司支付未签订书面劳动合同二倍工资差额等为由向劳动人事争议仲裁委员会提起仲裁申请，该劳动人事争议仲裁委员会裁决如下：(1) A公司支付王某2020年3月1日至2020年4月30日工资差额6 759.68元；(2) A公司支付王某解除劳动合同经济补偿金8 000元；(3) 驳回王某的其他仲裁请求。王某不服仲裁裁决结果，于法定期限内向一审法院提起诉讼，诉请A公司支付未签订书面劳动合同二倍工资差额等。

A公司提交仲裁庭审笔录，其上载明"问：是否签订劳动合同？期限？申：未签过，提出过签劳动合同，我没有签，因为劳动合同比较简陋，很多条款都没有，我跟公司提出后，公司说再修改，之后公司人员曾问我是否给过我纸质劳动合同，我回答没有，一直到我离开公司都没有再找过我"。王某认可仲裁庭审笔录的真实性，但不认可其证明目的，称仲裁庭审笔录记录有误，A公司从未提出签订劳动合同。

二审期间另查明，王某陈述其在仲裁庭审中关于A公司曾向其提供过书面劳动合同是其记错了，事实为王某入职后该公司人力资源部给其发送过入职档案要求其填写，而不是劳动合同，王某当时觉得太简单，未予填写。对此，王某未提交证据予以证明，法院对其反言未予采信，并认定A公司曾向王某提出过签订劳动合同，并提供了书面劳动合同文本，但王某未予签订，至双方劳动关系解除，双方未签订书面劳动合同。

审理结果

一审法院认为，现有证据能够证明A公司曾向王某送达劳动合同文本，王某应举证证明其拒绝签署劳动合同的具体原因，或双方最终未能签订劳动合同系因A公司的过错所致，现王某未就此提供证据予以证明，故未签订劳动合同的惩戒责任不应由用人单位承担。

一审法院判决如下：（1）A公司于本判决生效之日起10日内支付王某解除劳动关系经济补偿金8 000元；（2）A公司于本判决生效之日起10日内支付王某2020年3月1日至2020年4月30日工资差额（提成）7 939.28元；（3）A公司于本判决生效之日起10日内支付王某2020年5月23日、2020年5月24日休息日加班费1 471.26元；（4）驳回王某其他诉讼请求。

二审法院认为，其一，根据现行劳动法律、司法解释，自用工之日起超过一个月未订立书面劳动合同的不利后果由用人单位负担，且对于支付二倍工资的责任未明确规定豁免情形。其二，《中华人民共和国劳动合同法实施条例》第五条规定，自用工之日起一个月内，经用人单位书面通知后，劳动者不与用人单位订立书面劳动合同的，用人单位应当书面通知劳动者终止劳动关系。其三，在订立劳动合同时，用人单位和劳动者均依法享有缔约磋商的权利。反复磋商仍不能就签订劳动合同达成一致意见的，双方应当及时终止劳动关系。本案中，A公司未与王某签订书面劳动合同，亦未自用工之日起一个月内书面通知王某终止劳动关系，该公司即应依法向王某支付法定期间的二倍工资差额。人民法院一般无须进一步审查双方对未签订劳动合同的过错。即便特殊情形下需要考虑当事人过错的，用人单位也应当对因劳动者过错而未签订劳动合同的事实承担举证责任。现

A公司虽主张系因王某过错未予签订，但未举证证明该公司提供的合同文本符合法律规定和双方约定，应承担举证不能的不利后果。

二审法院判决如下：（1）维持一审民事判决第一、二、三项；（2）撤销一审判决第四项；（3）A公司于本判决生效之日起10日内支付王某2019年12月1日至2020年5月31日期间的未签订劳动合同二倍工资差额48 000元；（4）驳回王某其他诉讼请求。

评析意见

第一，根据现行法律规定，用人单位原则上应对未订立书面劳动合同承担无过错责任。《中华人民共和国劳动合同法》第十条规定，建立劳动关系，应当订立书面劳动合同。已建立劳动关系，未同时订立书面劳动合同的，应当自用工之日起一个月内订立书面劳动合同。该法第八十二条规定，用人单位自用工之日起超过一个月不满一年未与劳动者订立书面劳动合同的，应当向劳动者每月支付二倍的工资。根据上述规定，自用工之日起超过一个月未订立书面劳动合同的不利后果由用人单位承担，且现行法律对于上述支付二倍工资的责任未明确规定豁免情形，故原则上用人单位应对未订立书面劳动合同承担无过错责任。

以上规定的立法目的在于敦促负有用工管理职能且处于优势地位的用人单位及时、妥善订立书面劳动合同，以便于固定双方权利义务内容，保障用工合法合规，亦利于人力资源社会保障行政部门进行监督检查，以及裁判机关在劳动人事争议仲裁、诉讼中认定证据、查清事实。在现实人力资源市场中，以上规定也并不会加重用人单位的用工成本或阻碍其人才引进。在司法审查中我们发现，在未签订书面劳动合同的案件中，较大比例系因用人单位的原因未签订劳动合同，包括：一是主观规避劳动关系认定；二是故意模糊工资标准、工时等权利义务内容；三是缺乏专业人力资源管理人员，相关管理不规范。而劳动者往往具有配合签订劳动合同的主观意愿，劳动者拒绝签订劳动合同的原因则包括：一是同时存在其他劳动关系，建立新的劳动关系将影响原劳动关系的履行；二是在与原用人单位解除劳动合同时签订了竞业限制协议，与新用人单位建立劳动关系违反竞业限制约定。根据以上梳理可知，以上任何不签订劳动合同的理由都不具有法律应当保护的价值。

　　第二，劳动者无合理理由拒绝签订劳动合同的，用人单位应及时终止劳动关系。《中华人民共和国劳动合同法实施条例》第五条规定，自用工之日起一个月内，经用人单位书面通知后，劳动者不与用人单位订立书面劳动合同的，用人单位应当书面通知劳动者终止劳动关系，无须向劳动者支付经济补偿，但是应当依法向劳动者支付其实际工作时间的劳动报酬。上述规定在劳动者不与用人单位签订书面劳动合同的情形下赋予了用人单位合法、无责终止劳动关系的权利，结合《中华人民共和国劳动合同法》第八十二条规定，为用人单位在订立劳动问题上提供了行为规则指引，即自用工之日起一个月内，经用人单位书面通知后，劳动者不与用人单位订立书面劳动合同的，用人单位应当书面通知劳动者终止劳动关系；用人单位继续用工的，应当向超过一个月不满一年的未订立书面劳动合同的劳动者每月支付二倍的工资。该规定能够有效避免劳动者无正当理由拒不签订劳动合同的行为对用人单位合法权益的侵害。

　　第三，在订立劳动合同时，用人单位和劳动者均依法享有缔约磋商的权利。《中华人民共和国劳动合同法》第三条第一款规定，订立劳动合同，应当遵循合法、公平、平等自愿、协商一致、诚实信用的原则。第十七条规定，劳动合同应当具备以下条款：（一）用人单位的名称、住所和法定代表人或者主要负责人；（二）劳动者的姓名、住址和居民身份证或者其他有效身份证件号码；（三）劳动合同期限；（四）工作内容和工作地点；（五）工作时间和休息休假；（六）劳动报酬；（七）社会保险；（八）劳动保护、劳动条件和职业危害防护；（九）法律、法规规定应当纳入劳动合同的其他事项。劳动合同除前款规定的必备条款外，用人单位与劳动者可以约定试用期、培训、保守秘密、补充保险和福利待遇等其他事项。根据以上规定，劳动合同应当具备必备的合同条款，合同内容应当如实体现双方的合意，且应当符合法律法规的规定，任何一方不得利用订立书面劳动合同损害另一方的合法权益，否则对方有权拒绝签订该劳动合同，并有权与对方就合同条款内容进行磋商。现行法律规定劳动关系双方应当自用工之日起一个月内订立书面劳动合同，正是考虑到缔约磋商的客观需要，为订立书面劳动合同以及不能订立书面劳动合同后进行劳动关系处理设置了合理时间。用人单位和劳动者一般应就双方权利义务的确定在用工开始前达成合意，最迟应于用工之日起一个月内完成磋商。反复磋商仍不能就签订劳动合同达成一致意见的，往往能够证明双方就建立特定法律关系的合意欠缺，双方应当按照《中华人民共和国劳动合同法实施条例》第五条规定，及时终止劳动关系。

第四，特殊情形下，因劳动者过错未订立书面劳动合同的，可以免除用人单位支付二倍工资的责任，但应当由用人单位对因劳动者过错而未签订劳动合同的事实承担举证责任。在特殊情形下，完全忽视劳动者对未订立劳动合同的过错而认定用人单位支付二倍工资差额，可能造成显失公平的情形。故在特殊情形下，确因劳动者过错未订立书面劳动合同的，可以免除用人单位支付二倍工资的责任。如《北京市高级人民法院、北京市劳动争议仲裁委员会关于劳动争议案件法律适用问题研讨会会议纪要（二）》（已失效）规定，用人单位高管人员依据《中华人民共和国劳动合同法》第八十二条规定向用人单位主张二倍工资的，可予支持，但用人单位能够证明该高管人员职责范围包括管理订立劳动合同内容的除外。对有证据证明高管人员向用人单位提出签订劳动合同而被拒绝的，仍可支持高管人员的二倍工资请求。用人单位的人力资源管理部门负责人或主管人员依据《中华人民共和国劳动合同法》第八十二条规定向用人单位主张二倍工资的，如用人单位能够证明订立劳动合同属于该人力资源管理部门负责人的工作职责，可不予支持。有证据证明人力资源管理部门负责人或主管人员向用人单位提出签订劳动合同，而用人单位予以拒绝的除外。由此可知，对于用人单位对未签订书面劳动合同二倍工资承担无过错责任的突破应当严格予以掌握，且应当由用人单位对因劳动者过错而未签订劳动合同的事实承担举证责任。

综上所述，本文以劳动者新入职用人单位的情形为例就未签订书面劳动合同二倍工资的认定规则进行了梳理。用人单位应当与劳动者续订书面劳动合同而未予以续订，应当依法向劳动者支付二倍工资的，相应的归责原则和举证责任与此相同。

（北京市第一中级人民法院　王丽蕊）

15. 劳动者在履行工作职责过程中赔偿责任的承担

争议焦点

劳动者在履行工作职责过程中非因故意或重大过失是否应向用人单位承担赔偿责任？

基本案情

原告：某商贸公司

被告：刘某

2019—2021年刘某任某商贸公司分店店长。公司企业文本规定，店长（经理）职责包括：负责整个卖场的经营及管理工作；监督商场的商品进货验收、仓储管理、商品陈列、商品质量管理等有关工作；执行总部下达的促销计划和促销活动；监督和审核卖场会计、收银等作业。某商贸公司关于折扣、优惠、退货手续流程及规定如下：在收银操作过程中，如遇有商品折扣、优惠事宜，除店内节假日、促销期的正常活动外，有文字通知临时折扣和优惠的商品，必须经值班经理或店长同意，并恳请顾客留下收银小票附领导签字留存，每周一由主管统一上报财务核查；财务在核查过程中，低于进价的优惠及折扣商品，必须附有总经理签字审批手续，否则由值班经理、店长等签字同意人承担差价损失。某商贸公司分店的收款机器系与总公司联网。

某商贸公司以刘某任店长期间对部分商品未按公司规定履行商品折扣手续，给公司造成损失126 135.36元，并以《中华人民共和国劳动合同法》第九十条规定为依据，向人民法院提起诉讼要求刘某赔偿公司损失。

审理结果

一审法院经审理后作出民事判决书,判决刘某于本判决生效后 10 日内赔偿原告某商贸公司的经济损失 88 294.75 元。双方当事人均不服一审判决,提起上诉。

二审法院经审理后作出民事判决书,判决结果如下:(1) 撤销一审民事判决;(2) 驳回上诉人某商贸公司的诉讼请求。

评析意见

一、《中华人民共和国劳动合同法》第九十条的理解与适用

《中华人民共和国劳动合同法》第九十条规定,劳动者违反本法规定解除劳动合同,或者违反劳动合同中约定的保密义务或者竞业限制,给用人单位造成损失的,应当承担赔偿责任。《违反〈劳动法〉有关劳动合同规定的赔偿办法》第四条规定,劳动者违反规定或劳动合同的约定解除劳动合同,对用人单位造成损失的,劳动者应赔偿用人单位下列损失……上述法律及部门规章之规定系为了规范劳动者一方解除劳动关系的行为。换言之,上述规定是为了避免劳动者随意解除劳动合同,从而对劳动者提出解除劳动合同的情形、时间、方式作出限制。具体到本案中,用人单位主张依据上述规定由劳动者进行赔偿,但经审查,本案中双方当事人的劳动关系系经用人单位向劳动者发出解除劳动合同通知后解除,用人单位未提供证据证明劳动者存在违法、违规解除劳动关系的行为,故用人单位依据上述规定请求劳动者赔偿损失,缺乏事实及法律依据,二审法院不予采信。一审法院依据上述法律规定判决劳动者承担赔偿责任,适用法律不当。

二、如何在实践中认定劳动者存在严重失职行为

劳动者是否存在严重失职导致用人单位严重损失应从用人单位和劳动者两个方面分析。

从用人单位方面分析,应审查用人单位是否制定了有效的经营、管理规章制度并完全按照该规章制度实施经营管理行为。具体到本案中,首先用人单位企业文本中虽规定了商品打折需经经理签字的制度,但通过劳动者提交的聊天记录证

据发现，用人单位在核准或决定商品折扣时并非依照上述规定执行，存在常态化地通过微信口头传达即可以打折的情况。其次，用人单位企业文本规定了"每周一由主管统一上报财务核查"的制度，且二审庭审中用人单位在争议的三年中已发现毛利率下降，但用人单位作为经营管理一方始终未进行过盘点、查账，其行为属于未履行公司规章制度；通过庭审另查明，超市店内收银机器与总公司联网，按照常理用人单位知道或应当知道该店每日的现金收入等经营情况，故其所述对店长"违规打折"不知情的理由与事实不符。最后，用人单位主张其下辖各店每次打折均需经理签字同意。针对该项主张，合议庭于庭审中明示用人单位应按照二审举证期限提交相关证据予以证明，后用人单位并未按期提交证据，亦未提交书面延期举证申请，故用人单位无法证明其下经营的所有店铺均按照此规章制度实施管理，故对其所述各店均统一执行该制度的理由不予采信。因此可以认定，用人单位在诉讼中主张的管理制度与其实际执行的管理行为严重不符，其系以高于实际的管理标准要求劳动者，并基于该高标准倒查追究劳动者责任，其上述行为已超越劳动者的"期待可能性"，故对其所主张的劳动者无视规定严重失职行为，不予采信。

从劳动者方面分析，应审查劳动者是否存在故意或重大过失的行为给用人单位造成重大损失。具体到本案中，首先，关于打折行为性质。鉴于超市的行业特点，应将打折认定为一种正常销售手段，而不应将其作为企业损失的原因。企业经营状况好坏、盈亏多少取决于市场规律，而打折行为作为营销手段的一种，在一定程度上更有可能提高收益减少亏损，而将打折行为认定为企业损失原因系将因果关系倒置。其次，关于损失认定。本案中认定损失的证据系由用人单位单方面制作提交，不具备客观性；该证据中损失计算方式为"预期售价－成交价＝亏损金额"，此种计算方式不符合企业经营及生活常理中对于"亏损"的理解，其主张的系可得利益的间接损失，而非低于成本价销售的直接损失，故对于其损失的认定及计算方式不予采信。最后，关于劳动者是否存在故意或重大过失。通过用人单位提交的"违规打折"证据，可以发现劳动者任店长期间，超市进行了大量的交易行为。具体到各笔交易中，有的最低售价或折扣差价不足1元，故据此难以认定，劳动者在此种低价的销售方式中存在给用人单位造成重大损失的故意或过失。用人单位亦未提供证据证明，在其倒查的3年时间内，劳动者持续存在给用人单位造成损失的故意或重大过失的主观心态。因此，用人单位的损失计算方式不合理,故用人单位称劳动者系故意造成用人单位重大损失的上诉理由不能成立。

三、劳动者承担损害赔偿的比例应考虑商事行为风险程度

用人单位系市场经营中的商事主体,其经营本身就属于存在风险的商事行为,用人风险本身亦属于公司经营风险的一部分。用人单位雇用的劳动者在履行职务中代表的是用人单位,其行为导致的后果应由用人单位承担,而不能随意地将用人单位的损失归结为劳动者履行职务的行为,不能擅自主观认定劳动者的行为存在重大过错而要求其承担赔偿责任,这是将用人单位自身的经营风险不合理地转移至劳动者身上,既不符合企业经营风险自担的原则,也违反了公平公正的权利义务划分规则。从《中华人民共和国劳动法》《中华人民共和国劳动合同法》的立法精神来看,均为保护劳动者的合法权益,从具体规则设置上看,也是对劳动者过错赔偿责任的适用范围进行了限制。具体到本案,用人单位请求劳动者承担损害赔偿责任缺乏事实及法律依据,因此二审法院不予支持。

(河北省承德市中级人民法院 冉雪芳)

16. 单位高管解聘过程中劳动法与公司法的竞合问题

争议焦点

1. 用人单位是否对公司高管解聘具有自主权？
2. 公司高管被解聘后调整薪资是否应与其协商一致？
3. 公司高管以未足额发放岗位工资为由提出解除劳动关系是否应支付经济补偿？

基本案情

申请人：王某

被申请人：某集团公司

王某于2015年8月26日入职某集团公司，双方先后3次签订劳动合同，最后一次于2019年8月26日签订无固定期限劳动合同。2021年1月1日王某经公司董事会决议，被任命为某集团公司及集团下属北京分公司总经理，聘用期2年，月工资标准为每月固定35 000元。2022年8月1日某集团公司宣布，依据公司章程，经董事会决议，自当日起免去王某某集团公司及集团下属北京分公司总经理职务，同时告知王某，因公司暂无合适岗位，请王某暂时作为集团顾问，在同事遇到技术问题时进行解答，无须每天到岗打卡，王某表示同意，自2022年8月2日未再出勤。某集团公司2022年8月2日至2022年10月31日均按照15 000元的标准支付王某工资。王某于2022年11月2日以未足额支付劳动报酬为由与某集团公司单方解除劳动关系，并申请劳动人事争议仲裁，要求支付上述期间工资差额及解除劳动合同经济补偿。

王某主张，其作为劳动者，劳动权应受到法律保护，双方签订聘用协议约定其任期为2年，在其任期未到的情况下，公司仅依据公司章程及董事会决议无故将其免职，其虽接受公司的决定，但并不代表其接受公司违反法律规定将其解聘的事实，其同意接受公司安排的顾问工作，也是因为没有其他选择，但根据《中华人民共和国劳动法》及《中华人民共和国劳动合同法》，调整薪资应经双方协商一致，某集团公司无权单方面降低其薪资。

某集团公司主张，王某系公司聘任的高级管理人员（以下简称公司高管），实质上应属于委托关系，不受劳动法律调整，按照《中华人民共和国公司法》及公司章程，公司董事会有直接任免权，解除程序符合法律规定，王某亦没有提出异议。因王某原职位较高，公司将王某免职后暂时无法进行岗位安排，故与王某协商一致，暂时作为公司顾问，无具体工作及出勤要求。双方签订的协议中约定王某的工资构成中有5 833元为岗位工资，因王某不再担任高管，故公司2022年8月2日至2022年10月31日无须支付王某该部分工资。

某集团公司提交了岗位聘用协议及董事会决议，岗位聘用协议内容显示聘任王某为某集团公司及集团下属北京分公司总经理，任期自2021年1月1日至2022年12月31日，王某月工资标准为每月固定35 000元，其中固定基本工资为15 000元，固定岗位工资为20 000元，王某履职期间需完成某集团公司在岗位说明书中规定的职责，接受董事会的利润考核，离职或离岗时应接受公司离任审计；董事会决议显示某集团公司董事会经利润核算和财报分析，认为王某任职期间没有完成岗位说明书中规定的利润任务，经表决通过免除王某某集团公司及集团下属北京分公司总经理职务，并启动离职审计工作。

审理结果

经审理，劳动人事争议仲裁委员会认为某集团公司在解聘王某总经理职务后，在未就新岗位的工资与王某协商一致的情况下，单方调整王某薪资，违反法律规定，王某以此为由单方解除劳动关系，某集团公司应支付其解除劳动关系经济补偿。

评析意见

一、公司高管人员的法律关系认定

《中华人民共和国公司法》第二百六十五条第一款明确，高管是指公司的经理、副经理、财务负责人、上市公司董事会秘书和公司章程规定的其他人员。而在广义概念中，高管亦包括公司董事、监事等对公司的决策、经营、管理负有领导和指挥职责的人员，此类人员在工作时间、工资制度、考勤考核等事项上的规则通常有别于一般劳动者，但我国法律规定也并未将公司高管排除在劳动关系主体范畴之外。在司法实践中，公司高管亦可以采用多种方式进行任命，如可以在双方建立劳动关系时同时签订聘用协议，进行任命聘用，亦可在双方已有劳动关系的基础上，通过岗位竞聘、董事会任命等方式进行聘用。因此，从用人单位与公司高管是否应认定为劳动关系，还需从双方是否签订劳动合同，有无建立劳动关系的合意，是否具备劳动关系的从属性特征，实际履行的权利义务内容等方面进行审慎判断。

本案中，双方自王某入职时即签订书面劳动合同，虽双方在劳动合同期限内另行签订聘用协议，但聘用协议的签订并不代表劳动合同的终止，且从劳动管理、劳动报酬发放、用人单位业务内容等方面，亦能认定双方存在明确劳动关系，故应适用劳动法律规范。

二、劳动争议中是否应审查用人单位单方解聘行为的合法性

根据《中华人民共和国公司法》，公司董事会有权决定聘任和解聘经理，并根据经理的提名决定聘任或者解聘公司副经理、财务负责人，用人单位与公司高管属于委任关系，用人单位根据董事会决议及公司章程具有解聘权，同时，用人单位与公司高管基于劳动关系的建立和解除亦受《中华人民共和国劳动法》及《中华人民共和国劳动合同法》调整，公司高管与用人单位之间既可以构成委托合同关系，又可能成立劳动合同关系，两者并不排斥。《中华人民共和国公司法》并没有明确规定公司高管聘任及解聘所必须遵循的具体理由，仅作程序上的要求，但《中华人民共和国劳动合同法》却要求在解除劳动关系时，不仅在程序上需具有合法性，解除事由也应符合法定情形，两者虽有关联，但实质上并不冲突，在此情况下，不能完全按普通员工的逻辑，认定用人单位对公司高管职位上

的解聘即代表对其劳动合同的解除。

本案中某集团公司董事会依据《中华人民共和国公司法》及公司章程的规定解聘王某的行为属于公司意思自治的范畴，应当予以尊重，王某对解聘程序是否符合公司章程规定虽提出异议，但该解除行为是企业经营自主权的体现，故对于解聘行为的合法性不宜纳入劳动争议审查范围。

三、公司高管人员被免职后，调整薪资是否需协商一致

用人单位与公司高管在劳动关系成立的前提下，权利义务应受劳动法律规范调整，同时，在公司高管调整薪资等问题上，《中华人民共和国劳动法》与《中华人民共和国公司法》亦存在竞合。《中华人民共和国劳动法》第十七条规定，订立和变更劳动合同，应当遵循平等自愿、协商一致的原则，不得违反法律、行政法规的规定。《中华人民共和国公司法》第六十七条则规定，董事会决定聘任或者解聘公司经理及其报酬事项，并根据经理的提名决定聘任或者解聘公司副经理、财务负责人及其报酬事项。因此，在处理此类问题时，应当首先审查双方就调整薪资是否有相关约定、是否经协商一致以及是否具有一定合理性，不能仅凭公司规定或董事会决议作出单方决定，否则可能对劳动者的权益造成损害，同时，也不应完全剥夺用人单位在合理范围内调整薪资的自主权，给企业的正常经营管理造成阻碍。

本案中，双方虽已在聘用协议中对王某的工资构成进行了明确约定，某集团公司将王某免职后未安排具体岗位，不要求其出勤，王某对某集团公司暂时安排其作为单位顾问并暂时不安排具体岗位也未提出异议，但某集团公司将王某解聘后，王某的公司高管身份亦同时消灭，王某作为普通劳动者，其与某集团公司间的劳动关系不应再受公司法调整。根据《中华人民共和国劳动法》及《中华人民共和国劳动合同法》，某集团公司在未与王某就单位顾问岗位协商一致的前提下，单方调整王某的薪资侵害了王某的权益，王某以此为由提出解除劳动关系，某集团公司应支付其解除劳动关系经济补偿。

（北京市朝阳区劳动人事争议仲裁院　李博）

17. 应当订立无固定期限劳动合同而未订立的，二倍工资支付期间是否具有封顶上限

争议焦点

1. 连续订立两次固定期限劳动合同后，用人单位是否必须与劳动者订立无固定期限劳动合同？

2. 应当订立无固定期限劳动合同而未订立的，二倍工资支付期间是否具有封顶上限？

3. 劳动合同到期后未及时续订，劳动者主张二倍工资时，到期后第一个月是否可以不支付二倍工资？

基本案情

申请人：刘某某

被申请人：北京 GT 研究总院有限公司

2014 年 5 月 22 日，刘某某入职北京 GT 研究总院有限公司（以下简称 GT 公司），双方签订期限为 2014 年 5 月 22 日至 2015 年 5 月 21 日的劳动合同，合同期限届满后，双方续订劳动合同至 2018 年 5 月 21 日。

2018 年 3 月 26 日，GT 公司向刘某某作出"员工劳动合同到期通知书"，后该通知书效力被判定无效。此后，双方陷入多起劳动仲裁及诉讼，刘某某亦未继续在 GT 公司工作。2022 年 10 月 10 日，GT 公司以客观情况发生变化导致劳动合同无法继续履行为由，以短信和快递的形式分别向刘某某送达了"解除劳动关系通知书"，与刘某某解除劳动关系。

2022年9月,刘某某向劳动人事争议仲裁委员会申请仲裁,仲裁请求如下:(1)裁决撤销2022年10月10日作出的"解除劳动关系通知书"并继续履行劳动合同;(2)裁决确认2022年9月1日至2022年10月13日双方存在劳动关系;(3)裁决支付2022年9月1日至2022年10月13日工资10 885.22元;(4)裁决支付2022年9月1日至2022年10月13日未签劳动合同二倍工资差额10 885.22元。

GT公司答辩,2021年12月,GT公司根据上级公司对机构设定、定岗定编调整方案,于2022年9月陆续完成调整,调整后刘某某原岗位房屋遗留问题解决岗被吸收合并,不再单设,且目前已有其他员工任职其此前岗位,无富余编制。GT公司在2022年9月29日、10月10日两次与刘某某沟通均未达成一致,GT公司解除劳动关系的行为符合法律规定,合法有效,不应撤销。

对于工资支付。根据《工资支付暂行规定》及《对〈工资支付暂行规定〉有关问题的补充规定》,工资系指劳动者提供正常劳动的前提下用人单位按劳动合同规定的标准应当支付给劳动者的全部劳动报酬。2022年9月1日至10月10日,刘某某未向GT公司提供过劳动,双方不存在用工事实,故无须支付其工资,10月11日至10月13日双方劳动关系因GT公司依法作出并向刘某某送达"解除劳动关系通知书",双方间的劳动关系自2022年10月10日已经解除,无须支付工资。

对于二倍工资支付。本案中,自2018年5月22日起,经在先判决认定,双方已形成无固定期限劳动合同关系且已判决向其支付二倍工资,《中华人民共和国劳动合同法实施条例》《最高人民法院关于审理劳动争议案件适用法律问题的解释(一)》《人力资源社会保障部、最高人民法院关于劳动人事争议仲裁与诉讼衔接有关问题的意见(一)》等相关法律法规规定,在刘某某与GT公司双方已视为订立无固定期限劳动合同情况下,刘某某无权向GT公司主张视为订立无固定期限劳动合同满一年后的未签劳动合同二倍工资。

审理结果

劳动人事争议仲裁委员会对刘某某的请求进行了审理。

关于GT公司作出的解除劳动关系处理是否违法。根据证据规则,因用人单位作出解除劳动合同或聘用合同、减少劳动报酬、计算劳动者工作年限等决定发生争议的，用人单位对决定所依据的事实和处理依据负有举证责任。故 GT 公司就其解除与刘某某劳动合同的处理依据承担举证责任。《中华人民共和国劳动合同法》第四十条规定，劳动合同订立时所依据的客观情况发生重大变化，致使劳动合同无法履行，经用人单位与劳动者协商，未能就变更劳动合同达成协议的，用人单位提前 30 日以书面形式通知劳动者本人或者额外支付劳动者一个月工资后，可以解除劳动合同。本案中，GT 公司以劳动合同订立时所依据的客观情况发生重大变化，致使劳动合同无法履行为由解除劳动关系，但因刘某某否认 GT 公司就劳动合同变更事宜与其协商，GT 公司在庭审中亦表示公司仅就解除劳动关系事宜与刘某某进行协商，故公司在未与刘某某就变更劳动合同协商一致的情况下径直作出解除劳动合同的行为不符合法律规定，构成违法解除。

关于刘某某要求撤销"解除劳动关系通知书"并继续履行劳动关系的请求。因劳动关系与劳动合同、撤销解除劳动关系处理与撤销解除劳动关系通知书均系不同法律概念，且法律、司法解释仅有"继续履行劳动合同""用人单位对劳动者作出的开除、除名、辞退等处理，或者因其他原因解除劳动合同确有错误的，人民法院可以依法判决予以撤销"的表述，本委员会不予援引并予以纠正。本委员会在上一节已认定 GT 公司对刘某某作出的解除处理缺乏依据，故刘某某要求撤销该处理并继续履行劳动合同的请求合理正当，本委员会予以支持。

对于刘某某要求支付工资情况。GT 公司作为对刘某某负有管理职责的用人单位，有为劳动者刘某某分配生产和工作任务的权利和职责，但 GT 公司在与刘某某劳动关系仍存续的情况下，长期未为其分配工作任务，导致其无法从事劳动，刘某某虽然在客观上在该期间未向 GT 公司提供劳动，但其对未提供劳动行为主观上不存在过错，故 GT 公司应向其支付上述期间的工资。

对于刘某某要求支付 2022 年 9 月 1 日至 2022 年 10 月 13 日未签订劳动合同二倍工资差额 10 885.22 元的请求。因双方在该期间存在劳动关系，根据生效判决确认的事实，并鉴于 GT 公司在本项请求期间未与刘某某签订无固定期限劳动合同，故 GT 公司应自应当订立无固定期限劳动合同之日起向劳动者每月支付二倍的工资。

经审理，劳动人事争议仲裁委员会支持了刘某某部分仲裁请求：（1）撤销被申请人GT公司于2022年10月10日作出的解除劳动关系处理并继续履行与刘某某的劳动合同；（2）确认2022年9月1日至2022年10月13日申请人刘某某与被申请人GT公司存在劳动关系；（3）被申请人GT公司于本裁决书生效之日起15日内，支付申请人刘某某2022年9月1日至2022年10月13日工资7 252.76元；（4）被申请人GT公司于本裁决书生效之日起15日内，支付申请人刘某某2022年9月1日至2022年10月13日未签劳动合同二倍工资差额7 252.76元；（5）驳回申请人刘某某其他仲裁请求。

评析意见

一、连续订立二次固定期限劳动合同后，是否必须与劳动者续订无固定期限劳动合同

本案中，此前关联生效的民事判决书中，载有"被告经两次固定期限劳动合同到期，符合签订无固定期限劳动合同的法定条件并提出相应主张，原告公司在此情况下坚持'合同到期不续订'通知决定与被告终止合同，本院不作积极评价"；关联生效判决中亦载有"2018年5月21日，《中华人民共和国劳动合同法》第十四条规定，在刘某某不存在《中华人民共和国劳动合同法》第三十九条和第四十条第一款第（一）项、第（二）项规定情形的，除刘某某提出订立固定期限劳动合同外，应当订立无固定期限劳动合同"。即人民法院认为签订两次固定期限劳动合同后，符合签订无固定期限劳动合同的法定条件，第二次固定期限劳动合同期满后，用人单位无劳动关系终止的权利，对是否续订劳动合同无选择权，除劳动者提出订立固定期限劳动合同外，用人单位必须与劳动者签订无固定期限劳动合同。

笔者认为，《中华人民共和国劳动合同法》第十四条第二款的第（三）项与第（一）项和第（二）项相比，额外列明了"续订劳动合同的"这个前提条件，根据法条前后文意思应将第（三）项理解为："第二次固定期限劳动合同期满后，只有在双方均同意再次续订劳动合同的前提下，除劳动者提出订立固定期限劳动合同外，应当签订无固定期限劳动合同的情形"，在第二次固定期限劳动合同期满后，用人单位有劳动关系终止权，对是否续订劳动合同有选择权，可以选择续订劳动合同，也可以主动终止劳动关系，只有在用人单位与劳动者均同意续订劳动合同的前提下，双方才应当订立无固定期限劳动合同。如果用人单位不愿意续订劳动合同，则因双方缺乏"续订劳动合同的"共同意思表示，即使劳动者提出要求，也不符合该条规定，劳动合同到期终止。

二、应当订立无固定期限劳动合同而未订立的，二倍工资支付期间是否应存在 12 个月封顶上限

本案劳动人事争议仲裁委员会及在先生效判决认为，GT 公司应当与刘某某订立无固定期限劳动合同，《中华人民共和国劳动合同法》第八十二条第二款规定，用人单位违反本法规定不与劳动者订立无固定期限合同的，自应当订立无固定期限劳动合同之日起向劳动者每月支付二倍的工资。即 GT 公司应自应当订立无固定期限劳动合同之日起向劳动者每月支付二倍的工资，该期限并无上限封顶。

笔者认为，已视为双方之间存在无固定期限劳动合同关系的情况下，二倍工资支付期间应以一年为上限。

从现行法律法规、司法解释、指导性意见的规定来看，均对未签订无固定期限劳动合同情况下用人单位支付二倍工资的期限作出封顶上限规定。如《中华人民共和国劳动合同法实施条例》第七条规定，用人单位自用工之日起满一年未与劳动者订立书面劳动合同的，自用工之日起满一个月的次日至满一年的前一日应当依照劳动合同法第八十二条的规定向劳动者每月支付二倍的工资，并视为自用工之日起满一年的当日已经与劳动者订立无固定期限劳动合同，应当立即与劳动者补订书面劳动合同。《最高人民法院关于审理劳动争议案件适用法律问题的解释（一）》第三十四条第二款规定，《中华人民共和国劳动合同法》第十四条规定，用人单位应当与劳动者签订无固定期限劳动合同而未签订的，人民法院可以视为双方之间存在无固定期限劳动合同关系，并以原劳动合同确定双方的权利义务关系。《人力资源社会保障部、最高人民法院关于劳动人事争议仲裁与诉讼衔接有关问题的意见（一）》第二十条规定，用人单位自用工之日起满一年未与劳动者订立书面劳动合同，视为自用工之日起满一年的当日已经与劳动者订立无固定期限劳动合同。存在前款情形，劳动者以用人单位未订立书面劳动合同为由要求用人单位支付自用工之日起满一年之后的第二倍工资的，劳动人事争议仲裁委员会、人民法院不予支持。《北京市高级人民法院、北京市劳动人事争议仲裁委员会关于劳动争议案件法律适用问题研讨会会议纪要（二）》（已失效）规定，劳动合同期满后，劳动者仍在用人单位工作，用人单位未与劳动者订立书面劳动合同的，计算二倍工资的起算点为自劳动合同期满的次日，截止点为双方补订书面劳动合同的前一日，最长不超过12个月。即用人单位应当自劳动合同期满的次日起至满一年的前一日向劳动者每月支付二倍的工资。二倍工资的计算基数应以相对应的月份的应得工资为准。

从法律体系解释、文义解释和司法的利益衡量原则来看，劳动合同包含无固定期限劳动合同，不订立无固定期限劳动合同属于不订立书面劳动合同的一种。因此，从保护弱势群体利益及兼顾用人单位利益的角度出发，二倍工资上限的罚则同样应适用用人单位违反劳动合同法规定不与劳动者订立无固定期限劳动合同的情况，所以该情形下二倍工资的支付应有至多不超过一年的封顶上限。

三、劳动合同期满后继续用工，期满后第一个月是否应支付未签订劳动合同二倍工资

本案中，在先生效判决"刘某某于2020年1月20日申请仲裁要求GT公司给付未签订劳动合同的二倍工资差额，其主张的2018年5月22日至2019年1月20日未签订劳动合同二倍工资的请求已经超过时效"而未获得人民法院支持。未对2018年5月22日至2018年6月21日（即劳动合同期满一个月内）是否应该支付二倍工资阐述观点。

笔者认为，《中华人民共和国劳动合同法实施条例》第六条第二款规定，用人单位向劳动者每月支付二倍工资的起算时间为用工之日起满一个月的次日，截止时间为补订书面劳动合同的前一日，用人单位向劳动者每月支付二倍工资的起算时间为用工之日起满一个月的次日。该条规定的"用工之日"在支付二倍工资的时候，应当理解为"未订立或续订书面劳动合同而用工之日"，不能简单理解为进入单位工作的第一天，因为有书面劳动合同约定的用工之日，不存在支付二倍工资的情形。因此，对续订书面劳动合同同样应当有一个月的宽限期。

（北京金诚同达律师事务所　岳久博　何勇）

18. 用人单位违法安排劳动者待岗的认定及工资支付问题

争议焦点

1. 用人单位在非全面停工停产的情况下安排部分劳动者待岗是否合法？
2. 如果认定用人单位违法安排劳动者待岗，这一时期的工资应如何支付？

基本案情

申请人：刘某

被申请人：某生态公司

刘某于2018年3月1日入职某资源集团公司并签订劳动合同，合同期限为2018年3月1日至2023年2月28日。2019年4月30日某资源集团公司、刘某、某生态公司共同签订劳动合同补充协议，约定刘某劳动合同的主体由某生态公司取代，之后，刘某与某生态公司的劳动关系于2021年3月31日解除。

关于工资标准，刘某实行年薪制，2019年1月前年薪为100万元，之后年薪为90万元。2018年6月前基本工资占年薪总额的80%，绩效工资占年薪总额的20%；2018年6月后基本工资占年薪总额的60%，绩效工资占年薪总额的40%。2020年受新冠肺炎疫情冲击，某生态公司于2020年3月23日发布待岗通知函，通知刘某在家待岗，待岗期间为该待岗通知发出之日起至2020年6月30日；2020年6月30日再次发出待岗通知函，通知刘某待岗期间为2020年7月1日至2020年9月30日；2020年9月30日第三次发出待岗通知函，通知刘某待岗期间为2020年10月1日至2020年12月31日；2021年1月4日第四次发出待岗通知函，通知刘某待岗期间为2021年1月1日至2021年3月31日。某生态公司自

2020年5月开始每月向刘某发放基本生活费1 540元,发放至2021年2月。

刘某于2021年3月向劳动人事争议仲裁委员会提起仲裁申请,要求裁决某生态公司支付欠付工资、欠付绩效工资、解除劳动合同经济补偿金等。庭审中,双方主要围绕工资标准及支付情况、待岗通知及待岗时间、公司经营状况及财务状况、员工考核、劳动关系解除等方面发表意见并提交证据。

对于基本工资,刘某主张其月工资税前为83 333.33元,自2020年5月开始待岗,某生态公司每月只发放1 540元基本生活费,要求某生态公司支付欠付的工资差额,计算方法为:[(年薪90万元×基本工资系数0.8)÷12×11-基本生活费1 540×8]。某生态公司称刘某待岗期间没有提供劳动,不可能按全额工资补发,且刘某的工资比例已经调整为基本工资占年薪总额的60%发放,即便需要补基本工资也应按照90万元乘以0.6计算。

对于绩效工资,刘某称2020年第一季度绩效某生态公司计算为63 335.55元,据此推算刘某2020年全年绩效应为180 000元,2021年第一季度绩效系(年薪90万元×绩效工资系数0.2÷4)。某生态公司称刘某2020年3月23日开始待岗,实际3月1日起就不再出勤,某生态公司认为刘某2020年第二季度开始没有提供劳动,没有绩效。

双方劳动关系已经解除,刘某称某生态公司违反《中华人民共和国劳动合同法》第三十八条规定,没有提供劳动条件,拖欠工资,其主张依法解除劳动关系,且某生态公司以新冠肺炎疫情作为借口,逼迫其自动离职,刘某新冠肺炎疫情发生至今确系存在没有提供实际劳动的情况,但该情况并非其本人原因造成,系某生态公司制造虚假理由让刘某接受事实被迫离职。某生态公司称刘某自己提出辞职,即便拖欠工资也仅拖欠了2021年2月的基本生活费,近期补上不会构成拖欠,不需要补偿。新冠肺炎疫情系众所周知的事实,刘某的职位系景观规划设计,项目均在外地,需要经常出差,要现场了解情况,与当地客户沟通,新冠肺炎疫情期间,出勤上班都要受到限制,刘某无法出差,公司也是响应号召,不解除合同,稳定劳动关系才作出待岗决定。

审理结果

劳动人事争议仲裁委员会未认定某生态公司通知刘某待岗系违法,故在此基础上，裁决如下：（1）某生态公司支付刘某2023年3月基本生活费1 540元；（2）某生态公司支付刘某绩效工资338 226.76元；（3）某生态公司支付刘某解除劳动合同经济补偿金23 122.51元。

一审法院认定某生态公司违法通知刘某待岗，故在此基础上，一审法院判决如下：（1）某生态公司支付刘某2020年5月至2021年3月的欠付工资451 275元；（2）某生态公司支付刘某2018年3月至2020年3月期间欠付绩效工资共计492 556.79元；（3）某生态公司支付刘某解除劳动合同经济补偿金98 773.5元。

二审法院维持一审判决。

评析意见

受新冠肺炎疫情影响，2020年上半年众多公司无法正常开展生产经营活动，以公司停工停产为由安排劳动者待岗。在此过程中，劳动者与用人单位可能会就待岗的合理合法性发生争议，本案即为某生态公司安排员工待岗，并以北京市最低工资的70%为标准支付基本生活费，其间涉及双方协商解除劳动合同未果而发生的争议。

《北京市工资支付规定》第二十七条规定，非因劳动者本人原因造成用人单位停工、停业的，在一个工资支付周期内，用人单位应当按照提供正常劳动支付劳动者工资；超过一个工资支付周期的，可以根据劳动者提供的劳动，按照双方新约定的标准支付工资，但不得低于本市最低工资标准；用人单位没有安排劳动者工作的，应当按照不低于本市最低工资标准的70%支付劳动者基本生活费。国家或者本市另有规定的从其规定。本案中，某生态公司以新冠肺炎疫情导致项目无法开工，致使公司停工停产，刘某所负责岗位暂无工作安排为由，通知刘某自2020年3月23日起待岗，并依《北京市工资支付规定》第二十七条自2020年5月起向刘某发放基本生活费；刘某在收到"待岗通知函"后明确表示拒绝公司待岗安排，并多次与公司进行沟通。依法订立的劳动合同具有约束力，用人单位与劳动者应当履行劳动合同约定的义务。某生态公司主张依照《北京市工资支付规定》第二十七条认定其行为合法，但其提交的证据尚不足以证实某生态公司在2020年3月23日至2021年3月31日停工停产，故应由其自行承担举证不能的不利后果。经查，该生态公司在新冠肺炎疫情发生后，在2020年2—3月安排需要值班的人员轮岗上班，2020年4月根据情况能复工的即复工，刘某所在部门有一半人员在2020年4月复工，后因业绩不好，公司陆续与员工商谈离职，事实上，刘某所在的工作部门并未完全停工停产，而是自2020年4月起半数人员复工，此后因业绩问题公司陆续与员工协商离职，其间亦多次与刘某协商解除劳动关系赔偿事宜。因此，在双方就解除劳动关系事宜协商未果的情况下，某生态公司在长达一年的时间里，始终以新冠肺炎疫情导致停工停产为由安排刘某待岗，其真正目的是逃避法定工资支付责任，迫使劳动者自行离职而免除或减轻其赔偿义务，此种单方安排劳动者待岗的行为显然不符合法律规定。由于某生态公司违法通知刘某待岗，刘某对此并没有过错，应视同刘某提供了正常劳动，故某生态公司应按照正常履行劳动合同的工资标准支付待岗期间劳动报酬。对于欠付的绩效工资，刘某称2020年第1季度绩效工资某生态公司计算为63 335.55元，据此推算2020年全年绩效工资应为180 000元，2021年第1季度绩效工资为4.5万元（90万元×绩效工资系数0.2÷4）。就2020年第1季度绩效工资，某生态公司核算金额为63 335.55元，刘某亦认可该金额，故对于该项金额双方均无异议，应予以支持；另外，鉴于刘某于2020年4月至2021年3月处于待岗状态，其该阶段并未向某生态公司提供劳动，亦不存在任何业绩和效益，故其关于该阶段绩效工资之诉讼主张，缺乏事实依据，不应予以支持。关于解除劳动合同经济补偿金的问题，某生态公司确实存在未足额支付刘某劳动报酬的情况，刘某主张解除劳动合同经济补偿金具有事实和法律依据，依据《中华人民共和国劳动合同法》第三十八条、第四十六条、第四十七条之规定，应予以支持。

（北京市延庆区劳动人事争议仲裁院　赵凡）

19. 劳动者受骗给用人单位造成损失的赔偿责任认定规则

争议焦点

劳动者在履职过程中遭受电信诈骗给用人单位造成损失的，是否应承担赔偿责任，以及如何确定劳动者承担赔偿责任的范围？

基本案情

上诉人（一审互为原被告）：孙某

被上诉人（一审互为原被告）：某科技公司

2021年5月10日，孙某入职某科技公司，岗位为财务经理，双方在劳动合同中约定试用期3个月。骆某系某科技公司的法定代表人，陈某系该公司分管业务的负责人。孙某的办公室在骆某的对面。孙某称在入职某科技公司前有10年左右的财务相关工作经验，其在2021年5月10日填写的员工信息登记表记载其在2009年2月至2021年3月均从事财务相关工作。某科技公司未设立出纳岗，且只有一个支付密钥。

2021年5月20日，某科技公司的人力资源主管刘某在微信中向孙某发送了QQ群号码及截图，并告知孙某"加了麻烦告诉我一下哈"，截图内容为"你现在电话联系一下孙某，让她添加公司工作QQ群，就说我跟陈总有工作安排"。随后，孙某向刘某发送了已添加该QQ群的截图。该QQ群中共有三人，除了孙某外，另外两人自称为"骆某""陈某"。当天，自称是"骆某"与"陈某"的两人在QQ群中沟通一个合同的签订事宜，后"骆某"在群中要求孙某查询公司账上可用资金有多少，孙某进行了查询和回复。在此期间，"骆某"与"陈某"在群中继续就合同事宜进行交流。稍后，孙某在群中发送了某科技公司账户金额的截图。"骆某"告诉孙某准备858 000元支付给罗总，"陈某"随后在群中发送了户名为罗某的账号及开户行信息。孙某在群中发送了转账截图后被移出了群聊。

当日，孙某发现自己被骗并向公安机关进行报案。公安机关已对孙某被诈骗立案侦查。截至本案庭审结束时该案尚未侦破，涉案858 000元款项仍未追回。孙某自认事发过程中未向骆某、陈某本人进行过核实，并称其入职后从未使用过QQ软件与同事沟通工作。庭审中，孙某与某科技公司均确认"骆某""陈某"并非本人。

审理结果

北京市某区人民法院经审理认为，劳动者故意或者重大过失给用人单位造成经济损失的，用人单位有权要求劳动者予以相应赔偿。

首先，结合孙某具有超过10年的财务从业经历，且孙某在某科技公司职务级别较高的背景，孙某对财务工作的专业性、严谨性以及风险防范能力均应高于一般财务人员及其他员工，对电信诈骗等财务工作风险也应有更高的警惕性和注意义务。

其次，孙某否认其职责范围包含对外付款，但根据孙某提交的其与其他员工的微信聊天记录的内容，可以体现出孙某在某科技公司的工作内容包括对外付款，双方提交的证据亦均能体现出孙某曾就对外付款提交过钉钉审批，但孙某在此次对外付款金额较大的情况下，未经审批直接付款存在不当。

最后，某科技公司称公司不使用QQ软件沟通工作，孙某虽称不清楚，但孙某认可入职后从未使用QQ软件与同事沟通过工作，故在刘某告知孙某加入QQ群时、"骆某"要求孙某截图公司账户余额时或者要求孙某转账时等多个时间节点，孙某均应意识到异常之处，但却未能发现、警惕，或及时与骆某、陈某本人核实。

综上所述，法院认定孙某在整个事发过程中存在重大过失。但考虑到劳动关系的从属性特征，用人单位提供生产资料和劳动条件，享有劳动成果，在劳动者不存在故意给用人单位造成损失的情况下，确定损害赔偿责任，应在用人单位和劳动者之间合理分配风险和损失。

《中华人民共和国会计法》第三十五条规定，会计机构内部应当建立稽核制度。出纳人员不得兼任稽核、会计档案保管和收入、支出、费用、债权债务账目的登记工作。本案中，孙某担任财务经理，某科技公司未设立出纳岗，实际由孙某兼任两职，且某科技公司仅有一个支付密钥，故某科技公司的财务制度并不健全。另外，某科技公司提交的证据不足以证明公司存在财务制度的管理规范且将具体的规范送达孙某，故公司在财务制度和风险防范上亦存在漏洞，对公司的经济损失亦应承担相应的责任。人民法院综合考虑孙某的过错程度与收入水平，某科技公司的正常经营风险、财务制度存在相应漏洞等情况，酌情确认孙某应赔偿某科技公司的损失数额。

北京市某区人民法院判决如下：(1) 孙某于本判决生效之日起 10 日内向某科技公司支付经济损失赔偿 128 700 元；(2) 驳回某科技公司的其他诉讼请求；(3) 驳回孙某的全部诉讼请求。

孙某不服一审判决，提起上诉。北京市某中级人民法院经审理认为，孙某在履行职务的过程中存在的过错已经达到应当承担相应赔偿责任的程度，同意一审法院裁判意见，并依照《中华人民共和国民事诉讼法》第一百七十七条第一款第（一）项之规定，作出如下判决：驳回上诉，维持原判。

评析意见

本案系因劳动者在履职过程中遭受电信诈骗给用人单位造成损害引发的纠纷。司法实践中，劳动者在履职过程中给用人单位造成损失的案件已屡见不鲜。劳动关系具有较强的人身隶属性，用人单位处于管理者和支配者的地位，劳动者具有获取劳动报酬的权利和尽勤勉、忠诚的义务。劳动报酬是维持劳动者基本生存的资本，承担损害赔偿责任对于劳动者而言是比较严厉的处罚，故在司法审查中应审慎处理，保护劳动者权益的同时兼顾用人单位的合法权益。

基于本案引发的以下三个问题值得研究探讨。

一是劳动者承担赔偿责任的情形，即劳动者在什么条件下需要承担赔偿责任，什么条件下不需要承担赔偿责任。劳动者承担赔偿责任以过错为归责原则。劳动者在履职过程中因故意或重大过失给用人单位造成损失，用人单位有权要求劳动者承担责任。其中，故意是指劳动者在履职过程中明知自己的行为引发损害后果的发生并有意使其发生，或预见其发生的可能并积极促成或者放任其发生。

重大过失需以劳动者严重违反注意义务来予以认定,而具体的注意义务需结合行业特点、工作岗位、从业经历等判断。劳动者在履职过程中,难免会出现工作失误,并给用人单位造成经济或名誉损失,但基于劳动关系的特殊性、保护劳动者权益的价值取向以及用人单位正常经营风险范围等,如果劳动者仅有轻微过失且造成的损失不大,用人单位可通过批评、警告或工作考评等方式给予处罚,劳动者无须为此承担赔偿责任。

二是劳动者承担赔偿责任的范围。在本案中,劳动者的工作岗位为财务经理,入职前具有超过10年的财务工作从业经历,相较于一般财务人员及其他员工,其对电信诈骗等财务工作风险也应有更高的警惕性和注意义务,然而其未经与公司领导核实,亦未经审批直接对外转账大额资金,从而给用人单位造成损失,劳动者构成重大过失,应承担相应的赔偿责任。在进行赔偿责任分配时,要兼顾公平性与合理性,对劳动者的责任进行追究时,不仅要考虑到劳动者的工资水平,同时也要考虑到用人单位的经营状况、过错程度,尊重双方之间的意思自治。由于用人单位是劳动关系的主导方,所以法律对其给予更严格的要求,将用人单位管理不当的过失和劳动者的过失进行对比,劳动者仅应承担与其过错程度相当的赔偿责任,双方按照过错比例分担损失。

三是劳动者承担赔偿责任的方式。通常情况下,劳动者向用人单位承担赔偿责任的方式有两种,即一次性赔偿和按月扣除工资。其中,一次性赔偿意即直接赔偿,劳动者与用人单位基于平等、自愿的原则达成赔偿协议,由劳动者一次性进行赔偿,这种方式有利于快速化解矛盾、用人单位及时得到赔偿。按月扣除工资是依据《工资支付暂行规定》第十六条之规定,此种方式既保障了劳动者的基本生存权利,又约束了用人单位任意扣除劳动者工资的行为,但具有赔偿周期长、无可扣除的工资等弊端。特殊情况下还有保证人担保等方式。

用人单位制定完善的规章制度在一定程度上能够减少或预防劳动者过错损害的发生,但要想做到真正减少劳动者过错损害的发生应从用人单位的内部做起,如健全规章制度、强化规范意识和职业技能、注重道德培训、关注劳动者福利以及构建和谐的企业文化等,增强劳动者对用人单位的认同感和归属感,促使劳动者尽职尽责、爱岗敬业,维护双方的动态平衡。

(北京市大兴区人民法院 孙青)

劳动合同的解除与终止

20. 哪些情形属于《中华人民共和国劳动合同法》第三十八条中规定的"劳动条件"？

争议焦点

案例一：公司提供的住宿条件是否属于劳动条件？

案例二：在待岗行为属于违法的情况下，不安排工作的行为是否构成不提供劳动条件？

案例三：车辆更新、运营车辆及模式、承包费用等的调整是否属于劳动合同条件的调整？

基本案情

案例一

申请人：李某

被申请人：某慧谷公司

李某于2012年9月26日入职某慧谷公司，在保安部运营班工作，月平均工资为8 000元，正常工作至2021年3月30日。某慧谷公司在李某入职时向其提供住宿，2021年3月18日某慧谷公司要求李某于3月31日前搬出宿舍。李某主张某慧谷公司在未与其协商的情况下，单方面不再提供住宿，住宿系无形的工资，属于降低及克扣工资，亦属于不提供劳动条件，故其于2021年3月30日向某慧谷公司提出解除劳动关系，并要求某慧谷公司支付解除劳动关系经济补偿。

某慧谷公司辩称，公司应行政部门要求对所租赁的员工宿舍进行清退，房子不是分给李某在工作中使用，不认可李某主张的劳动关系解除原因，认为李某系个人原因主动离职。

案例二

申请人：毛某

被申请人：某基业公司

毛某于2014年11月3日入职某基业公司，月固定工资总额为14万元。毛某原岗位为G分公司人力资源部负责人，后G分公司与J分公司合并，只保留了一个人力资源部负责人的岗位，已由案外人担任。2022年6月14日某基业公司向毛某发送了待岗通知书，安排毛某自2022年6月14日起开始待岗，该月某基业公司与毛某协商调岗，岗位为人力资源部基层岗位，月薪40 000元以内，毛某明确表示不同意。毛某主张某基业公司安排待岗属违法行为，调整的岗位薪资有大幅度降低，具有恶意性及侮辱性，某基业公司违法待岗不提供岗位的行为属于不提供劳动条件，故其于2022年8月31日向某基业公司提出解除劳动关系。要求某基业公司支付2022年7月1日至2022年7月31日的工资差额100 000元，并支付解除劳动关系经济补偿100 000元。

某基业公司辩称，安排员工待岗是其自主用工权，属公司经营自主权范畴，在公司经营困难情况下有权安排员工待岗。受经济环境、行业环境、新冠肺炎疫情等影响，公司自2021年起持续经营困难，由原来G、J等10个分公司合并为7个分公司，某基业公司基于业务发展及组织架构调整需要，根据人岗匹配原则任命了各分公司人力资源部负责人，在岗员工普遍降薪，尤其是高级别员工薪酬平均降幅45%。并且，某基业公司曾多次口头与毛某沟通调岗事宜，但毛某均因公司无法提供原有待遇标准而明确拒绝，故而安排毛某待岗，没有任何恶意，属合法合理，不同意毛某的所有请求。

案例三

申请人：王某

被申请人：某出租车公司

王某于2012年4月1日入职某出租车公司，签订了期限为2012年4月1日至2018年3月31日的劳动合同书和承包营运合同书，工资构成为"岗位补贴545元+营运收入-承包费"，运营模式为双班，即两人共同驾驶一辆运营车辆，驾驶车辆为双色出租车，每人每月缴纳承包费4 140元。某出租车公司在王某合同期满前一个月向他提出续订劳动合同和承包运营合同，岗位补贴不变，但驾驶车型由双色出租车变为黑色运营车，运营模式变为单班，承包费第一年至第四年4 200元，第五年至第七年4 500元，王某不同意承包新车辆，双方劳动合同到期终止。王某认为公司提高承包费系降低原劳动合同条件，故不同意续订劳动合同，主张公司应支付终止劳动合同经济补偿。某出租车公司主张王某原有车型报废，公司为了顺应政策要求，以及公司未来的发展方向和市场定位，统一购置帕萨特高档黑色运营车，经过企业方、职工代表方、工会方、北京市出租汽车暨汽车租赁协会（以下简称北京市出租汽车协会）四方协商调价，根据经营状况、成本费用等因素综合考量确定了承包费，且该批车辆并不是公司更新的第一批车辆，王某对此早已知晓，故不应支付经济补偿。王某称不清楚四方协商情况，认可公司与其协商换车时，公司已无可更换的双色运营车辆。王某的劳动合同和承包运营合同到期前，某出租车公司提出将王某运营车辆由双色车变为单色，运营模式由双班变为单班，承包费由4 150元变为第一年至第四年4 200元，第五年至第七年4 500元，王某认为公司降低原合同条件，拒绝续订，要求支付终止劳动合同的经济补偿。

审理结果

案例一的裁决结果如下。劳动人事争议仲裁委员会经审理认为，李某未就其入职时双方就任职条件中包括提供住宿条件或提供住宿条件系其工资中的一部分举证，且某慧谷公司不予认可，李某主张某慧谷公司不再提供住宿条件，不属于拖欠工资及未提供劳动条件的情形，李某提出解除劳动关系的原因不符合应支付解除劳动关系经济补偿的情形，驳回其支付解除劳动关系经济补偿的请求。

案例二以调解结案。劳动人事争议仲裁委员会经审理认为，某基业公司主张因经营困难调整组织架构，将毛某所在的G分公司等10个分公司调整为7个分公司，并安排案外人担任整合后的人力资源部负责人，该岗位与毛某原岗位性质相同，该种调整包含了某基业公司自主调整因素，并非完全客观原因造成。并且，某基业公司与毛某协商的新岗位及相应的薪资与毛某原岗位及薪资相差甚远，超出了合理范围，其实质是毛某永久丧失原有工作岗位、劳动条件及原有劳动报酬，必然会对毛某的工作、生活带来实质不利影响，毛某对岗位及薪资的调整有拒绝的权利，此种待岗缺乏合理性及合法性，毛某要求某基业公司按照原工资标准支付待岗期间工资差额即 2022 年 7 月 1 日至 2022 年 7 月 31 日期间工资差额符合法律规定，与此同时，某基业公司安排待岗缺乏合理性及合法性，导致毛某无法提供劳动，主观上存在不提供劳动条件的恶意，属于不提供劳动条件的情形，故某基业公司应支付毛某解除劳动关系经济补偿。

案例三的裁决结果如下。劳动人事争议仲裁委员会经审理认为，依据《北京市高级人民法院、北京市劳动争议仲裁委员会关于劳动争议案件法律适用问题研讨会会议纪要（二）》（已失效）第四十三条，出租车公司与司机签订的承包运营合同、劳动合同期满后，出租车公司对车辆进行更新，承包金在市政府规定的标准内作相应调整的，劳动者不同意续订劳动合同，不应视为用人单位降低劳动合同条件，应视为出租车公司维持原劳动合同约定的条件与劳动者续订劳动合同。承包金的调价是经过了企业方、职工代表方、工会方、北京市出租汽车协会四方协调调价，经过了合法程序后予以公布施行，不存在个体的针对性，应视为调整后的价格在市政府规定的标准内，不应视为用人单位降低劳动合同条件，驳回了王某的解除劳动关系经济补偿。

评析意见

一、劳动条件的相关法律规定及概念

关于劳动条件的相关法律规定如下。《中华人民共和国劳动合同法》第十七条规定，劳动合同应当具备以下条款：（一）用人单位的名称、住所和法定代表人或者主要负责人；（二）劳动者的姓名、住址和居民身份证或者其他有效身份证件号码；（三）劳动合同期限；（四）工作内容和工作地点；（五）工作时间和休息休假；（六）劳动报酬；（七）社会保险；（八）劳动保护、劳动条件和职业危害防护；（九）法律、法规规定应当纳入劳动合同的其他事项。劳动合同除前款规定的必备条款外，用人单位与劳动者可以约定试用期、培训、保守秘密、补充保险和福利待遇等其他事项。第十八条规定，劳动合同对劳动报酬和劳动条件等标准约定不明确，引发争议的，用人单位与劳动者可以重新协商；协商不成的，适用集体合同规定；没有集体合同或者集体合同未规定劳动报酬的，实行同工同酬；没有集体合同或者集体合同未规定劳动条件等标准的，适用国家有关规

定。第三十八条第一款第（一）项规定，未按照劳动合同约定提供劳动保护或者劳动条件的。第四十六条第（五）项规定，除用人单位维持或者提高劳动合同约定条件续订劳动合同，劳动者不同意续订的情形外，依照本法第四十四条第（一）项规定终止固定期限劳动合同的。

根据上述法律规定可知，劳动条件系当事人自愿协商确定的，而非法定，法律法规没有对"劳动条件"作明确的定义，亦未具体规定劳动条件包括哪些，考虑各个行业的区别，在传统劳动关系框架下，劳动条件是指用人单位为使劳动者顺利完成劳动合同约定的工作任务，为劳动者提供的必要的物资设备、技术、安全卫生条件等，如劳动工具、机械设备、卫生设备、辅助人员等。随着社会经济的日益发展，在传统劳动关系下的劳动条件的基础上，钉钉系统、微信工作群、平台软件、工作邮箱等软件类纳入了劳动条件审查范畴。在实践中，经常会因用人单位关闭OA系统、收回电脑、删除打卡权限、禁止使用工作邮箱等，甚至有禁止劳动者进入工作场所的情形，因法律没有明确的定义，所以无法就劳动条件给出直接答案。

二、法条引入和剖析

案例一中，属于劳动条件中类似于劳动报酬类的案件，提供住宿条件是否为劳动者任职条件并无约定，本案中无证据证明住宿条件系劳动报酬的一部分，李某无证据证明住宿条件的提供与否足以影响双方劳动关系的建立及履行，亦不足以证明已实际影响劳动者正常提供劳动；并且，根据《中华人民共和国劳动合同法》第三十八条第一款第（一）项和第（二）项明确将"劳动条件"与"劳动报酬"单独列开，说明这两个法律概念不是同一概念，彼此不相包含。既然这两个法律概念不相包含，在法律实践中就应区别对待。

案例二中，属于劳动条件中岗位类的案件，用人单位在无正当合理的情况下安排劳动者待岗，经审查认定待岗违法的情况下，劳动者在停工停产期内领取最低工资，剥夺劳动者提供劳动及获取相应报酬的权利，必然侵犯劳动者的合法权益，应属用人单位不提供劳动条件的情形。

案例三中，属于劳动条件中工具类的案件，出租车是出租车司机正常提供劳动的工具，影响其能否正常提供劳动及收入情况，不提供出租车必然导致出租车司机无法正常提供劳动。本案中，用人单位受市场因素等影响更换车辆，未提供车辆不存在主观恶意；并且，更换出租车未实际导致王某收入减少和工作强度无谓增多，不应属于用人单位不提供劳动条件的情形。

考虑各行各业的不同情况，对于劳动条件的需求不一，劳动条件更多基于双方约定，但实践中，劳动关系双方对于劳动条件的具体约定甚少，只有在发生争议时，双方才对此进行关注，但由于法律法规对于劳动条件无具体明确规定，劳动条件的范围如何界定，考验着案件承办人员的智慧，劳动条件不可泛化，亦不可形同虚设，如何审查适用，亟待有明确具体的政策或案例指导。关于劳动条件的判定更多基于某个案例，不同地区对于关于劳动条件相关案件的审查处理存在较大的分歧。大量案例显示，劳动条件争议较多的事项包括岗位、工作地点、劳动报酬、工具（硬件、软件），其中硬件条件包括办公桌椅、电脑设备等，软件条件包括钉钉打卡系统、指纹打卡、OA系统、微信工作群等管理软件。

三、实践建议

结合审理实践，我们可以遵循以下原则。第一，以劳动合同约定为基础，比较双方发生争议的前后条件下劳动者正常履行劳动义务时，劳动报酬标准是否降低，是否增加劳动者应履行的义务，是否降低劳动者权益，是否对劳动者作出更严苛的约束性规定等。第二，整体性原则，即对部分约定条件提高、部分约定条件降低的判断，鉴于劳动合同约定的整体性，从有利于保护劳动者权益出发，当有些条件降低即拉低整体劳动合同条件下限时，视为降低了劳动合同条件。第三，合理性原则，考查条件的变更是否具有合理性，可结合用人单位生产经营需要的调整、政策调整等因素，综合审查用人单位是否对劳动条件作不利变更。

（北京市朝阳区劳动人事争议仲裁院　蒋娟）

21. 劳动者严重违反劳动纪律时解除劳动合同的法律适用

争议焦点

当用人单位的规章制度中没有相关规定时，就劳动者屡次不服从用人单位劳动管理的行为，用人单位能否以其严重违反规章制度为由，依据《中华人民共和国劳动合同法》第三十九条第（二）项解除劳动合同？

基本案情

上诉人（原审被告）：于某某

被上诉人（原审原告）：甲公司A分公司

于某某系甲公司A分公司员工，从事自来水收费、现场咨询解答、客服等工作。2020年6月15日至2021年3月11日，于某某4次收取用户交纳的水费未入账；2021年8月17日，客户在柜台办理业务时，于某某接打电话，客户遂与其发生争执，之后于某某曾走出柜台与客户争执。甲公司A分公司认为于某某的上述行为违反了相关工作规范，令其开始为期2天的规章制度脱产学习，并安排其进行考试，其考试成绩为50分。之后，甲公司A分公司又安排其脱产学习，其2次均拒绝考试。2021年9月24日，甲公司A分公司告知于某某，将对于某某违规违纪问题进行处理，并继续安排其脱产学习与考核。此后于某某又2次拒绝公司安排的考试。2021年11月12日，甲公司A分公司向于某某送达"解除劳动合同警告书"，并安排其待岗（脱产）学习3个月，告知其学习期满经考核合格后，可以复岗工作，享受相关待遇，学习期满仍无悔改表现或考核不合格，则依法进行处理。于某某拒绝在"解除劳动合同警告书"签字。2022年1月

4日，甲公司A分公司与于某某谈话，决定给予其一次延长考察期的机会，并提出在"告知书""解除劳动合同警告书"上签字确认、认真书写检查、提交书面申请等条件，同时告知其满足条件后的考察期、考试、考核安排以及复岗条件。之后于某某未提交上述材料，亦未在"告知书"和"解除劳动合同警告书"上签字确认。2022年4月6日，甲公司A分公司向于某某送达"关于解除于某某劳动合同的决定"，该决定记载，于某某的行为给集团和公司服务形象造成了不良影响，其行为违反了公司相关规定。在公司安排其待岗考察、脱产培训与考核过程中，其拒绝公司安排的业务、安全及相关规章制度的考试、考核。经经理办公会研究决定并征得工会组织同意，根据《中华人民共和国劳动合同法》第三十九条第（二）项等规定，与于某某解除劳动合同。于某某认为该决定错误，向劳动人事争议仲裁委员会申请劳动仲裁，要求撤销该决定，继续履行双方签订的劳动合同，并要求甲公司A分公司支付2021年9月1日至2022年4月6日的工资差额、2022年4月7日之后的工资以及2021年年终奖差额。劳动人事争议仲裁委员会于2022年9月7日作出裁决书，裁决如下：（1）甲公司A分公司继续履行与于某某之间的劳动合同；（2）甲公司A分公司支付于某某2021年9月1日至2022年4月6日的绩效奖金差额1 436.78元；（3）甲公司A分公司支付于某某2022年4月7日至2022年6月8日的工资9 866元；（4）驳回于某某的其他仲裁请求。甲公司A分公司不服仲裁裁决，提起诉讼。

甲公司A分公司诉称，于某某收取用户缴纳水费的现金不入账，还在柜台私自接打电话并与用户发生冲突；公司在安排其待岗考察、脱产培训与考核过程中，其多次拒绝公司安排的业务、安全及相关规章制度的考试、考核，不服从公司的劳动管理。其上述行为已严重违反公司的规章制度，公司有权解除劳动合同，故请求法院判令：（1）确认甲公司A分公司与于某某之间的劳动合同关系于2022年4月6日解除；（2）甲公司A分公司无须向于某某支付2021年9月1日至2022年4月6日的绩效奖金差额1 436.78元；（3）甲公司A分公司无须向于某某支付2022年4月7日至2022年6月8日的工资9 866元；（4）诉讼费由于某某负担。

于某某辩称，其一，其拒绝参加考试的理由是公司对其进行单独考试，这是对其人格的歧视，所以拒绝。其二，公司解除劳动合同的理由是其拒绝公司安排的业务、安全及相关规章制度的考试考核，但是公司发布的文件中没有规定不参加公司单独的考试、考核就要解除劳动合同，故公司的解除行为没有依据。其三，其收取用户缴纳水费的现金不入账，是因为调到新岗位工作生疏导致的，自己也没有与客户吵架，当时是出去与客户解释。

审理结果

一审法院判决如下：（1）于某某与甲公司A分公司之间的劳动合同于2022年4月6日解除；（2）甲公司A分公司于判决生效之日起7日内向于某某支付2021年9月1日至2022年4月6日的绩效奖金差额1 436.78元；（3）甲公司A分公司无须向于某某支付2022年4月7日至2022年6月8日的工资9 866元；（4）驳回甲公司A分公司的其他诉讼请求。

于某某不服一审判决，向二审法院提起上诉。二审法院经审理认为。根据《中华人民共和国劳动法》第三条第二款，遵守劳动纪律是法律对劳动者的基本要求，也是公平原则和诚实信用原则在劳动合同履行过程中的具体体现。如果仅因为用人单位规章制度没有对劳动者实际发生的严重违反劳动纪律的行为全部覆盖，就令用人单位不得解除劳动合同，则有违公平和诚实信用原则，也是对劳动者行为的过度纵容。从《中华人民共和国劳动合同法》第四条第二款的规定可见，用人单位规章制度的功能之一就是对劳动纪律方面的内容进行规定，未被规定在规章制度中但是严重违反劳动纪律的行为，其性质与严重违反规章制度中规定的劳动纪律的行为具有同质性，因此，对前者的处理可以比照对后者的处理，在劳动者违反劳动纪律的行为达到一定的严重程度时，可以视为对用人单位规章制度的严重违反，用人单位可以类推适用《中华人民共和国劳动合同法》第三十九条第（二）项解除劳动合同。具体到本案，在于某某多次违反相关工作规范，对单位服务形象造成不良影响后，甲公司A分公司对其进行的劳动管理并不存在不合理、不妥当、激化矛盾等不当情形，而于某某多次拒绝甲公司A分公司的劳动管理，严重侵害、干扰了甲公司A分公司对其所拥有的、正当合法的劳动管理权以及单位的管理秩序；其行为的主观过错较重，客观上达到了严重违反劳动纪律的程度，可以视为对用人单位规章制度的严重违反，用人单位可以类推适用《中华人民共和国劳动合同法》第三十九条第（二）项的规定与之解除劳动合同。故二审法院判决：驳回上诉，维持原判。

> 评析意见

一、《中华人民共和国劳动合同法》对用人单位解除劳动合同采取严格法定的立法模式

《中华人民共和国劳动合同法》第八十七条规定，用人单位违反本法规定解除或者终止劳动合同的，应当依照本法第四十七条规定的经济补偿标准的二倍向劳动者支付赔偿金。易言之，用人单位只能依据该法明确规定的情形施以解除行为，即用人单位可以依据第三十六条与劳动者协商一致解除劳动合同，可以依据第四十条规定的三种用人单位无过失情形单方解除劳动合同，可以在满足第四十一条第一款规定的情形时，依法定程序进行经济性裁员，还可以依据第三十九条单方解除劳动合同。

可见，《中华人民共和国劳动合同法》对用人单位解除劳动合同的事由，采取的是严格法定的立法模式。当然，法律的列举必然无法穷尽所有正当的解除事由，也可能不能满足用人单位用工管理的实际需要。为弥合解除事由法定列举和用人单位正当解除需求之间的矛盾，在解除事由法定的模式基础上，立法者将严重违反用人单位规章制度作为用人单位解除劳动合同的事由。用人单位自主制定规章制度实现了企业经营自主权，而且比立法列举的解除事由更能反映企业经营需要。

二、解除事由法定模式与实践需要之间存在缺口

但实践中出现的问题是，一方面，一些用人单位忽视规章制度的制定程序，导致规章制度对劳动者没有约束力。因为《中华人民共和国劳动合同法》第四条明确规定，用人单位在制定、修改或者决定有关劳动报酬、工作时间、休息休假、劳动安全卫生、保险福利、职工培训、劳动纪律以及劳动定额管理等直接涉及劳动者切身利益的规章制度或者重大事项时，应当经职工代表大会或者全体职工讨论，提出方案和意见，与工会或者职工代表平等协商确定。《最高人民法院关于审理劳动争议案件适用法律问题的解释（一）》第五十条进一步强调，用人单位根据劳动合同法第四条规定，通过民主程序制定的规章制度，不违反国家法律、行政法规及政策规定，并已向劳动者公示的，可以作为确定双方权利义务的依据。

另一方面，在现实劳动合同履行过程中，难免有劳动者会出现种种事前难以预料的、有违劳动纪律的行为，而用人单位的规章制度囿于制定条件和制定能力，往往难以包罗万象，不免挂一漏万。此种情形下，用人单位的规章制度无法作为解除劳动合同的制度依据，但是用人单位在《中华人民共和国劳动合同法》中又找不到相似的、直接的解除依据。用人单位要么只能选择容忍劳动者的违纪行为，要么选择冒着被判定为违法解除劳动合同的风险与劳动者解除劳动合同。

上述情形出现时，不支持用人单位解除劳动合同在法律效果和社会效果上往往不尽理想，这就使得在《中华人民共和国劳动合同法》解除事由法定模式与实践中用人单位解除劳动合同的需求之间出现了缺口。

三、缺口之填补：类推适用《中华人民共和国劳动合同法》第三十九条第（二）项

（一）类推适用《中华人民共和国劳动合同法》第三十九条第（二）项的正当性

1. 行为性质具有同质性是类推适用的内在依据

事实上，从《中华人民共和国劳动合同法》第四条第二款的规定可见，用人单位规章制度的功能之一就是对劳动纪律方面的内容进行规定，因此，未被规定在合法的规章制度中但是严重违反劳动纪律的行为，其性质与严重违反规章制度中规定的劳动纪律的行为具有同质性，区别仅在于前者未被明确写在规章制度之中，而后者被写在了规章制度之中，尽管两者对和谐劳动关系以及对正常劳动秩序的破坏程度并无区别。因此，对前者的处理也就可以比照对后者的处理，这就给类推适用《中华人民共和国劳动合同法》第三十九条第（二）项提供了依据。从而，当没有合法的规章制度可用时，基于公平原则和诚信原则，在劳动者违反劳动纪律的行为达到一定的严重程度时，可以视为对用人单位规章制度的严重违反，可以类推适用《中华人民共和国劳动合同法》第三十九条第（二）项的规定，认定用人单位解除劳动合同的行为具有法律依据，从而具有合法性。

2. 类推适用在技术上的正当性

所谓类推适用，是指在对特定的案件缺乏法律规定时，裁判者比照援引与该案件类似的法律规定，将法律的明文规定适用于法律没有规定的情形，但与明文规定类似的情形。由于刑法严格贯彻罪刑法定，因而严格限制类推适用方法的运用，而民法则广泛运用了类推适用的技术，并使其成为一种重要的漏洞填补方法。

之所以不是参照适用，是因为所谓参照适用，是指法律明确规定特定法律规范可以参照适用于本不属于该条规范调整范围的其他情形，亦即学说使用的"准用"。所谓准用，不是适用法律关于系争案型的直接规定，因为于此场合援用的法律规范是法律针对另外的案型设计的；也不是类推适用，因为类推适用的前提之一是，法律未设明文允许"适用"某某规定，只不过系争案型与法定案型具有类似性，才将法定案型用作解决系争案型的法律根据。

(二) 类推适用的具体标准

前述类推适用是在极端个案中为了实现社会效果而根据法的价值原则进行的法律续造。因此，其适用应当慎重，作为严格的例外，需要进行系统深入论证。具体来说，应当基于公平原则和诚信原则，在充分考虑劳动者客观情况、主观过错程度、违纪行为影响的严重程度、用人单位管理行为的必要性、妥当性以及是否存在激化矛盾等不当情形的基础上，作审慎的审查，以避免类推适用的过度扩张，在根本上冲击现行法的制度体系和立法模式。

（北京市第一中级人民法院　吴博文）

22. 试用期解除劳动合同中的"录用条件"

> 🎯 **争议焦点**

试用期是否需要明确规定录用条件，没有规定录用条件但以劳动者不满足录用条件为由与劳动者解除劳动合同是否构成违法解除？

> 📋 **基本案情**

申请人： 李某

被申请人： 某新媒体信息技术公司

李某于 2022 年 6 月大学毕业，于 2022 年 7 月 22 日在招聘网站投递个人简历，应聘某新媒体信息技术公司运营岗位，面试后，于 2022 年 8 月 1 日正式入职。入职后双方签订期限为 2022 年 8 月 1 日至 2023 年 7 月 30 日的劳动合同，岗位为私域运营，约定试用期 1 个月，试用期内的月工资为 6 400 元，转正后为 8 000 元。某新媒体信息技术公司与李某约定了其所在岗位的具体要求。因李某在试用期内不符合私域运营岗位需要达到的标准和要求，故将其岗位调整为直播运营，并延长试用期 1 个月。2022 年 9 月 29 日，第 2 个试用期即将届满，某新媒体信息技术公司向李某发送解除劳动关系通知书，以李某试用期不符合录用条件为由与李某解除劳动关系。李某不认可解除理由，双方产生争议，李某提起劳动仲裁，要求公司撤销单方解除劳动关系通知，继续履行劳动合同。

某新媒体信息技术公司辩称，双方在劳动合同中有明确约定，录用条件之一是工作能力、表现胜任公司的安排和公司规定的岗位职责，公司择优录用，简历中的内容也是录用条件之一。李某在工作中的表现不算优秀，李某所在部门对李某打分时，显示其在实际工作中的表现并不完全符合个人简历自我评价中的性格品质；李某编制的方案不符合客户需要、不具备落地和实施的条件，未满足私域运营和直播运营的岗位要求,所以公司以李某不符合录用条件为由解除劳动关系是合法解除。

审理结果

经审理,劳动人事争议仲裁委员会认为,某新媒体信息技术公司缺少明确的录用条件和考核标准,解除行为缺乏事实依据,属于违法解除。具体理由如下:第一,对李某的打分缺少客观、明确的标准,提交的绩效打分表不足以证明李某不胜任工作;第二,某新媒体信息技术公司未说明李某的方案不具有实施和落地条件的原因,未就方案须达到的标准进行陈述。

评析意见

一、案件背景及原因

在大数据、5G、人工智能等技术快速发展的环境下,新媒体呈现出势如破竹的发展势头,新媒体公司也成为不少人的创业选择。劳动人事争议仲裁委员会在审理案件过程中发现,新媒体公司的劳动争议案件数量逐渐增多,这类公司的岗位受其所在行业特性的影响,工作内容突破传统行业、岗位的范围,加之公司会将更多的精力放在增加业务量、提高收益额上,从而疏于对员工的管理以及对规章制度的完善,以至于引发诸多劳动纠纷。这类纠纷有一个共同特点,即大都在试用期解除与劳动者的劳动合同。试用期是双方了解并考察彼此、相互磨合的时期,也是劳动关系最不稳定的阶段,更易发生纠纷。部分用人单位对于试用期有错误的理解,认为试用期就是用来解除劳动者的,导致解除劳动关系的理由主观、随意。明确试用期录用条件的内容,制定清晰的考核制度,对于维护双方劳动权益,建立和谐稳定的劳动关系,减少纠纷发生具有重要意义。

二、法条引入和剖析

《中华人民共和国劳动合同法》第三十九条规定,在试用期间被证明不符合录用条件的用人单位可以解除劳动合同。用人单位依据该条规定解除劳动关系,应具备以下要件。第一,劳动合同中约定有明确且合法的试用期。第二,用人单位制定了明确的录用条件。这是依据该条款解除劳动合同的前提,录用条件必须与劳动者的岗位相关,并且要明确、具体,具有可操作性,还应当尽到告知义务,让劳动者知晓并确认,否则据此解除劳动关系就会有风险。第三,用人单位要对劳动者不符合录用条件的行为表现、事实进行充分举证。本案中,某新媒体信息技术公司延长1个月的试用期不符合《中华人民共和国劳动合同法》第十九条的规定,某新媒体信息技术公司与李某只能约定一次试用期。对于录用条件的内容,一方面,某新媒体信息技术公司主张将简历中的自我评价的性格品质作为录用条件之一,主观色彩较强,缺少合理性。另一方面,双方在劳动合同中将录用条件约定为"工作能力、表现胜任公司的安排和公司规定的岗位职责",虽然有相关文字表述,但却是泛泛而谈,缺少具体内容,如工作能力包括哪些能力?分为几种等级?达到何种标准才算是胜任工作和岗位职责?在没有详细规定的情况下,就给了用人单位随意解释、扩大录用条件范围的机会,进而损害劳动者的权益。某新媒体信息技术公司将李某的岗位要求和职责一一列举,但并未将上述内容告知李某,所以其以李某不胜任岗位职责为由解除则缺少依据。另外,在有明确、具体录用条件的前提下,用人单位应当通过考核或其他形式来判断劳动者的个人素质、工作能力、工作态度等,最关键的是要完善考核体制机制,形成客观化、体系化、数量化的考核形式及标准。本案中某新媒体信息技术公司未就每一项工作需要完成的程度和目标进行细化、量化的规定,其可以根据李某的工作内容,按阶段设定用户黏性率、留存率、转化率、复购率、浏览量、使用量等工作指标,并根据实际完成情况分阶段对李某进行考核,尽量避免主观性和随意性较强的打分制。某新媒体信息技术公司未对李某组织任何考核,仅以其提交的方案不达标为由主张其不符合录用条件,既没有明确将方案达标作为录用条件,也没有说明李某的方案与达标方案之间的差别,未对达标方案的形式、需要具备的要件进行陈述和举证,应承担举证不能的责任。

三、实践建议

试用期是劳动者和用人单位相互了解、共建和谐稳定劳动关系的重要阶段,任何一方都要加以重视。无论是录用条件的内容,还是考核方式、考核内容、考核标准都不能突破法律的红线,且要在合理范围内,用人单位须就上述内容尽到充分告知义务,并让劳动者进行确认,目的是让劳动者在工作时能够有的放矢、提高效率,也能让用人单位更有针对性地管理、考核劳动者,避免为日后发生争议埋下隐患。在试用期中,用人单位需注意留存劳动者出现工作问题的有关事实证据,如给公司造成经济损失的往来记录、不符合要求的工作日报、未完成任务的工作结果,对考核结果也应及时告知劳动者,如劳动者无异议应让其签字确认。劳动者在试用期内要提高自我防范意识,可要求用人单位出示明确的录用条件、岗位职责,防止用人单位超出工作职责范围对劳动者进行压榨、欺骗,对于用人单位制定的超出工作负荷的不合理的任务指标,劳动者有权拒绝。同时,劳动者也要积极提升自身综合素质和竞争力,完成好用人单位交代的工作任务,尽量避免工作失误失职。

(北京市朝阳区劳动人事争议仲裁院　陈晨)

23. "劳动者提前三十日通知可解除劳动合同"的理解与适用

争议焦点

劳动者提前三十日以书面形式通知解除劳动合同,在预告期届满前,用人单位要求劳动者提前离职,劳动者据此主张用人单位违法解除并要求支付违法解除劳动合同赔偿金,能否获得支持?

基本案情

申请人:贾某

被申请人:某动物医院

贾某自2020年6月16日入职某动物医院从事宠物美容工作。2023年2月1日,贾某通过微信方式向某动物医院法定代表人张某提出辞职,称工作到月底后离职。

贾某称,其发送辞职通知后,张某以口头形式回复不同意其辞职。此后,某动物医院未经其同意招聘了新员工,在新员工到岗后,张某于2023年2月24日口头告知其不用干了,贾某据此认为某动物医院于该日违法与其解除劳动关系,要求支付违法解除劳动关系赔偿金。某动物医院不同意支付违法解除劳动关系赔偿金,主张贾某在月初表示辞职后,于2月24日自动离职,不存在违法辞退的情形。某动物医院同时认为,《中华人民共和国劳动合同法》第三十七条规定的劳动者提前三十日以书面形式通知用人单位,可以解除劳动合同。该三十日是法律给予用人单位的缓冲期,如用人单位不需要,那么在预告期三十日内,用人单位可随时同意劳动者离职并做好工作交接。

审理结果

劳动人事争议仲裁委员会驳回贾某要求支付违法解除劳动关系赔偿金的仲裁请求。

劳动人事争议仲裁委员会认为，贾某通过微信发出的辞职通知，属于提前三十日通知用人单位，可以解除劳动合同的情形，系劳动者单方行使预告解除权的表现。贾某虽主张某动物医院以口头形式未同意其辞职，但解除权系形成权，该权利的行使无须得到对方当事人的同意。贾某未提供证据证明在发出辞职通知后予以撤销，且即使贾某有撤销辞职通知的意思表示，其亦未提供证据证明某动物医院同意撤销，并同意继续履行双方劳动合同，故不影响双方劳动关系于预告期满即告解除这一法律效果的发生。至于预告期内双方劳动关系的解除行为如何认定，劳动人事争议仲裁委员会认为，该三十日预告期是给予用人单位的权利，为了给用人单位充足的时间找到合适人员，不致因职工提前解除劳动合同影响生产经营，用人单位可自主决定完全或者部分放弃该权利，要求劳动者提前离职。故即便按照贾某主张 2023 年 2 月 24 日因某动物医院招到新员工，不再对其进行用工，也仅表明某动物医院放弃预告期利益，同意劳动关系解除日期提前至 2023 年 2 月 24 日，该行为并不对双方劳动关系解除原因产生实质影响，即并不能改变"双方劳动关系因贾某提出辞职而解除"这一事实。因此，贾某此项请求未获支持。

评析意见

一、争议焦点

本案中，贾某于 2023 年 2 月 1 日通过微信发送的辞职通知，属于《中华人民共和国劳动合同法》第三十七条规定的劳动者提前三十日通知可解除劳动合同的情形。从法律性质上看，三十日预告期满是劳动者行使预告解除权的生效条件，预告解除意思表示到达用人单位，预告解除权成立，至预告期届满后生效。那么，本案作为司法实践中发生的案例，存在以下两个需要探讨的争议焦点。

（一）焦点一：劳动者作出的预告解除通知发出后能否撤销？

因预告期内解除权还未生效，故此期间存在劳动者"反悔"的可能。若劳动者撤回辞职通知声明同时或早于辞职通知到达用人单位，那么该辞职通知可以被撤回，否则不存在撤回的可能。在无法撤回的情况下能否撤销？笔者认为，应当不允许撤销，理由如下：劳动者作出预告解除的意思表示已经使得用人单位对预告期届满劳动关系即告解除产生合理信赖并据此安排经营活动，如果允许劳动者随意撤销，那么用人单位将无法对双方劳动关系是解除还是存续作出正确判断，不利于用人单位权益的保护。同时，因预告期影响用人单位对生产经营的安排，亦即存在用人单位对权利的行使，故劳动者无权单方撤销辞职通知。

本案中，假设贾某作出撤销辞职通知的意思表示，某动物医院又同意其撤销，此时该辞职通知能否被撤销？笔者认为，在用人单位同意撤销的情况下，辞职通知可以被撤销。因为预告期内双方劳动关系尚存续，撤销辞职通知不会影响双方原劳动合同的履行，且劳动合同是双方当事人协商订立，反映双方合意的结果，若双方对于撤销辞职通知达成合意，法律不应予以禁止。

（二）焦点二：如果劳动者未主动表示在预告期内提前离职，用人单位能否缩短预告期要求劳动者提前离职？

司法实践中对此存在以下两种观点。

第一种观点认为，《中华人民共和国劳动合同法》设置三十日预告期的立法目的之一是便于劳动者寻找新工作或安排其他事务，且在此三十日内仍可继续为原用人单位提供劳动并获取劳动报酬以维持正常生活，故用人单位和劳动者约定缩短或放弃三十日的预告期，损害了劳动者以上权益，约定无效。[1]

第二种观点认为，提前三十日通知对劳动者而言是义务，对用人单位而言是权利，是为了便于用人单位利用这一时间为即将离职劳动者的工作岗位找到合适的替代人选，不至于因劳动者离职而影响生产、经营活动，遭受损失。[2]法律并不禁止用人单位放弃该段时间要求劳动者继续工作的权利，同意劳动者即时离职。如用人单位未等三十日期满即作出同意劳动者离职的意思表示，那么双方的劳动关系于用人单位作出批准的意思表示时即告解除。[3]

笔者赞成第二种观点，笔者认为以上两种观点的分歧在于对该三十日预告期

---

[1] 参见昆明市呈贡区人民法院（2019）云0114民初6563号民事判决书。
[2] 周国良，许建宇，王建. 提前三十日通知是权利还是义务[J]. 中国劳动，2012（1）：48-50.
[3] 参见江苏省南京市中级人民法院（2018）苏01民终1544号民事判决书。

设立目的的考量。从赋予劳动者权利角度来看，是给予劳动者自由择业的期限，在择业期间，劳动者需有维系原有正常生活的保障，而用人单位需提供该份保障。从赋予用人单位权利角度来看，是考虑到用人单位具有保持经营秩序稳定的需求。预告期的设立更侧重于对哪一方权利的保护就需要对以上权益进行平衡。双方劳动关系以此方式解除，归根结底是劳动者提出的辞职，若劳动者未提出辞职，双方劳动合同尚需继续履行，不会产生劳动者因劳动关系不稳定，从而需要通过继续向原用人单位提供三十日劳动获得报酬进而维系正常生活的情况，也就是说，劳动者对此掌握主动权，其作出此意思表示时理应对自己身处境况充分知悉。相反，用人单位则处于被动地位，需要在打破原有劳动关系的变数出现时，积极采取对策才能维持原有生产经营状况的平衡，用人单位需找寻新的人员补足岗位空缺，并对新员工进行岗位培训，而劳动者损失的利益最多为一个月工资，故用人单位付出的成本相较劳动者损失而言更多。综合对双方成本收益的判断，该三十日预告期应当是为了保护用人单位的利益而设定的。结合到本案，某动物医院完全可放弃该预告期利益，作出同意贾某提前离职的意思表示，双方劳动关系于某动物医院作出该意思表示之时即告解除。

二、延伸问题

（一）问题一：劳动者能否要求缩短预告期，提前离职？

笔者认为，因三十日期限是法定标准，劳动者需履行该法定义务。但若用人单位同意，劳动者可提前离职。那么，双方劳动关系解除方式则从《中华人民共和国劳动合同法》第三十七条规定的"预告解除"变成了第三十六条规定的"协商一致解除"。

（二）问题二：用人单位能否与劳动者约定延长预告期？

司法实践中存在不同观点。一种观点认为，因三十日预告期约束了劳动者的辞职权，那么延长预告期属于《中华人民共和国劳动合同法》第二十六条规定"排除劳动者权利"的情形，约定无效。

另一种观点认为，用人单位可以与劳动者约定延长预告期，《劳动部关于企业职工流动若干问题的通知》就作出了规定，用人单位与掌握商业秘密的职工在劳动合同中约定保守商业秘密有关事项时，可以约定在劳动合同终止前或该职工提出解除劳动合同后的一定时间内（不超过六个月），调整其工作岗位，变更劳动合同中相关内容。一些地方性法规也对用人单位和劳动者约定延长预告期作出了具体规定。①

笔者同意第二种观点,以上部门规章、地方性法规规定用人单位与劳动者约定延长预告期情形限制在了掌握商业秘密的人员并规定了预告期上限。司法实践中,为了防止用人单位利用延长预告期而限制劳动者辞职权,需根据从业情况对劳动者类型进行限制,如果限制范围内的劳动者同意延长辞职预告期,法律应当尊重双方当事人意思自治,不应予以禁止。同样地,解除方式也更宜认定为"双方协商一致解除劳动合同",而非预告解除。

(北京市门头沟区劳动人事争议仲裁院　王新如)

---

① 江锴,虞李辉. 劳动者辞职预告期的法律性质辨析 [J]. 政治与法律,2020 (6):100-110.

24. 个体培训机构经营权转让情形下劳动合同解除的判定

争议焦点

在个体培训机构经营权转让的情形下，公司是否应向劳动者支付加班工资、垫付的养老保险费以及经济补偿金？

基本案情

上诉人：陈某

上诉人：某儿童潜能咨询中心

某儿童潜能咨询中心（以下简称咨询中心）注册登记于2014年8月13日，经营者为王某，以A亲子园名义对外经营，陈某一直在该咨询中心任职课程顾问，根据陈某提供的转账凭证计算，其2018年12月至2019年11月的月平均工资为2 375元。2019年12月5日，王某将A亲子园特许经营权转让给马某，由马某于营业地址继续开办A亲子园。此后咨询中心未对外以A亲子园名义进行经营，陈某继续在该A亲子园工作。2022年2月28日，陈某以咨询中心未与其签订劳动合同、没有安排其带薪年休假、要求其在法定假日上班、未按法律规定支付其相关劳动报酬、未给其缴纳社会保险为由，到某区劳动人事争议仲裁委员会申请劳动仲裁，要求咨询中心依法向其支付2014年5月28日至2021年9月14日的相关待遇并给付经济补偿金。某区劳动人事争议仲裁委员会于2022年7月15日作出仲裁裁决书，结果如下：（1）咨询中心向陈某支付经济补偿金13 062.5元；（2）驳回陈某的其他仲裁请求。陈某不服仲裁裁决，提起诉讼。

审理结果

一审法院针对本案焦点问题,分述如下。

(1) 关于咨询中心是否应当向陈某支付法定假日加班工资及带薪年休假加班工资。发生劳动争议,当事人对自己提出的主张,有责任提供证据,劳动者应当就加班的事实承担举证证明责任。本案中,陈某提供的打卡记录不能证明其在咨询中心工作期间加班的事实,故咨询中心不应向陈某支付法定假日加班工资及带薪年休假加班工资。

(2) 关于咨询中心是否应返还陈某垫付的养老保险费。《中华人民共和国社会保险法》第六十三条规定,用人单位未按时足额缴纳社会保险费的,由社会保险费征收机构责令其限期缴纳或者补足。由此可知,社会保险费的征缴属于社会保险征收机构的职能范畴,劳动者与用人单位因补缴社会保险费产生争议的,不属于劳动争议案件受理范围,本院对该争议焦点不予涉及。

(3) 关于咨询中心是否应向陈某支付经济补偿金及数额。咨询中心以 A 亲子园名义对外经营,后于 2019 年 12 月 5 日将 A 亲子园的特许经营权转让给案外人马某,咨询中心退出了 A 亲子园的经营,陈某继续在 A 亲子园任职课程顾问,陈某要求咨询中心支付解除劳动合同补偿金符合《中华人民共和国劳动合同法》第四十六条规定的情形,本院予以支持。经济补偿按劳动者在本单位工作的年限,每满一年支付一个月工资的标准向劳动者支付。6 个月以上不满一年的,按一年计算;不满 6 个月的,向劳动者支付半个月工资的经济补偿。咨询中心成立于 2014 年 8 月 13 日,将 A 亲子园特许经营权转让给马某的时间为 2019 年 12 月 5 日,本院依法支持咨询中心向陈某支付 2014 年 8 月 14 日至 2019 年 12 月 5 日的经济补偿金 13 062.5 元(2 375 元/月×5.5 个月=13 062.5 元)。

(4) 关于本案是否超过仲裁时效。经查阅本院调取的仲裁卷宗,咨询中心未在本案劳动仲裁过程中主张本案已经超过仲裁时效,其于本案审理过程中提出仲裁时效抗辩,于法无据,本院不予支持。

综上所述,一审法院判决如下:(1) 咨询中心于本判决生效之日起十日内支付陈某解除劳动关系的经济补偿金 13 062.5 元;(2) 驳回陈某的其他诉讼请求。

陈某不服,提起上诉。二审法院分析如下。

（1）关于上诉人陈某主张的法定假日加班工资及带薪年休假加班工资，经查，陈某仅提交了4个月的手机打卡记录，不足以主张其在此4个月中的法定节假日未休息，更不足以证明其2014—2021年的法定节假日均未休息。陈某主张其2014—2021年均未休年假亦未提供任何证据，故仲裁及一审法院未予支持并无不妥。

（2）关于上诉人主张要求返还自行垫付的养老保险费用，根据《中华人民共和国劳动法》第七十二条，用人单位和劳动者必须依法参加社会保险，缴纳社会保险费，因此陈某有权向咨询中心主张返还其自行缴纳的养老保险费用，但是陈某并未提供社会保险部门的详细数据证明其自行缴纳的养老保险费的档次、缴费基数及咨询中心应负担比例等具体内容，因此咨询中心应负担的数额无法确定，故不予支持。关于此项诉讼请求可待证据充分时另行主张。

（3）关于解除劳动合同经济补偿金，经查，咨询中心认可其在2019年12月5日已经将A亲子园的经营权转让给个人，在其提交的转让协议中也没有明确之前的员工由谁承继劳动关系用工主体，因此其与陈某之间的事实劳动关已经解除，咨询中心应当向陈某支付经济补偿金。陈某主张解除劳动关系的时间应为2021年9月14日案外人公司成立的时间理据不足，也未能提供证据证明其与咨询中心系在该时间解除劳动关系，故本院不予支持。

综上所述，一审判决认定事实清楚，适用法律正确。二审法院判决如下：驳回上诉，维持原判。

评析意见

本案系培训机构经营权转让引发的劳动争议案件。对于劳动者的加班工资，一、二审法院适用《最高人民法院关于审理劳动争议案件适用法律问题的解释（一）》第四十二条的规定，因劳动者未尽到举证责任，故未支持其诉讼请求，对该项问题的处理一致，不再赘述。对于劳动者为用人单位垫付的养老保险费用的问题，笔者认为二审法院处理观点正确，咨询中心没有依法缴纳其作为用人单位应缴纳的养老保险费用，陈某自行垫付的部分应视为用人单位对其造成的损失，劳动者有权主张返还，应根据现有证据实体审查，因陈某并未提供相关证据证实咨询中心应负担的数额，故二审法院未予支持。对于陈某主张的经济补偿金问题，咨询中心系个体工商户，其在2019年12月5日将A亲子园的经营权转让给他人，根据当时生效的《个体工商户条例》（已失效）第十条"个体工商户变更经营者的，应当在办理注销登记后，由新的经营者重新申请办理注册登记"的规定，经营权转让后，即使对外名称一致，仍不属于同一法律主体。并且，本案转让协议中未明确之前的员工由谁承继劳动关系，因此陈某与咨询中心之间的事实劳动关系在经营权转让时已经解除，解除原因不在劳动者陈某，故咨询中心应当向陈某支付经济补偿金。

（河北省唐山市古冶区人民法院　王丽媛）

25. 如何辨析劳动合同法中的客观经济情况和客观情况

争议焦点

《中华人民共和国劳动合同法》第四十条规定，劳动合同订立时所依据的客观情况发生重大变化，致使劳动合同无法履行，经用人单位与劳动者协商，未能就变更劳动合同内容达成协议的，用人单位可以单方解除劳动合同并支付经济补偿金。第四十一条规定，企业发生破产重整、生产经营严重困难等客观经济情况，经过法定程序，可单方解除劳动合同。

现实生活中如何辨析劳动合同法中的客观经济情况和客观情况？

基本案情

原告（仲裁申请人）：程某

被告（仲裁被申请人）：北京某杂志社

程某于2009年11月5日入职北京某杂志社，双方签订了无固定期限劳动合同，约定程某担任内容与品牌高级经理岗位，所在部门为媒介管理部。因某杂志社需要裁撤、合并相关部门及职位，程某所在岗位被裁撤，2015年7月底及8月初，某杂志社与程某进行了协商，因程某身体有恙搁置。2016年1月程某上班后，某杂志社再次因工作岗位变更与程某协商，程某不同意进行协商，要求继续在原工作岗位工作。

2016年1月13日，某杂志社向程某发出解除劳动合同通知书，理由是因杂志社业务及组织机构调整，目前没有程某的岗位，经双方友好沟通及协商，公司变更程某的工作岗位为广告管理部项目经理，但是程某已提交个人书面意见表示不同意接受新的工作岗位，故依法与程某解除劳动合同。解除通知中记载的劳动关系解除日当天，某杂志社向程某支付了未提前30天通知的代通知期工资和解除劳动合同的经济补偿金。

程某提请劳动仲裁。程某称，某杂志社提出解除劳动合同，但自己的工作岗位并没有实际撤销，某杂志社应支付违法解除劳动合同赔偿金。某杂志社辩称，受市场形势的影响，杂志社对包括程某在内的5个工作岗位进行结构调整，属于客观情况发生重大变化，随后与程某协商调岗，遭到程某拒绝，经工会同意，与程某合法解除劳动关系。

在劳动仲裁阶段，程某要求某杂志社支付违法解除赔偿金的请求获劳动人事争议仲裁委员会支持。后该案又经过一审、二审和再审。

审理结果

一审、二审和再审阶段，人民法院均认为某杂志社解除劳动合同并不违反法律规定。

一审法院认为，客观情况一般是指除劳动者和用人单位主动采取行为之外的不以双方主观意志为转移的情况。因用人单位自身经济情况发生重大变化、主动或者被动适应市场变化采取的调整产业结构、战略调整等经济行为均应属于客观经济情况的范畴。

二审法院和再审法院认为，某杂志社为了适应市场形势，根据经营情况对相关部门和职位进行调整，导致与程某劳动合同中约定的工作岗位被裁撤，因某杂志社与程某所签劳动合同明确约定可根据工作需要调整劳动者工作岗位，该杂志社根据客观经营情况的变化调整程某的岗位属于用工自主行为，也符合双方劳动合同的约定。程某明确拒绝某杂志社的调岗决定，致使双方的劳动合同已无继续履行的可能性，某杂志社遂与程某解除劳动合同，并支付了相应补偿，符合法律规定。

评析意见

一、关于本案

本案作为经典案例，在判决书中明确区分了"客观情况"与"客观经济情况",客观情况一般是指除劳动者和用人单位主动采取行为之外的不以双方主观意志为转移的情况,具有客观性、不可归责性、不可预见等特征;客观经济情况一般是指用人单位在经营过程中由于外在的、内在的原因,导致用人单位经济情况发生重大变化,比如利润持续下跌、出现亏损等。

《劳动部办公厅关于印发〈关于《劳动法》若干条文的说明〉的通知》第二十六条规定,"客观情况"指发生不可抗力或出现致使劳动合同全部或部分条款无法履行的其他情况,如企业迁移、被兼并、企业资产转移等,并且排除本法第二十七条所列的客观情况,即排除了"用人单位濒临破产进行法定整顿期间或者生产经营状况发生严重困难"的情况。因此,不论是从立法角度还是从司法实践角度,均将"客观情况"及"客观经济情况"二者进行了明确区分,在适用《中华人民共和国劳动合同法》第四十条时,应排除客观经济情况;如果是客观经济情况发生重大变化则需要适用《中华人民共和国劳动合同法》第四十一条,经济性裁员。

二、关于本案之外的思考

(一)"客观情况发生重大变化"是除劳动者和用人单位主动采取行为之外的不以双方主观意志为转移的情况

2017年4月24日施行的《北京市高级人民法院、北京市劳动人事争议仲裁委员会关于审理劳动争议案件法律适用问题的解答》(以下简称《解答》已失效)规定,受法律、法规、政策变化导致用人单位迁移、资产转移或者停产、转产、转(改)制等重大变化的,一般属于"劳动合同订立时所依据的客观情况发生重大变化"。该规定相较于《劳动部办公厅关于印发〈关于《劳动法》若干条文的说明〉的通知》的规定,将用人单位迁移、资产转移或者停产、转产、转(改)制等重大变化的原因限定于"受法律、法规、政策变化导致",实际上缩小了"客观情况发生重大变化"的范围,进一步强调"客观情况发生重大变化"需要具备客观性、不可归责性、不可预见的特征。

在《解答》发布后,北京地区人民法院对于"企业组织架构调整是否属于客观情况发生重大变化"这一问题的裁判口径更为严苛,用人单位需要对情况发生重大变化的"客观性"承担比较重的举证责任,否则人民法院一般会认为组织机构调整的本质属于用人单位根据自身经营状况作出的调整,不属于"客观情况发生重大变化"。

如〔2020〕京03民终4365号判决中，认为适用《中华人民共和国劳动合同法》第四十条第（三）项的规定，需要合同无法履行具有客观性，具体来讲，主要包含以下含义：一是作为劳动合同法律行为基础或环境的客观事实在客观上发生了异常变动，二是变动由不可归责于当事人的事由所致，三是变动是当事人所未预见且不能预见的。客观情形的认定外因起主导作用，用人单位的自主决定权相对较弱。

（二）"客观经济情况发生重大变化"强调在经营过程中由于外在的、内在的原因，导致用人单位经济情况发生重大变化

经济性裁员是市场主体为了扭转生产运营陷入难以承受困境的局面，采取的大批量辞退员工的解雇行为，是用人单位自主经营权的体现。

如〔2017〕京03民终11337号案件中，M公司受宏观经济增长放缓，快速消费品和零售业业绩下滑的影响，其经营成本逐年递增，营业收入显著下降，并有不断加剧的趋势。人民法院认为，M公司根据客观经济发展变化的需要调整生产岗位，并综合考虑各种因素后对相关事业部实施经济性裁员，系其经营的自主权，未违反法律规定。

而在本案中，人民法院明确将"用人单位因自身经济情况发生重大变化、主动或者被动适应市场变化采取的调整产业结构、战略调整等经济行为"认定属于客观经济情况的范畴。

（三）用人单位依据《中华人民共和国劳动合同法》第四十一条与员工解除劳动合同程序的限制

依据《中华人民共和国劳动合同法》第四十条第三款规定的用人单位以"客观情况发生重大变化，致使劳动合同无法履行"为由与劳动者解除劳动合同，需要先履行与劳动者进行变更劳动合同协商的程序要求，而依据《中华人民共和国劳动合同法》第四十一条裁减人员的程序要求更为严格，具体为：（1）需要裁减人员为二十人以上或者裁减不足二十人但占企业职工总数百分之十以上；（2）用人单位提前三十日向工会或者全体职工说明情况，听取工会或者职工的意见后，裁减人员方案应向人力资源社会保障行政部门报告。

关于用人单位向工会或者全体职工说明情况、听取意见后，向人力资源社会保障行政部门报告的具体操作，应当按照劳动部《企业经济性裁减人员规定》第四条规定进行。

但《中华人民共和国劳动合同法》第四十一条规定了经济性裁员的人数限制条件，在实践中可能产生的问题是，如果企业需要裁减的员工数量未到二十人或"百分之十以上"的标准，这种情况该如何处理？若为了满足法定裁员标准，可能将会导致一些无辜的劳动者也被裁员，这完全违背了《中华人民共和国劳动合同法》的立法宗旨。但如果用人单位要依据第四十条第三款与劳动者解除劳动合同，则可能因难以被认定为符合"客观情况发生重大变化"的情形，而导致企业无法实现人员优化的目的。为解决这一困境，"客观情况发生重大变化"与"客观经济情况发生重大变化"在劳动用工实践中是否存在变通适用的可能性需要进一步研究。

（北京市高朋律师事务所　胡洁　于正弋　汪维佳）

26. 医疗补助费制度的适用情形和适用条件分析

争议焦点

用人单位违法解除劳动关系是否应当支付医疗补助费？

基本案情

申请人：张某

被申请人：北京某公司

张某于2013年5月27日入职北京某公司，职务为管理部经理，月工资为9 570元。2021年1月5日张某被确诊为小细胞肺癌中期，之后住院进行治疗，一直病休至2021年7月2日。之后本人根据公司领导安排的专项工作任务，居家办公，直到2021年12月。2022年春节后张某返岗工作，返岗工作后张某断断续续地休病假，2022年7月28日公司通知张某解除劳动关系，办理离职手续。张某遂提起劳动仲裁。张某主张公司无故与其解除劳动关系，系违法解除，要求用人单位支付违法解除劳动关系的赔偿金，并要求用人单位向其支付9个月的医疗补助费。用人单位主张张某违反公司规章制度，但未提交充足的证据证明解除的事实依据和制度依据。

审理结果

在仲裁阶段，本案经调解双方达成一致，最终以调解方式结案。

评析意见

一、关于医疗补助费的相关规定

医疗补助费是指用人单位在解除或终止劳动合同时,除经济补偿金外,向患病或非因工负伤员工另行支付的补助费用。

劳动部《违反和解除劳动合同的经济补偿办法》(已失效)明确规定了医疗补助费的支付情形和标准,其中第六条规定,劳动者患病或者非因工负伤,经劳动鉴定委员会确认不能从事原工作,也不能从事用人单位另行安排的工作而解除劳动合同的,用人单位应按其在本单位的工作年限,每满一年发给相当于一个月工资的经济补偿金,同时还应发给不低于六个月工资的医疗补助费。患重病和绝症的还应增加医疗补助费,患重病的增加部分不低于医疗补助费的百分之五十,患绝症的增加部分不低于医疗补助费的百分之百。

《劳动部关于贯彻执行〈中华人民共和国劳动法〉若干问题的意见》(劳部发〔1995〕309号)第35条规定,请长病假的职工在医疗期满后,能从事原工作的,可以继续履行劳动合同;医疗期满后仍不能从事原工作也不能从事由单位另行安排的工作的,由劳动鉴定委员会参照工伤与职业病致残程度鉴定标准进行劳动能力鉴定。被鉴定为一至四级的,应当退出劳动岗位,解除劳动关系,办理因病或非因工负伤退休退职手续,享受相应的退休退职待遇;被鉴定为五至十级的,用人单位可以解除劳动合同,并按规定支付经济补偿金和医疗补助费。

《劳动部关于实行劳动合同制度若干问题的通知》(劳部发〔1996〕354号)第22条规定,劳动者患病或者非因工负伤,合同期满终止劳动合同的,用人单位应当支付不低于六个月工资的医疗补助费;对患重病或绝症的,还应适当增加医疗补助费。

《劳动部办公厅关于对劳部发〔1996〕354号文件有关问题解释的通知》规定,《劳动部关于实行劳动合同制度若干问题的通知》第22条"劳动者患病或者非因工负伤,合同期满终止劳动合同的,用人单位应当支付不低于六个月工资的医疗补助费"是指合同期满的劳动者终止劳动合同时,医疗期满或者医疗终结被劳动鉴定委员会鉴定为5~10级的,用人单位应当支付不低于六个月工资的医疗补助费。鉴定为1~4级的,应当办理退休、退职手续,享受退休、退职待遇。

《劳动部办公厅对〈关于因病或非因工负伤医疗期管理等若干问题的请示〉的复函》（劳办函〔1996〕40号）第3条规定，患病职工在合同期满终止劳动合同时，用人单位应当一次性支付劳动者不低于六个月工资的医疗补助费。对于患重病或绝症的职工，用人单位可以适当增加医疗补助费。

2017年11月24日，人力资源社会保障部废止了《违反和解除劳动合同的经济补偿办法》，但医疗补助费制度并未取消，关于医疗补助费的相关规定在部门规章及其他规范性文件中仍然有规定，北京地区也是此种观点，为明确《违反和解除劳动合同的经济补偿办法》废止后的口径，2018年1月，北京市人力资源社会保障局调解仲裁处制定《关于〈违反和解除劳动合同的经济补偿办法〉（劳部发〔1994〕481号）被废止后劳动争议处理若干问题的意见》（以下简称《意见》），为统一执法尺度，《意见》第2条指出，仍应按照相关规范性文件的规定予以执行，但由于目前缺乏患重病和绝症的规范性依据，劳动者主张增加医疗补助费的，依照谁主张谁举证的原则，由主张者就患重病或者绝症提供证据，并参照《违反和解除劳动合同的经济补偿办法》的规定执行。

二、医疗补助费的适用情形

在审理实践中，常遇到如下问题，被认定为违法解除和违法终止的情况下，劳动者因用人单位存在《中华人民共和国劳动合同法》第三十八条规定的情形提出解除劳动关系的、劳动者因个人原因提出解除劳动关系或用人单位提出双方协商一致解除劳动关系的，用人单位是否应当支付医疗补助费？

笔者认为，从第一部分制度依据的梳理来看，只有两种情形下适用医疗补助费的相关规定：其一，用人单位依据《中华人民共和国劳动合同法》第四十条第（一）项，即"劳动者患病或者非因工负伤，在规定的医疗期满后不能从事原工作，也不能从事由用人单位另行安排的工作"单方解除劳动合同；其二，劳动合同到期终止。故笔者认为劳动者因用人单位存在《中华人民共和国劳动合同法》第三十八条规定的情形提出解除劳动关系的、劳动者因个人原因提出解除劳动关系或用人单位提出双方协商一致解除劳动关系的均不应当适用医疗补助费。但关于违法解除或违法终止情况下是否适用的问题，有观点认为此种情况下用人单位无须再支付医疗补助费，理由主要可归纳为：医疗补助费历史沿革久远，相关规定效力层级低、发布时间早、当时的医疗保险制度并不完善；随着社会保险制度的健全和覆盖范围的扩大，医疗补助费的功能已经被社会保险取代；法律法规并未规定违法解除的情况下需要支付医疗补助费，不应对相关规定任意作扩大适用范围的解释等。但笔者认为还是应当分情况讨论，如用人单位以《中华人民共和国劳动合同法》第四十条第（一）项的规定解除劳动关系，但被认定为违法解除的，应当理解为符合法定的支付医疗补助费的情形；如用人单位是以前述情形以外的其他情况解除，被认定违法解除的则不适用医疗补助费的规定；如合同到期终止，因存在法定不能终止的情形（如应当签订无固定期限劳动合同）而被认定为违法终止的也应当支付医疗补助费。故在本案中笔者认为，不应当支持张某关于医疗补助费的请求。

三、劳动能力鉴定与医疗补助费支付的关系

进行劳动能力鉴定，并鉴定为5~10级是否为支付医疗补助费的前提条件，对于此问题，有观点认为《中华人民共和国劳动合同法》第四十条第（一）项的规定中，并没有进行劳动能力鉴定的相关规定，不能从事原工作和用人单位安排的新工作的，应当给予医疗补助费的保护。但笔者认为从涉及医疗补助费的相关规定上看，均明确了劳动能力鉴定为5~10级时支付医疗补助费的表述，故劳动能力鉴定应当理解为支付条件，但在具体案件中，遇到的常常是未进行劳动能力鉴定的情形，此时应当分情况把握：进行劳动能力鉴定是用人单位的义务，除非有证据证明劳动者本人放弃或拒绝进行劳动能力鉴定，则由其本人承担不利后果，不支持医疗补助费，否则倾向于认定系用人单位未履行义务，因劳动能力鉴定仅可由用人单位申请，用人单位应明确告知劳动者有权进行劳动能力鉴定并依据劳动能力鉴定部门的要求履行相关手续和流程，尽到了协助申请劳动能力鉴定的义务，并对其尽到义务承担举证责任，否则将承担举证不能的不利后果。

四、医疗补助费的支付标准

对于医疗补助费的支付标准，前述文件有关规定均明确一般情形下"医疗补助费不低于六个月工资"。《违反和解除劳动合同的经济补偿办法》还规定，劳动者患重病和绝症的，应增加医疗补助费，患重病的增加部分不低于医疗补助费的百分之五十，患绝症的增加部分不低于医疗补助费的百分之百。

医疗补助费的金额应不少于劳动者六个月的工资。对于医疗补助费的计算基数，通常为劳动者离职前十二个月的平均工资。如劳动者离职前十二个月长期病休且工资标准远低于正常工作期间，此时医疗补助费应当如何计算，目前实践中确实处理尺度不统一。有观点认为，如果不按照劳动者正常提供劳动的工资计

算，无法充分保障劳动者的权益，也违背医疗补助费制度建议的初衷；但笔者认为仍应当按照解除劳动关系前十二个月的月平均工资为计算基数。医疗补助费是在双方解除劳动关系时产生的，在支付解除经济补偿金的同时支付医疗补助费，故可以考虑解除经济补偿金和医疗补助费用适用同一标准计算。

另外法律对于重症、绝症的认定并无明确规定和确认的标准，司法实践中也无统一的裁审标准，常见的诊断证明中医生一般也不会写明重症还是绝症，裁判者也没有相应的医疗知识来判定是重症还是绝症。裁审实践中，有采信"北京市医疗保险特殊病种申报审批单"所显示的特殊病种作为判断依据的；有按照劳动能力鉴定的情况来认定重症和绝症的；亦有仅需劳动者证明其所患病症，裁判者根据常识及公知判断该病症是否难以治愈，是否构成重症和绝症的。笔者建议相关部门研判医疗补助费制度的价值，梳理医疗补助费制度的相关规定，明确医疗补助费制度的存废、适用标准、适用条件等，统一裁审实践尺度。

（北京市朝阳区劳动人事争议仲裁院　吴昊）

27. 员工完成规范化培训后离职，是否应向用人单位支付违约金？

争议焦点

员工完成规范化培训后，在约定的服务期内离职，是否应当向用人单位支付违约金？

基本案情

申请人：某医院

被申请人：董某

2016年9月1日董某入职某医院，担任住院医师职务，双方签订了劳动合同。2020年12月24日董某向该医院提出离职申请，2020年12月28日该医院批准董某离职。

另查，2017年9月15日双方签订了"天津市住院医师规范化培训合同"，约定培训期为3年，期限自2017年9月15日至2020年9月14日。其中第三条第三款规定，董某参加脱产培训期间，不得提出申请调离某医院；培训结束后，董某应保证在某医院工作期满5年，如违约董某须向某医院支付违约金20万元和全脱产3年培训期间支付的全部工资和福利待遇费用。"天津市住院医师规范化培训合同"签订后，董某到第三方医院进行住院医师规范化培训，某医院按月支付董某培训期间的工资和各项福利待遇。"天津市住院医师规范化培训合同"到期后，董某即刻到某医院按照单位安排提供劳动，工作至2020年9月30日。某医院未就专项培训费用提供相关证据证明。董某主张2020年10月至2020年12月未提供正常劳动系某医院所致，但未能提供有效证据证明。

审理结果

驳回某医院的仲裁请求。

评析意见

从立法层面考虑，服务期条款旨在鼓励用人单位重视对劳动者的培养，提高劳动者素质，从而实现用人单位和劳动者的共赢。而劳动者也应遵循服务期条款，积极履行服务期协议的约定，若违反则需承担相应的违约责任。在实践中，劳动者往往来自各行各业，其培训也各不相同，鉴于法律并未给出具体确定的判断标准，因此更需要仲裁员对法律进行解释，结合具体案情形成相对合理的判断标准，平衡双方当事人的利益，从而构建更和谐的劳动关系。

一、服务期条款的法律适用

《中华人民共和国劳动合同法》第二十二条规定，用人单位为劳动者提供专项培训费用，对其进行专业技术培训的，可以与该劳动者订立协议，约定服务期。劳动者违反服务期约定的，应当按照约定向用人单位支付违约金，违约金的数额不得超过用人单位提供的培训费用。用人单位要求劳动者支付的违约金不得超过服务期尚未履行部分所应分摊的培训费用。用人单位与劳动者约定服务期的，不影响按照正常的工资调整机制提高劳动者在服务期期间的劳动报酬。从《中华人民共和国劳动合同法》第二十二条来看，用人单位与劳动者订立服务期协议的前提是提供专项培训费用、进行专业技术培训，但该法条并未对二者进行具体规定。提取该条款中的核心关键词，分别为"专项培训费用""专业技术培训""约定"，即适用该条款的前提为双方就服务期有明确约定，用人单位为劳动者提供了专业技术培训、支付了专项培训费用。

在本案中，双方均认可在劳动关系存续期间签订了住院医师规范化培训合同，约定董某培训期满后至某医院服务5年；董某在服务期满前向某医院提出离职，未履行"天津市住院医师规范化培训合同"中约定的义务。但劳动者主张住院医师规范化培训并非专业技术培训，且用人单位并未支付专项培训费用，不应支付违约金。《中华人民共和国劳动合同法》第二十五条规定，除本法第二十二条和第二十三条规定的情形外，用人单位不得与劳动者约定由劳动者承担违约金。因此被申请人是否需要支付申请人违约金,关键在于界定住院医师规范化培训是否属于专业技术培训、医院在董某脱产培训期间支付的工资及福利待遇是否属于专项培训费用。

二、服务期条款的社会意义

回归服务期条款本身,实务中在判断是否适用服务期条款时,首先,应当考虑用人单位和劳动者有无明确约定。服务期协议属于双方自愿订立的合同,不具有强制性,既可以单独订立,也可以包含于原劳动合同内。其次,用人单位需要支付专项培训费用,且必须是用人单位已经支付的专项培训费用。用人单位进行的专业技术培训的目的应当为提高培训对象的专业素质与职业技能,其获益应归属于劳动者,而并非单纯为掌握从事用人单位岗位工作所应当具备的知识和能力。最后,培训对象是为特定岗位、少数劳动者提供的培训,并非全体劳动者,否则易于岗前培训所混淆;培训内容应当具有专业性,需要经过专门性和系统性的学习才能掌握。

若双方服务期协议成立且约定的服务期尚未到期,劳动者提出解除劳动合同,属于违反服务期协议的行为,应当向用人单位支付违约金。依据《中华人民共和国劳动合同法》第二十二条,劳动者违反服务期约定的,应当按照约定向用人单位支付违约金,违约金的数额不得超过用人单位提供的培训费用。用人单位要求劳动者支付的违约金不得超过服务期尚未履行部分所应分摊的培训费用。也就是说,若未完成服务期的原因可以归结于劳动者,则劳动者需要向用人单位支付违约金,其支付的违约金数额不得超过用人单位提供的培训费用。但若双方虽约定了服务期,但在服务期协议中并未约定违约金,则用人单位不能因劳动者违反服务期约定而要求劳动者支付违约金。

三、专业技术培训如何界定

作为《中华人民共和国劳动合同法》中第一次出现的法律术语,专业技术培训显然与《中华人民共和国劳动法》中规定的职业培训等有所区别。在劳动人事争议案件中,常见的职业培训主要包括入职培训、岗前培训、继续教育培训。入职培训主要是介绍用人单位的企业文化,使劳动者熟悉岗位职责;岗前培训主要是从事新岗位前所作培训,目的在于让劳动者尽快胜任新岗位;继续教育培训则是根据劳动者的需求进行针对性指导。服务期条款中使用了"专业技术培训"而非《中华人民共和国劳动法》中的职业培训,其意图是将该培训与劳动者接受的其他培训区分开来，避免二者产生混淆，从而损害劳动者的合法权益。但是，"专业技术培训"在法条中并未给出具体确定的判断标准，因此需要对其进行界定，并结合具体案例进行判断。

界定专业技术培训和职业培训时，一般需要对比二者的培训目的、培训对象、培训内容等，从而对二者进行区分。从培训目的来看，专业技术培训的目的在于提升劳动者个人技能，增强其市场竞争力，培训所带来的技能提升可归属于劳动者本人；职业培训一般为用人单位为使劳动者更快地适应工作而提供，其目的不在于增强劳动者个体竞争力。从培训对象来看，专业技术培训的培训对象为个体，并非全体劳动者，仅为用人单位为特定劳动者提供的培训；而职业培训的对象是全体劳动者，并非为特定劳动者提供的培训。从培训内容来看，专业技术培训具有高度专业性，属于特定领域专业技术培训；职业培训则更多为一般性劳动技能培训。

本案中涉及的培训为住院医师规范化培训，在界定其是否为专业技术培训时，也应从培训目的、培训对象、培训内容等方面进行界定。在《关于深化卫生专业技术人员职称制度改革的指导意见》附件中规定，卫生专业技术人员中级职称…符合以下条件的，可报名参加考试：临床、口腔、中医类别主治医师，具备博士学位，并取得住院医师规范化培训合格证书；或具备硕士学位，取得住院医师规范化培训合格证书后从事医疗执业活动满2年；或具备大学本科学历或学士学位，取得住院医师规范化培训合格证书后从事医疗执业活动满2年。《天津市人民政府办公厅印发关于改革完善全科医生培养与使用激励机制实施方案的通知》规定，当年在本市基层医疗卫生机构就业，从事临床医疗工作的高等医学院校临床医学、中医学专业本科及以上学历毕业生必须全部参加全科医生规范化培训。从上述规定可以看出，住院医师规范化培训是由医疗卫生行政部门统一组织，具有明确的培训对象、培训目标、培训方法和内容，经过严密的培训流程和培训考核的培训。该培训的目的是让医生通过严格规范的临床实践训练，成为具有良好职业道德、扎实医学理论知识和临床技能，能独立、规范地承担本专业常见多发疾病诊疗工作的临床医生；培训对象为在本市基层医疗卫生机构就业的临床医生，并非全体劳动者；培训内容为临床实践训练，专业性较强。因此笔者认为，住院医师规范化培训应当认定为专业技术培训。

四、专项培训费用的界定

《中华人民共和国劳动合同法实施条例》第十六条规定，劳动合同法第二十二条第二款规定的培训费用，包括用人单位为了对劳动者进行专业技术培训而支付的有凭证的培训费用、培训期间的差旅费用以及因培训产生的用于该劳动者的其他直接费用。从上述规定中可以看出，专项培训费用包括有凭证的培训费用、培训期间的差旅费用以及因培训产生的用于该劳动者的其他直接费用，其审查要点为有支付凭证、确实用于该劳动者进行培训、是培训必需的费用。

本案中医院主张其为董某培训期间支付的工资、社会保险和公积金属于培训费用，但在双方签订的"天津市住院医师规范化培训合同"中第二条第二款中明确约定，医院按照正式职工标准支付董某在规定培训期间内的基本工资和相应福利待遇。依据《中华人民共和国劳动法》第三条，劳动者享有取得劳动报酬的权利。《关于贯彻执行〈中华人民共和国劳动法〉若干问题的意见》第五十三条规定，劳动法中的"工资"是指用人单位依据国家有关规定或劳动合同的约定，以货币形式直接支付给本单位劳动者的劳动报酬。再结合《中华人民共和国劳动合同法实施条例》第十六条及《中华人民共和国劳动合同法》第二十二条可以看出，专项培训费用同工资有明显区别。首先，从支付凭证的角度来看，专项培训费用是由用人单位直接给付给培训服务提供单位，应出具的是培训费用凭证或因培训产生的用于该劳动者的其他直接费用凭证；而工资则是直接支付给劳动者。从是否用于该劳动者进行培训的角度来看，专项培训费用直接用于培训，而工资是劳动合同履行期间用人单位给付的劳动报酬，并非用于对劳动者进行培训。从培训必需费用的角度来看，专项培训费用是因用人单位安排劳动者参加培训而产生，工资是依据劳动合同约定产生，并非必需的培训费用。

因此，本案中医院为董某支付的工资、社会保险和公积金应当属于约定的培训期间待遇，属于用人单位的法定义务，不属于培训产生的用于该劳动者的其他直接费用。董某在劳动合同履行期间，由某医院安排脱产进行培训，其目的在于董某技能提升后能够为某医院创造更多的经营效益，应当视为其履行了对某医院的劳动义务。董某培训期间仍是某医院员工，有依法获得用人单位提供生活保障、劳动报酬的权利。因此笔者认为，某医院为董某培训期间支付的工资、社会保险和公积金不属于培训费用，也不属于因培训产生的用于该劳动者的其他直接费用。

实际上，《关于建立住院医师规范化培训制度的指导意见》规定，住院医师规范化培训从经费来源上是由政府财政投入一部分、培训对象所属医院承担一部分，再由中央财政通过专项转移支付予以适当支持。但本案中某医院未就因履行"天津市住院医师规范化培训合同"而支付相关专业技术培训费用的证据举证证明，故"天津市住院医师规范化培训合同"第三条第三款关于违约金的相关约定未产生法律效力，属于无效条款，某医院依照该条款向董某主张违约金缺乏事实依据和法律依据，笔者认为，就该项仲裁请求应当不予支持。

在检索以往案例中，笔者发现，部分案例中认为劳动者在规范化培训期间所获得的工资、社会保险、公积金等是用人单位基于劳动者在培训期届满后向用人单位提供固定期限服务的情况下支付，应当属于用人单位的用工成本。在此笔者认为，这种观点未免失之偏颇。劳动者在进行规范化培训时，同用人单位的劳动合同依旧在存续期间，劳动者的劳动关系依旧在原用人单位，受原用人单位管理，其是在用人单位的安排下接受脱产规范化培训，应当视为其是在履行对用人单位的义务。因此劳动者在此期间获得的劳动报酬、福利待遇等属于用人单位应当承担的法定义务，其为劳动者提供的专项培训费用才属于额外支付的用工成本。若将劳动者获得的劳动报酬强行归纳于用人单位额外承担的用人成本，则无异于增加了劳动者的负担，与劳动法立法精神相违背。

在实务中，用人单位是否为劳动者支付相应的培训费用及培训费用的来源常常被用来判断用人单位提供的培训是否为专业技术培训。《中华人民共和国劳动合同法》第二十二条的文本是由原来草案中"用人单位在国家规定提取的职工培训费用以外提供专项培训费用，对劳动者进行专业技术培训的，可以与该劳动者订立协议，约定服务期"的规定演变而来，删去了草案中专项培训费用的限定语。因此笔者认为，专业技术培训费用应当区别于入职培训费用等全体劳动者都必须接受的职业培训经费以及帮助劳动者重新获得工作机会的再就业培训费用等。前者见《中华人民共和国劳动法》第六十八条，用人单位应当建立职业培训制度，按照国家规定提取和使用职业培训经费，根据本单位实际，有计划地对劳动者进行职业培训；后者见《中华人民共和国就业促进法》第四十七条，企业应当按照国家有关规定提取职工教育经费，对劳动者进行职业技能培训和继续教育培训。因此不论是在岗培训还是转岗培训，都具有法定性，其所使用的费用来源于职业培训经费、职工教育经费等，并不包含提供专业技术培训的费用，与专业技术培训费用的来源，即专项培训费用有本质上的区别。实践中专业技术培训费用常见的情况为公司引进新技术、新设备，对相关人员进行知识或技能更新的培训，如设备操作的培训、流水线更新的培训，多由技术提供方或其指定人员进行。此类技术指导培训，通常是买卖合同的约定或附随义务，其服务费用应当由用人单位提供具体的对账明细，或提交同服务提供方事先确定的包括培训内容、价格等内容的明示约定。

（天津市劳动人事争议仲裁院　李舒璇）

28. 劳动者在用人单位连续工作年限的认定

争议焦点

1. 在认定劳动者在用人单位连续工作年限时，是否应考虑其非因本人原因引起的工作单位变动的情形？

2. 劳动者符合签订无固定期限劳动合同条件的，用人单位终止劳动合同是否合法、是否应支付赔偿金？

基本案情

上诉人（原审原告）：赵某

被上诉人（原审被告）：天津某设备安装有限公司

赵某于2009年10月至2017年10月就职于天津某智能工程有限公司，工作年限为8年。之后根据某集团公司统一安排，赵某于2017年10月入职天津某设备安装有限公司，并与天津某设备安装有限公司签订劳动合同，合同约定期限为2017年10月26日至2022年9月30日。上述劳动合同到期前，天津某设备安装有限公司与赵某协商按照原劳动合同内容继续签订固定期限劳动合同，赵某则主张要求签订无固定期限劳动合同，双方就此协商未果。天津某设备安装有限公司于2022年9月30日向赵某出具终止劳动合同证明书，该证明书显示赵某在其单位工作的年限共计为13年。赵某认为天津某设备安装有限公司终止劳动合同行为违法，遂提起仲裁及诉讼，要求天津某设备安装有限公司支付赔偿金182 000元、建造师奖励73 200元、2022年9月工资7 000元。另根据有关信息显示，天津某智能工程有限公司和天津某设备安装有限公司在赵某工作期间的股东均为某集团公司。

审理结果

劳动人事争议仲裁委员会于 2022 年 11 月 29 日作出仲裁裁决，裁决结果如下：(1) 天津某设备安装有限公司支付赵某 2022 年 9 月工资 5 462.1 元；(2) 驳回赵某关于赔偿金的仲裁请求；(3) 对于其他请求以分别裁决的方式处理。

一审法院作出民事判决书，判决如下：(1) 天津某设备安装有限公司于本判决生效后 15 日内支付赵某 2022 年 9 月工资 5 462.1 元；(2) 驳回赵某的诉讼请求及仲裁裁决所涉其他仲裁请求。

二审法院作出民事判决书，判决如下：(1) 维持一审民事判决第一项；(2) 撤销一审民事判决第二项；(3) 天津某设备安装有限公司于本判决生效后 15 日内支付赵某违法终止劳动合同赔偿金 182 000 元；(4) 驳回赵某在一审的其他诉讼请求及其他上诉请求。

评析意见

本案当事人的争议焦点及劳动人事争议仲裁委员会、一审法院与二审法院的意见分歧为：在计算劳动者在用人单位连续工作年限是否满 10 年时，是否考虑其非因本人原因从原用人单位被安排至新用人单位的情形，是否应将其在原用人单位的工作年限合并计算。

一、《中华人民共和国劳动合同法实施条例》第十条规定是否适用于无固定期限劳动合同中的连续工作年限认定

《中华人民共和国劳动合同法实施条例》第十条规定，劳动者非因本人原因从原用人单位被安排到新用人单位工作的，劳动者在原用人单位的工作年限合并计算为新用人单位的工作年限。原用人单位已经向劳动者支付经济补偿的，新用人单位在依法解除、终止劳动合同计算支付经济补偿的工作年限时，不再计算劳动者在原用人单位的工作年限。由于该条规定中述及了"在计算支付经济补偿的工作年限时"，故在实践中对于该条法律规定存在不同理解及认识，相同案件裁判标准不一。一种观点认为计算工作年限需要考量"非因劳动者本人原因"仅适用于计算经济补偿、赔偿金的情形，在其他方面涉及劳动者连续工作年限计算时，对此不予适用；另一种观点则认为上述法律规定的第一句与第二句是两个单

独的意思表示，不宜将后一句认定为前一句的适用条件，只要涉及劳动者工作年限的认定问题，均可考量是否存在"非因劳动者本人原因"的情形，适用本条法律规定。

对此，本案的仲裁及一审法院即采取了第一种观点，认为劳动者与原用人单位的工作年限合并计算，是指在计算解除（终止）劳动合同经济补偿金之时，而非是就订立无固定期限劳动合同的问题上也将原用人单位的年限和签订固定期限合同次数合并计算，故在本案中未采纳赵某的观点，未将其在天津某智能工程有限公司的工作年限合并算入天津某设备安装有限公司的工作年限。

但笔者认为上述观点理解有失片面，不利于对劳动者合法权益的保护。首先，工作年限本身是一个单独的基础性概念，在本条规定中系劳动者在用人单位的连续工作年限，属于对客观事实的认定范畴，该工作年限的长短、是否连续计算并不因适用于不同领域、不同法律规范而有区别。其次，从该法律规范的字面意思上看，劳动者非因本人原因从原用人单位被安排到新用人单位工作的，劳动者在原用人单位的工作年限合并计算为新用人单位的工作年限。首句的表述中并未限定"非因劳动者本人原因"的适用范围，只是因为工作年限更多争议于经济补偿和赔偿金领域，因此立法者在该规定的后一句对此作着重叙述而已。最后，从该条规定的立法本意来看，根据《人力资源和社会保障部关于印发〈中华人民共和国劳动合同法实施条例〉宣传提纲的通知》，《中华人民共和国劳动合同法实施条例》系立法者通过行政法规的方式对《中华人民共和国劳动合同法》实施中的有关情形进行了细化，而本条规定即对《中华人民共和国劳动合同法》第十四条关于无固定期限劳动合同的细化规定，旨在遏制用人单位利用变换用工主体、关联企业等规避支付经济补偿、签订无固定期限劳动合同等法定义务的行为，以保护劳动者的合法权益。

故本案在认定赵某在天津某设备安装有限公司是否连续工作满10年的时候，应该考虑其存在非因本人原因从原用人单位被安排到新用人单位的情形，将其在原用人单位的工作年限合并计算为新用人单位的工作年限，认定其连续工作年限为13年，从而赵某符合应当签订无固定期限劳动合同的条件，天津某设备安装有限公司拒绝签订无固定期限劳动合同并与赵某终止劳动合同，违反法律规定，应向赵某支付违法终止劳动合同的经济赔偿金。

二、将劳动者在原用人单位的工作年限连续算入新用人单位的适用条件

《中华人民共和国劳动合同法实施条例》第十条规定，能将劳动者在原用人单位的工作年限连续算入新用人单位的需满足以下两个条件。

（一）劳动者存在非因本人原因被安排到新用人单位工作的情形

如果劳动者是出于自身利益考虑，主动地从原用人单位辞职，重新入职新用人单位，这是劳动者辞职权的体现，而劳动者因为自身原因辞职依法并不享有获得经济补偿的权利，也就无所谓工作年限的连续计算。

同时，《最高人民法院关于审理劳动争议案件适用法律问题的解释（一）》第四十六条规定，列举了属于"劳动者非因本人原因从原用人单位被安排到新用人单位工作"的几种情形：（一）劳动者仍在原工作场所、工作岗位工作，劳动合同主体由原用人单位变更为新用人单位；（二）用人单位以组织委派或任命形式对劳动者进行工作调动；（三）因用人单位合并、分立等原因导致劳动者工作调动；（四）用人单位及其关联企业与劳动者轮流订立劳动合同；（五）其他合理情形。

对此，前三种情形在实践中容易被识别认定，但对于"用人单位及其关联企业与劳动者轮流订立劳动合同"的情形较为复杂，且也是实践中较多存在的情形，需要进一步予以说明。关于关联企业的认定，国务院制定的《中华人民共和国税收征收管理法实施细则》第五十一条规定，关联企业系指具有下列关系之一的公司、企业和其他经济组织：（一）在资金、经营、购销等方面，存在着直接或间接的拥有或者控制关系；（二）直接或间接地同为第三者所拥有或控制；（三）在利益上具有相关联的其他关系。实践中，具体可以从以下三个方面进行识别认定。

一是业务关联。业务关联是指公司与股东或其他公司之间的经营业务、经营行为、交易方式、价格确定等持续关联，简而言之就是从事同一业务。外界无法分清其交易的对象到底是哪个公司，故对于外界交易的对方来讲，业务关联亦称为主体关联。

二是人事关联。人事关联是指公司的股东和高级管理人员等与其他公司的同类人员相互交叉。公司作为拟制法律主体，其意志通过公司的股东和高级管理人员表达。如果公司的上述人员与其他公司的同类人员相同，各公司之间尽管形式上独立，但实质上互为一体。其主要表现在：公司之间董事相互兼任；高级管理

人员统一调配和任命;公司与股东或多个不同公司的董事、经理完全一致,甚至雇员也完全一致,即"一套人马,多块牌子"。

三是财产关联。财产关联是指公司的财产不能与其他公司的财产进行明确区分。公司财产与其他公司财产的分离是公司人格独立的基础。只有以财产分离为前提,公司才能拥有自己独立的财产并以此独立承担债务。

(二) 原用人单位没有向劳动者支付经济补偿

如果原用人单位向劳动者办理了解除或者终止劳动合同手续,并支付了经济补偿或赔偿,说明双方实际已经解除或者终止了劳动关系,劳动者与新用人单位之间的本单位工作年限应当重新计算。当新用人单位在解除或者终止劳动合同计算经济补偿年限时,只计算劳动者在新用人单位实际工作年限即可。

本案中,天津某智能工程有限公司与天津某设备安装有限公司均系由某集团公司出资设立的公司,某集团公司系该二公司的唯一股东。同时,根据赵某提交的某集团公司发布的相关文件,能够证明某集团公司对天津某智能工程有限公司及天津某设备安装有限公司的人员能够直接管理、相互调任;再结合本案中赵某的工作地点及岗位等均未发生实质性变化,天津某智能工程有限公司并未向赵某支付过经济补偿金,且在赵某的工作单位变更后某集团公司即将天津某智能工程有限公司的全部股权出让给了案外人等情况,赵某主张系某集团公司安排其到天津某设备安装有限公司工作,符合客观实际情况,属于非因本人原因被安排到新用人单位工作的情形,其在天津某智能工程有限公司工作的年限,应合并计算为其在天津某设备安装有限公司的工作年限,赵某在天津某设备安装有限公司的连续工作年限应为13年。

(天津市第二中级人民法院 薛晨 胡浩)

29. 试用期内出勤率约定条款效力的审查和认定

争议焦点

双方约定试用期内任何一个月正常出勤率低于90%即为不符合录用条件,劳动者因在试用期内请病假导致出勤率不满90%,用人单位以此为由与劳动者解除劳动合同是否合法?

基本案情

申请人:张某

被申请人:北京某医院

2022年4月1日,张某入职北京某医院(以下简称医院),在儿科从事护士工作。当日,双方签订了固定期限劳动合同,合同期限为2022年4月1日至2025年3月31日,其中试用期为2022年4月1日至2022年9月30日。

同日,张某在录用考核确认书上被考核方处签字,录用考核确认书第三条不符合录用条件情形(六)的规定是,"试用期期间任何一个月正常出勤率低于90%(含)的"。前文所述的"正常出勤"是指劳动者基于劳动关系在工作日正常向用人单位提供劳动,病休、事假等非休息日、非法定节假日的部分带薪或无薪假期均不属于正常出勤。

2022年4月27日,张某因腰椎间盘突出请休病假,后其向医院提交诊断证明书,2022年5月休15天病假,2022年6月全休,2022年7月3日和4日休病假2天,医院批准其假期申请并按照病假待遇核算其工资。

张某最后工作至2022年7月28日,同日,医院向其送达了解除通知,因张某 2022 年 5 月及 2022 年 6 月出勤率未达到 90%，在试用期内未达到录用考核确认书中录用条件，在试用期间被证明不符合录用条件，医院依据《中华人民共和国劳动合同法》第三十九条第（一）项于 2022 年 8 月 3 日与其解除劳动合同。

张某申请劳动仲裁。张某主张其因病未能提供劳动，有客观原因，非故意不提供劳动，医院与其解除劳动合同违法，要求支付违法解除赔偿金。医院认为张某入职 5 个多月，长时间请休病假，正式上班时间不足 2 个月，双方在录用考核确认书约定出勤率不足 90% 视为不符合录用条件，医院解除行为合法。

审理结果

双方调解结案，医院一次性支付张某调解案款 11 000 元。

评析意见

一、试用期内解除劳动关系的法律规制

《中华人民共和国劳动法》第三十二条规定，劳动者在试用期内可以随时与用人单位解除劳动合同。《中华人民共和国劳动法》第二十五条规定，劳动者在试用期间被证明不符合录用条件的，用人单位可以解除劳动合同。

《中华人民共和国劳动合同法》第二十一条进一步规定，在试用期中，除劳动者有本法第三十九条和第四十条第（一）项、第（二）项规定的情形外，用人单位不得解除劳动合同。用人单位在试用期解除劳动合同的，应当向劳动者说明理由。

《北京市高级人民法院、北京市劳动人事争议仲裁委员会关于审理劳动争议案件法律适用问题的解答》（已失效）规定，在录用劳动者时应当向劳动者明确告知录用条件，用人单位在解除劳动合同时应当向劳动者说明理由及法律依据。用人单位依据《中华人民共和国劳动合同法》第三十九条第（一）项解除劳动合同的，就劳动者是否符合录用条件的认定，在试用期的认定标准可适当低于试用期届满后的认定标准。劳动者不符合录用条件的情况主要有以下情形：（1）劳动者违反诚实信用原则对影响劳动合同履行的自身基本情况有隐瞒或虚构事实的，包括提供虚假学历证书、假身份证、假护照等个人重要证件；对履历、知识、技能、业绩、健康等个人情况说明与事实有重大出入的;(2)在试用期间存在工作失误的,对工作失误的认定以劳动法相关规定、用人单位规章制度以及双方合同约定内容为判断标准;(3)双方约定属于用人单位考核劳动者试用期不符合录用条件的其他情况。

(二)针对本案的不同观点

一种观点认为,应当认定为合法解除。依据前述法律规定可以看出,法律赋予了用人单位在试用期内的解除权,但为了限制用人单位滥用解除权,从法律上严格设定了用人单位在试用期内解除的法定情形,其中劳动者在试用期内被证明不符合录用条件的用人单位可以依法与劳动者解除劳动关系。试用期为用人单位与劳动者双方相互了解及选择的考察期,在实践中,司法机关也应当尊重用人单位与劳动者就录用条件进行约定的权利,即允许用人单位依据岗位特点、经营需要等与劳动者就录用条件的具体内容进行约定和协商。本案中,双方就试用期考核的内容及录用条件进行了明确的约定,劳动者也同意按照约定去执行,张某客观上确有两个月未达到出勤率的要求,医院认为因张某不能向其提供持续、稳定的劳动力给付,张某自身的身体状况亦不能满足医院对其岗位需求,故医院的解除行为合法。

另一种观点认为,应当认定为违法解除,虽然用人单位与劳动者可以就试用期间的录用条件进行约定,但审查中也应当考虑到该约定对于劳动者因病请休病假的权利是否造成了不恰当的限制,张某在试用期间的缺勤系因病请休,并非其故意不想提供劳动,有相应的诊断证明,均履行了请休假的流程且有医院审批,不存在旷工等非正常出勤行为。约定虽然是双方合意的结果,但考虑到劳动者在入职时对录用条件的确认没有议价的能力,客观上对出勤率考核如不区分具体情形,也会侵害到劳动者因病请休病假的权利,综上所述,认定医院系违法解除劳动合同为宜。

(三)"试用期间被证明不符合录用条件"的审查要点

1. 合法性审查要点

第一,双方须就何为"录用条件"或"不符合录用条件"的情形进行约定,或用人单位应将具体、明确的"录用条件"公示给劳动者,录用条件才可以作为解除的条件和依据。

第二,用人单位应当及时行使其在试用期间对劳动者考核的权利,在试用期届满前作出解除决定，试用期满后作出的以"不符合录用条件"为由的解除决定，因解除时间上的瑕疵存在违法解除的风险。

第三，约定或公示的录用条件不违反法律规定，或避免对劳动者的合法劳动权益进行不适当的限制。（1）约定内容本身不得违法，不能有就业歧视的内容。（2）约定内容不以损害劳动者法定权益为原则，如约定试用期间不得怀孕影响劳动合同的履行，明显侵害女职工的生育权益，如在本案中，如约定试用期间任何一个月出勤率不足90%为不符合录用条件，但未考虑劳动者的其他权益，具体问题具体分析，未考虑排除劳动者因病休假、请休年假、休停工留薪期等因享受法定权利而未能提供劳动的情形，则可能会构成《中华人民共和国劳动合同法》第二十六条"用人单位免除自己的法定责任，排除劳动者权利的"无效条款，进而影响用人单位解除劳动关系的性质。

第四，在试用期间解除劳动关系的，应当明确告知劳动者解除理由和依据，并向劳动者送达解除的通知书。

2. 合理性审查要点

对于录用条件的审查以合法性审查为主，在具体案件中也应当进行适当的、有限度的合理性审查。虽然需要保障用人单位依据岗位特点、经营需要及企业文化等对录用条件进行确定的权利，但录用条件的设定是有目的导向的，不能任意约定录用条件，而应当围绕着劳动关系建立的重要基础，劳动者的工作能力、工作态度等进行综合性考察，录用条件应当能够判断劳动者履行职位的能力。而在实践中双方约定的录用条件及考核内容是多种多样的，在具体条款的审查上有合理性审查的客观需要。

在本案中，劳动者是否具备向用人单位提供正常劳动的能力，是双方能否履行劳动关系的基本前提，也是决定用人单位是否正式录用劳动者的重要条件，出勤率作为录用条件有其合理性，但医院不分情况仅以出勤率作为录用条件不尽合理，要注意区分未正常出勤的原因，毕竟非正常出勤并不能完全等于旷工。

劳动合同法中的"旷工"是指劳动者在没有合法合理理由的前提下，拒绝向用人单位提供劳动的行为。所以区分旷工的标准需要综合考量劳动者主观上是否存在"拒绝"以及客观上"未向用人单位提供劳动"两层含义。单就客观方面而言，对于工作性质上无须打卡出勤的劳动者，不能单就没有打卡出勤、未按规定提交工作日报等事由直接认定劳动者未向用人单位提供劳动，另需结合更加扎实的证据证明。对于工作性质需要坐班的劳动者也需要具体情况具体分析，不能因没有出勤打卡就直接认定劳动者旷工，毕竟有些假期的请休具有滞后性，如用人单位不区分具体情况，未提前向劳动者发出返岗通知要求说明未来工作原因而直接作出旷工解除时，则存在被认定违法解除的法律风险。

所以出勤率的统计应当重点考虑的是事假、迟到、早退、旷工等属于用人单位对劳动者工作态度进行判断的重要事项。如年休假，此类假期属于劳动者法定权益，如有客观证据证明的病假，也应当属于劳动者的合理权利，一般也不应计入对试用期出勤率的统计，不宜仅以出勤率不达标为由直接认定劳动者不符合录用条件。故在具体的案件审理中，虽然用人单位与劳动者就录用条件的具体内容进行了约定，是双方合意的结果，但不能排除对约定的合法性和合理性审查的必要性。

（四）问题延伸：如试用期内偶遇"医疗期"等是否可以顺延试用期？

《中华人民共和国劳动合同法》第十九条规定，劳动合同期限三个月以上不满一年的，试用期不得超过一个月；劳动合同期限一年以上不满三年的，试用期不得超过二个月；三年以上固定期限和无固定期限的劳动合同，试用期不得超过六个月。同一用人单位与同一劳动者只能约定一次试用期。从法律规定来看，用人单位在与劳动者约定试用期后，不能再约定顺延试用期。

鉴于试用期是劳资双方约定的一个供双方互相考察、相互选择以决定是否继续履行合同的期限，如劳动者在试用期内休长期病假或进入医疗期导致其试用期履行工作期限较短，就无法实现通过试用期来考察劳动者工作能力等设定试用期的根本目的。

笔者认为，如果劳动者在试用期内因各种原因请假或遇到不可抗力事件时，用人单位可在录用通知书中约定劳动者在试用期内累计请假、遇到不可抗力事件等达到一定天数的，试用期将进入中止阶段，同时试用期以劳动者请假天数、遇到不可抗力事件向后延期，但最好不要超过《中华人民共和国劳动合同法》第十九条所规定的最长试用期，否则有被认定违法约定试用期，按照《中华人民共和国劳动合同法》第八十三条承担法律责任的风险。

（北京兰台律师事务所　王伟娜）

30. 长期待岗对判决继续履行劳动合同的影响

🎯 争议焦点

在劳动者长期待岗的情况下，用人单位与劳动者解除劳动合同的合法性。

📋 基本案情

申请人（一审原告、被上诉人）： 纪某
被申请人（一审被告、上诉人）： 某国际工程公司

纪某于 2008 年 7 月入职某国际工程公司（以下简称某公司），于 2010 年 10 月被派往哈萨克斯坦从事某工程建设项目，后因该项目被要求实行员工本土化，减少外籍劳动力数量，故自 2015 年 2 月开始回国待岗至 2020 年 9 月，加之受新冠肺炎疫情因素影响，短期内已无恢复境外建设项目的可能，纪某认可此事实。

某公司为了降低近 800 名员工的人工成本，先后于 2020 年 7 月、2021 年 10 月与两家关联企业建立了人员内部调剂的合作，并向两家关联企业的工程项目分别调剂了 150 人次、20 人次。

2020 年 8 月，某公司工作人员打电话给纪某，告知陕西某项目有工程监督的岗位要求 3 天内到岗，询问其是否愿意前往，纪某表示家中有事无法前往，总通话时长共 1 分钟。

2020 年 9 月 27 日，经征询工会意见，某公司依据《中华人民共和国劳动合同法》第四十条第（三）项规定，以劳动合同订立时所依据的客观情况发生重大变化致使劳动合同无法履行，经与纪某协商变更劳动合同内容未能达成一致为

由,决定于 2020 年 9 月 30 日解除与纪某的劳动合同,并送达了解除劳动关系通知书。

纪某不服解除决定并申请劳动仲裁,主张撤销解除劳动关系通知书,与某公司继续履行劳动合同。后纪某不服仲裁裁决,向人民法院提起了诉讼。

审理结果

劳动人事争议仲裁委员会经审理后认为,纪某认可因哈萨克斯坦项目员工本土化,自 2015 年 2 月至 2020 年 9 月一直处于待岗状态,纪某已近 5 年未按原劳动合同履行其原工作岗位职责,此情况应视为双方劳动合同订立时所依据的客观情况发生重大变化,劳动合同已无法履行的情况。某公司提交的录音显示某公司曾为纪某安排在陕西榆林的工程监督工作,但最终双方未就调岗达成一致,纪某认可录音的真实性。2020 年以来,受新冠肺炎疫情影响,恢复境外工作确实存在较大的安全风险,故某公司不再提供境外工作岗位,提供境内工作岗位并无不妥,因境内工作与境外工作存在差异,工作内容及薪资待遇调整在所难免,至于调岗距离问题,境外工作距离显然远于境内工作的距离,故某公司进行的调岗情况具有合理性,并不违反相关法律规定。综上所述,某公司依据《中华人民共和国劳动合同法》第四十条第(三)项与纪某解除劳动关系符合相关法律规定,故该劳动人事争议仲裁委员会对纪某关于某公司违法解除劳动关系的主张不予采信,纪某要求继续履行劳动合同的请求不予支持,裁决驳回纪某的仲裁请求。

一审法院经审理认为,纪某认可哈萨克斯坦项目员工本土化,自 2015 年 2 月至 2020 年 9 月一直处于待岗状态,纪某已近 5 年未按原劳动合同履行其工作岗位职责,此情况应视为双方劳动合同订立时所依据的客观情况发生重大变化,劳动合同已无法履行的情况;2020 年以来,受新冠肺炎疫情影响,恢复境外工作岗位风险较大,某公司提供境内工作岗位并无不妥。但因境内工作与境外工作存在较大差异,工作岗位、工作内容、休息休假、薪资待遇等涉及劳动者重大利益的内容均需要双方充分协商确定。某公司提交的录音显示,某公司曾为纪某安排在陕西榆林的工程监督工作,但纪某未同意,纪某认可该录音真实性。但该录音内容时间较短,关于调整岗位仅由某公司提出一次,未充分听取纪某关于调岗的意见,其内容无法证明某公司在客观情况发生重大变化后的近 5 年时间里就变更劳动合同内容与纪某进行了充分、诚信、有效的协商以便就变更劳动合同内容达成协议。故某公司直接解除与纪某的劳动合同违反法律规定，属于违法解除。纪某的诉讼请求具有法律依据，本院予以支持。一审法院判决：撤销某公司于2020年9月27日向纪某发出的解除劳动关系通知书，某公司与纪某继续履行劳动合同。

二审法院经审理后认为，审查本案解除劳动合同行为是否合法，应当从两方面考虑，一为劳动合同订立时所依据的客观情况是否发生重大变化，致使劳动合同无法履行，二为用人单位是否就变更劳动合同内容与劳动者充分协商而未能达成协议。用人单位在与劳动者协商变更时，应当如实告知劳动者用人单位面临的重大变化的客观情况，调整劳动者岗位的必要性，以及当前用人单位可以提供的合适岗位、变更后的工作地点、工作内容、工作时间、工资及各项补贴变化情况等涉及劳动者重大利益的内容。本案中，某公司根据客观情况不再提供境外工作岗位转而提供境内工作岗位，应当充分考虑并听取劳动者的情况和意见。但就现有的双方协商的证据，某公司所提交的证据无法证明其曾就纪某可选择的岗位、岗位变更后的工作地点、工作内容、工作时间、工资及各项补贴变化情况与纪某充分、诚信、有效协商，故一审法院认定某公司直接解除与纪某的劳动合同属于违法解除并无不当。① 综合考虑本案当事人的双方具体情况及庭审陈述意见，本院认为一审法院判决并无不妥，本院予以维持。二审法院判决：驳回上诉，维持原判。

评析意见

一、关于解除劳动合同的合法性

用人单位依据《中华人民共和国劳动合同法》第四十条第（三）项解除劳动合同，应当同时符合以下条件：第一，劳动合同订立时所依据的客观情况发生重大变化；第二，劳动合同无法履行；第三，用人单位与劳动者协商未能就变更劳动合同内容达成协议；第四，用人单位提前30日以书面形式通知劳动者本人或者额外支付劳动者一个月工资；第五，用人单位就解除劳动合同决定提前向工

---

① 某公司在二审阶段，明确提出了劳动合同不能继续履行的理由，即没有新的内部调剂岗位提供给纪某，继续履行劳动合同只能还是待岗。

会征询意见；第六，用人单位向劳动者送达解除通知。

本案中，从双方的陈述和提交的证据来看，争议焦点为某公司是否满足上述第三项条件。某公司主张其已通过电话与纪某协商变更劳动合同，但纪某未同意；纪某的核心主张为某公司要求3日内到岗，未说明是否给予必要协助、是否有统一包车安排、是否提供宿舍、是否发放交通补贴、是否享有租房补贴等，未谈及工资待遇，未预留合理的准备时间，不具有协商沟通的诚意。

由此引出问题，用人单位与劳动者协商变更劳动合同，需要遵循怎样的规则？笔者认为，用人单位至少应当做好两方面的工作。一是形式要求，用人单位应当告知劳动者客观情况发生重大变化的前提或背景，拟与劳动者协商变更劳动合同的意向以及变更后的劳动合同内容，这是字面应有之义，例如，新的工作地点及考勤要求、新的工作岗位及工资待遇等。二是实质要求，用人单位提出变更劳动合同的内容应当具有合理性，遵循善意和诚信原则，例如，新的工作地点应当不对劳动者的通勤造成实质性不便利，新的工作岗位不应具有歧视性并应为劳动者所胜任且应与原工作岗位的薪资待遇基本相当。

回到本案中，某公司在与纪某协商变更劳动合同的过程中，仅向纪某告知了新的工作岗位名称及报到时间，并未明确协商的前提或背景，并未告知新工作岗位的工作内容及薪资待遇，也未告知新工作岗位的考勤要求及食宿安排等，因此，一审、二审法院认定某公司未与纪某进行充分、诚信、有效的协商并无不妥，某公司确系违法解除劳动合同。

二、关于继续履行劳动合同的可行性

第一，要解决一个程序性问题，即人民法院是否应当主动审查劳动合同能否继续履行。

本案中，由于纪某主张继续履行劳动合同，一审法院在认定某公司违法解除劳动合同的情况下，判决某公司与纪某继续履行劳动合同。那么由此引出问题，在劳动者主张继续履行劳动合同的案件中，人民法院认定用人单位违法解除劳动合同的，尤其是在人民法院的认定结论与仲裁裁决的认定结论不一致的情况下，是否应当主动审查劳动合同能否继续履行？

笔者认为，在用人单位未提出劳动合同不能继续履行主张的情况下，人民法院仅需考量劳动者的主观意愿即可，但在用人单位主动提出劳动合同不能继续履行主张的情况下，不论用人单位在何法律程序阶段提出，人民法院都应当审查继续履行劳动合同的客观可实现性，一方面是用人单位囿于诉讼程序无法提出，如本案即因纪某提起诉讼而启动了一审程序，另一方面需要判断继续履行劳动合同是否为处理劳动关系的最佳方案，如本案继续履行劳动合同的实现方式有极大可能是待岗。

第二，探讨继续履行劳动合同的可行性问题，即是否存在无法继续履行劳动合同的情形。

《北京市高级人民法院、北京市劳动人事争议仲裁委员会关于审理劳动争议案件法律适用问题的解答》（已失效）列举了无法继续履行的七种情形，除了用人单位主体灭失、劳动者丧失主体资格、劳动合同到期、劳动者原工作岗位具有不可替代性和唯一性、劳动者入职新单位、劳动者在仲裁或诉讼中拒绝用人单位复工要求外，还有一个兜底条款，即其他明显不具备继续履行劳动合同条件的。本案中，如果继续履行劳动合同的实现方式是待岗，那么待岗是否属于明显不具备继续履行劳动合同条件的情形？

笔者认为，某公司在解除与纪某劳动合同前已经安排纪某待岗了近5年时间，长期待岗本身就不是双方履行劳动合同的正常状态，可以认为已经不再具备履行劳动合同的条件，换言之，如果继续履行劳动合同的实现方式仍然是待岗，那么应当认定为某公司与纪某不具备继续履行劳动合同的条件，法院应当判决双方无须继续履行劳动合同。

（北京德恒律师事务所　崔明明）

31. 连续二次及以上订立固定期限劳动合同，最后一次固定期限劳动合同到期，用人单位能否终止合同

争议焦点

用人单位与劳动者连续二次及以上订立固定期限劳动合同，最后一次固定期限劳动合同到期，用人单位能否与劳动者终止劳动合同？

基本案情

申请人：李某

被申请人：某啤酒集团公司

2016年3月1日，李某到某啤酒集团公司（以下简称啤酒集团）工作，月工资5 000元，双方签订了多次固定期限劳动合同，最后一次劳动合同的期限为2020年4月2日至2023年4月1日。2023年3月1日，啤酒集团给李某下发了终止劳动关系通知函，决定劳动合同到期后不再与李某续订。当日，李某给啤酒集团邮寄书面通知，以其连续多次与啤酒集团订立固定期限劳动合同为由，要求啤酒集团与其续订无固定期限劳动合同。2023年3月3日，啤酒集团签收了李某的通知。啤酒集团拒绝与李某续订无固定期限劳动合同。2023年4月1日，啤酒集团以劳动合同期满为由，终止了双方的劳动合同。2023年4月8日，李某申请劳动仲裁，请求依法裁决啤酒集团支付违法终止劳动合同的赔偿金75 000元。

啤酒集团辩称，公司系依法终止劳动合同，不存在违法终止劳动合同的情形，仅需支付经济补偿，不需要支付赔偿金。李某主张劳动合同不能终止，因为本人已与啤酒集团签订二次以上固定期限劳动合同，且本人没有《中华人民共和

国劳动合同法》第三十九条和第四十条第（一）项、第（二）项规定的情形，并且在劳动合同终止前一个月书面提出续订无固定期限劳动合同，符合《中华人民共和国劳动合同法》第十四条第（三）项规定的情形，啤酒集团应当与其续订无固定期限劳动合同。啤酒集团主张劳动合同可以终止，因为双方的劳动合同已到期，啤酒集团已明确表示不再续订，依据《中华人民共和国劳动合同法》第四十四条（一）项、第十四条（三）项及《中华人民共和国劳动法》第二十条，啤酒集团可以依法终止劳动合同。

审理结果

劳动人事争议仲裁委员会认为，2020年4月2日至2023年4月1日的劳动合同到期后，啤酒集团终止与张某的劳动合同并不违法，裁决驳回李某的仲裁申请。

评析意见

第一，关于对《中华人民共和国劳动合同法》第十四条的理解。

《中华人民共和国劳动合同法》第十四条规定，无固定期限劳动合同，是指用人单位与劳动者约定无确定终止时间的劳动合同。用人单位与劳动者协商一致，可以订立无固定期限劳动合同。有下列情形之一，劳动者提出或者同意续订、订立劳动合同的，除劳动者提出订立固定期限劳动合同外，应当订立无固定期限劳动合同：（一）劳动者在该用人单位连续工作满十年的；（二）用人单位初次实行劳动合同制度或者国有企业改制重新订立劳动合同时，劳动者在该用人单位连续工作满十年且距法定退休年龄不足十年的；（三）连续订立二次固定期限劳动合同，且劳动者没有本法第三十九条和第四十条第（一）项、第（二）项规定的情形，续订劳动合同的。

从上述法条的文字上看，劳动者只有存在上述三种情形之一的情况下，劳动者提出续订、订立无固定期限劳动合同，用人单位才必须续订。也就是说，劳动者提出续订劳动合同，用人单位必须续订的前提条件是上述三种情形之一成立，否则，用人单位可以拒签。第（一）和第（二）种情形均没有"续订劳动合同"的描述，单单第（三）种情形多了"续订劳动合同"的描述，也就是说第（三）

种情形必须同时具备三个条件才能成立：第一个条件是"连续订立二次固定期限劳动合同"；第二个条件是"劳动者没有本法第三十九条和第四十条第一项、第二项规定的情形"；第三个条件是"续订劳动合同"。前两个条件均好理解，唯独第三个条件有不同观点，第一种观点认为只要劳动者提出"续订劳动合同"，用人单位就必须续订；第二种观点认为只有劳动者与用人单位有"续订劳动合同"的合意，易言之，如果用人单位不同意续订劳动合同，劳动者即使提出续订无固定期限劳动合同，用人单位也可以拒绝。

笔者认为，第（三）种情形中的"续订劳动合同的"描述，不能简单理解为"只要劳动者提出续订劳动合同"，从文字叙述的逻辑关系看，第（一）和第（二）种情形均没有"续订劳动合同"的描述，唯独第（三）种情形中有了"续订劳动合同"的描述，如果把"续订劳动合同"理解为"只要劳动者提出续订劳动合同"，那么，第三种情形就没有设立"续订劳动合同"这一条件的必要了，因为上述文字中已经提到了，有下列情形之一的，劳动者提出续订劳动合同的，除劳动者提出订立固定期限劳动合同外，应当订立无固定期限劳动合同。第（三）种情形完全可以这样描述：连续订立二次固定期限劳动合同，且劳动者没有本法第三十九条和第四十条第（一）项、第（二）项规定情形的。然而，立法者却没有如此描述，立法者在第三种情形中增加了"续订劳动合同的"这一描述，必有其立法用意。结合《中华人民共和国劳动法》第二十条规定，劳动者在同一用人单位连续工作满十年以上，当事人双方同意续延劳动合同的，如果劳动者提出订立无固定期限劳动合同，应当订立无固定期限劳动合同。把"续订劳动合同"理解为劳动者与用人单位有"续订劳动合同"的合意，更趋于合理，也更符合立法本意。上述三种情形之一成立的情况下，只要劳动者提出续订用人单位必须续订的逻辑关系中，不能必然倒推出第三种情形成立的条件之一"续订劳动合同的"也是"只要劳动者提出续订即可"的结论。

第二，有观点认为，如果将"续订劳动合同"理解为有续订合意，那么，用人单位就可以不再续订，这样不利于劳动合同长期化，也不利于劳动关系的稳定，《中华人民共和国劳动合同法》第十四条也就失去了设立的目的。笔者认为其实不然，《中华人民共和国劳动合同法》实施前劳动合同的短期化，其根本原因不是订不订立无固定期限劳动合同，而是劳动合同到期终止不支付经济补偿。《中华人民共和国劳动合同法》实施后，劳动合同到期终止也要支付经济补偿，劳动合同短期化对用人单位已无多大益处。相反，订立二次劳动合同的都是老员工了，工作、技术都很熟练，用人单位更愿意招用这样的员工。况且，无固定期限劳动合同只是没有到期终止，但也可以依法解除。如果按照第一种观点，反倒容易造成劳动合同短期化，因为按照第一种观点，用人单位与劳动者签订第二次固定期限劳动合同时，就意味着与劳动者签订了无固定期限劳动合同了。那样的话，用人单位在第一次固定期限劳动合同到期后，就可能不会再签第二次劳动合同了。

综上所述，劳动人事争议仲裁委员会支持了啤酒集团的主张，认定2020年4月2日至2023年4月1日的劳动合同到期后，啤酒集团终止与张某的劳动合同并不违法。

(河北省滦州市劳动人事争议仲裁委员会　陈纪先)

32. 连续工作满十年用人单位能否到期终止合同

争议焦点

劳动者在用人单位连续工作满十年，用人单位在劳动合同到期后能否与劳动者终止劳动合同？

基本案情

申请人：张某

被申请人：某古镇物业服务有限公司

2012年3月1日，张某到某古镇物业服务有限公司（以下简称某古镇物业）物业客服部工作，月工资6 000元，双方签订了多次固定期限劳动合同，最后一次劳动合同的期限为2020年4月2日至2023年4月1日。2023年3月1日，某古镇物业给张某下发了"终止劳动关系通知函"，决定合同到期后不再续签。当日，张某给某古镇物业邮寄书面通知，以其连续工作11年为由，要求某古镇物业与其续订无固定期限劳动合同。2023年3月3日，某古镇物业签收了张某的通知。某古镇物业拒绝与张某续订无固定期限劳动合同。2023年4月1日，某古镇物业以劳动合同期满为由，终止了双方的劳动合同。2023年4月8日，张某申请劳动仲裁，请求依法裁决某古镇物业支付违法终止劳动合同赔偿金138 000元。

某古镇物业辩称，公司系依法终止劳动合同，不存在违法终止劳动合同的情形，仅需支付经济补偿，不需要支付赔偿金，因为双方的劳动合同已到期，某古镇物业已明确表示不再续订，依据《中华人民共和国劳动合同法》第四十四条第（一）项及《中华人民共和国劳动法》第二十条，某古镇物业可以依法终止劳动合同。

审理结果

劳动人事争议仲裁委员会裁决：某古镇物业支付张某违法终止劳动合同赔偿金69 000元。

评析意见

一、关于《中华人民共和国劳动法》与《中华人民共和国劳动合同法》的适用问题

《中华人民共和国劳动法》和《中华人民共和国劳动合同法》属于普通法和特别法的关系，在法律适用上，特别法优于普通法，即《中华人民共和国劳动法》和《中华人民共和国劳动合同法》都有规定的，适用《中华人民共和国劳动合同法》的规定；《中华人民共和国劳动合同法》没有规定而《中华人民共和国劳动法》有规定的，则适用《中华人民共和国劳动法》的相关规定。就本案而言，《中华人民共和国劳动法》第二十条规定，劳动者在同一用人单位连续工作满十年以上，当事人双方同意续延劳动合同的，如果劳动者提出订立无固定期限劳动合同，应当订立无固定期限劳动合同。这里强调"当事人双方同意续订劳动合同"。《中华人民共和国劳动合同法》第十四条第二款第（一）项规定，劳动者在该用人单位连续工作满十年的，劳动者提出或者同意续订、订立劳动合同的，除劳动者提出订立固定期限劳动合同外，应当订立无固定期限劳动合同。这里不再强调"双方同意续延"，而是强调"劳动者提出"，也就是说在此种情形下，只要劳动者提出续订无固定期限劳动合同，用人单位只能续订，已无选择不续订的余地。

二、关于《中华人民共和国劳动合同法》第四十四条第（一）项的适用问题

《中华人民共和国劳动合同法》第四十四条第（一）项规定，劳动合同期满的，劳动合同终止。那么，是不是无论在什么情况下，只要劳动合同期满了就可以终止呢？不是的。《中华人民共和国劳动合同法》第四十五条规定，劳动合同期满，有本法第四十二条规定情形之一的，劳动合同应当延续至相应的情形消失时终止。但是，本法第四十二条第（二）项规定丧失或者部分丧失劳动能力劳动者的劳动合同的终止，按照国家有关工伤保险的规定执行。《中华人民共和国劳动合同法》第四十二条规定包括六种情形：（一）从事接触职业病危害作业的劳动者未进行离岗前职业健康检查，或者疑似职业病病人在诊断或者医学观察期间的；（二）在本单位患职业病或者因工负伤并被确认丧失或者部分丧失劳动能力的；（三）患病或者非因工负伤，在规定的医疗期内的；（四）女职工在孕期、产期、哺乳期的；（五）在本单位连续工作满十五年，且距法定退休年龄不足五年的；（六）法律、行政法规规定的其他情形。从上述列举的具体情形来看，似乎并不包括《中华人民共和国劳动合同法》第十四条规定的情形，但第（六）项法律、行政法规规定的其他情形，是兜底性规定，《中华人民共和国劳动合同法》第十四条规定的情形应属于法律、行政法规规定的其他情形。因此，劳动者有《中华人民共和国劳动合同法》第十四条规定情形之一的，用人单位亦不能终止劳动合同。就本案而言，张某在某古镇物业连续工作满十年，且申请人提出了续订无固定期限劳动合同，双方的劳动合同期满时，某古镇物业不能终止劳动合同，只能续订。然而古某镇物业却终止了与张某的劳动合同，违反了上述法律规定，应属于违法终止劳动合同，应依法支付赔偿金。

（河北省滦州市劳动人事争议仲裁院　陈纪先）

33. 员工违反忠诚义务，用人单位是否可以解除劳动合同

🎯 争议焦点

员工违反忠诚义务，用人单位是否可以与员工解除劳动合同。

📋 基本案情

原告：赵某

被告：北京某公司

赵某与北京某公司自2011年4月18日至2019年5月21日存在劳动关系。2018年9月3日至2019年4月24日，赵某系北京某公司竞争企业B公司的股东，B公司与北京某公司的经营范围类似，B公司与C公司签订的产品购销合同的产品名称、数量与C公司欲向北京某公司进行订购而发送的购销合同内容一致，2019年4月17日，赵某将B公司股权转让给姚某，姚某与赵某系姻亲关系。

2019年5月13日，北京某公司向赵某送达解除劳动合同通知书，上述通知书载明："由于你违反了劳动合同书相关条款约定，给公司造成经济损失，经公司研究决定，依据《中华人民共和国劳动合同法》第三十九条第一款第（二）项，劳动合同书第十七条第一款规定等相关规定，公司于2019年5月13日解除与你的劳动关系，你在公司的最后工作日为2019年5月13日。请你于2019年5月13日17:30前完成工作交接，归还所有公司配发的财物后，办理相关离职手续。"

赵某主张北京某公司无故单方与其解除劳动合同，系违法解除，且未提前一个月通知，因此应支付其违法解除劳动合同赔偿金以及未提前一个月通知的代通

知金。对此北京某公司称由于赵某违反忠诚义务和竞业限制，给公司造成经济损失，所以依法与赵某解除了劳动关系。

审理结果

北京市某区人民法院于 2022 年 11 月 14 日作出民事判决：驳回赵某的诉讼请求。

评析意见

一、明确"忠诚义务"的行为性质

本案中的劳动者利用近亲属投资经营与用人单位从事类似经营范围的公司，并利用职务之便将自身在工作中积累的客户资源等利益输送至该公司，损害用人单位的利益。随着社会经济的不断发展，违反职业道德和忠诚义务表现越发模糊和多样化，如本案中的劳动者利用其本人或近亲属投资经营与原用人单位从事类似经营范围的公司或是通过股权收购等形式影响相关行业的其他公司，而在此类非本人直接参与竞争公司经营行为的情况下，如何认定该行为的性质，又如何适用劳动争议的相关法律规定，在司法实践中存在不小的争议。

本案中虽然双方并未明确约定竞业限制，但依据双方签订的劳动合同书及保密协议中都隐含了对竞业行为的约束，且劳动者违反忠诚义务应当承担相应的法律后果。该劳动者的行为区别于典型的竞业行为，更具有隐蔽性和模糊性，但其本质仍然是劳动者进入相同或相关行业，并利用原用人单位的资源和商业秘密进行竞争，影响原用人单位的商业利益。

二、"忠诚义务"在个案中的灵活运用

《中华人民共和国劳动合同法》第二十三条规定了对于负有保密义务的劳动者，用人单位可以通过协议约定竞业限制条款，在劳动合同解除或终止后，劳动者应履行竞业限制义务。《中华人民共和国劳动合同法》没有明确界定劳动者忠诚义务的概念，但通过实践不难看出许多规定都体现了诚实信用原则和劳动者忠诚义务，《中华人民共和国劳动法》第三条规定遵守劳动纪律和职业道德，这是劳动法对劳动者的基本要求，也就是要求劳动者提供劳动需为单位利益考虑、保守商业秘密等。除此以外还有《中华人民共和国劳动合同法》第二十三条关于

"保密义务"及"竞业限制"的相关规定。

　　本案中虽无法直接援用关于"竞业限制"的相关规定，但该行为本质违反了劳动者的忠诚义务，依照《中华人民共和国劳动合同法》第三条规定"订立劳动合同，应当遵循合法、公平、平等自愿、协商一致、诚实信用的原则"，劳动者在履行劳动合同中，知悉了用人单位的商业秘密和知识产权，亦应遵守诚实信用原则，不得不正当使用其知悉的用人单位的商业秘密和知识产权，应秉持诚实、善意的动机，忠实维护用人单位的合法权益，此为劳动者之忠诚义务，是劳动关系中诚实信用原则的体现和要求，亦是劳动关系的附随义务，系劳动者理应遵守的基本职业道德。劳动者在职期间将利用岗位便利所获取的商业秘密等挪作他用，明显违背诚实信用原则，不利于诚信社会价值观体系的构建。

（北京扬轩律师事务所　张雪霞　王其其）

34. 劳动者通过仲裁方式行使劳动合同被迫解除权的，能得到经济补偿吗

争议焦点

1. 被拖欠工资的劳动者，能径行在提起仲裁时请求经济补偿吗？
2. 《中华人民共和国民法典》第五百六十五条第二款关于合同解除的规定适用于劳动合同的解除吗？
3. 受新冠肺炎疫情影响，用人单位未及时支付工资属于"无故拖欠"吗？

基本案情

申请人：米某

被申请人：石家庄某科技有限公司

米某于 2019 年 8 月 1 日入职石家庄某科技有限公司（以下简称某科技公司），月平均工资 5 500 元，双方签订了为期五年的劳动合同。受新冠肺炎疫情影响，某科技公司因经营困难，拖欠米某 2022 年 10 月至 12 月的工资 16 500 元。2023 年 1 月，米某在未告知某科技公司的情况下不再到某科技公司上班，到了另一家公司上班。2023 年 5 月初，米某以某科技公司拖欠工资为由申请劳动仲裁，请求裁决某科技公司给付其 2022 年 10 月至 12 月的工资 16 500 元，给付被迫解除劳动合同的经济补偿 22 000 元。

某科技公司认为，公司拖欠米某工资属实，但受新冠肺炎疫情影响，公司经营困难，确实无力发放工资，经与公司工会协商延期发放。另外，米某在未告知公司的情况下自动离职，到另一家公司上班，经书面通知，米某仍不回来上班。因此，本案系米某违法解除劳动合同，而不是公司迫使其解除，不应给付其经济

补偿。某科技公司出示了要求米某返岗的书面通知等。

审理结果

劳动人事争议仲裁委员会查明事实如某科技公司所述。

经调解，双方未能达成一致意见。根据《中华人民共和国劳动法》第三十二条、第五十条，《河北省工资支付规定》第二十七条和《中华人民共和国劳动争议调解仲裁法》第二条、第六条，劳动人事争议仲裁委员会裁决被申请人某科技公司于本裁决生效之日起7日内给付申请人米某工资16 500元；驳回了申请人米某的其他仲裁请求。

评析意见

《中华人民共和国劳动合同法》规定，当用人单位存在《中华人民共和国劳动合同法》第三十八条情形时，劳动者可以解除劳动合同。笔者认为，除该条第二款规定情形外，劳动者行使解除权时应尽告知义务，劳动者通过仲裁寻求劳动合同解除权利救济的，应在申请仲裁前履行该义务。否则，不但得不到劳动合同解除的经济补偿，还可能造成劳动者违法解除劳动合同情形的发生。

一、劳动者依据《中华人民共和国劳动合同法》解除劳动合同的，应尽告知义务

解除劳动合同应尽告知义务有法可依。《中华人民共和国劳动法》第三十二条规定，有下列情形之一的，劳动者可以随时通知用人单位解除劳动合同：（一）在试用期内的；（二）用人单位以暴力、威胁或者非法限制人身自由的手段强迫劳动的；（三）用人单位未按照劳动合同约定支付劳动报酬或者提供劳动条件的。对于试用期内劳动合同的解除，《中华人民共和国劳动合同法》第三十七条规定劳动者应提前三日通知用人单位即可解除。对于第二种情形下劳动合同的解除，《中华人民共和国劳动合同法》第三十八条第二款规定得很明确，不须事先告知用人单位即可立即解除。对于第三种情形下劳动合同的解除，《中华人民共和国劳动合同法》第三十八条第一款前两项基本对应于此，但该法条仅规定了劳动者可以解除劳动合同，是否需要通知用人单位未明确。比较两部法律，《中华人民共和国劳动合同法》针对《中华人民共和国劳动法》第三十二条前两种情形作了新规定，当适用"新法优于旧法"或"特别法优于普通法"的原则毋庸置疑。再比较《中华人民共和国劳动合同法》第三十八条中的两个条款，第二款明确规定不需事先告知用人单位即可立即解除，而第一款未明确，即《中华人民共和国劳动合同法》针对《中华人民共和国劳动法》第三十二条第三种情形下的解除未赘述告知，也未作特别规定。笔者认为，劳动者依法解除应根据"新法、特别法无规定时适用旧法"的原则，此种情形应适用《中华人民共和国劳动法》关于解除程序的规定，即在特别法未作规定时应适用一般法的规定。当然，《中华人民共和国劳动合同法》第三十八条第一款在《中华人民共和国劳动法》基础上又进行了扩大列举，同一类者适用同样的程序。

履行告知程序是区分辞职与自动离职的重要标准。辞职即辞去职务，是劳动者向用人单位提出解除劳动合同的一种行为，辞职前劳动者将解除劳动合同的意思表示和原因明确告知用人单位。自动离职是劳动者不辞而别、擅自离职的一种行为，离职前劳动者未将解除劳动合同的意思表示和原因明确告知用人单位。辞职原因符合《中华人民共和国劳动合同法》第四十六条规定的情形时，劳动者可得经济补偿，而自动离职是不可能得到经济补偿的。因此，除《中华人民共和国劳动合同法》第三十八条第二款规定情形外，劳动者依据该法该条第一款解除劳动合同时应将劳动合同解除的意思表示和原因告知用人单位。否则，即使用人单位拖欠工资，劳动者被迫离职，也不可能得到解除劳动合同的经济补偿，正如案例中的米某。

履行告知义务意义重大。履行告知义务，有利于用人单位自觉纠正不法行为，减少劳动者向有关部门要求处理而造成不必要的维权成本，节省人力资源社会保障行政部门或仲裁、诉讼资源，有利于维护社会的和谐稳定。因此，当用人单位有拖欠或未足额支付工资等违法行为发生时，强调劳动者应尽解除劳动合同的告知义务意义重大。

二、劳动者直接通过仲裁方式行使劳动合同解除权，不符合劳动法律规定

劳动者申请仲裁前未通知用人单位解除劳动合同，而是通过申请仲裁的方式行使解除权，这算履行了通知用人单位解除劳动合同的程序吗？笔者认为不算。

仲裁请求所依据的事实为既成事实有法可依。《中华人民共和国劳动争议调解仲裁法》第二条、第五条规定，劳动者与用人单位发生的劳动争议，适用本法，可向劳动争议仲裁委员会申请仲裁。《最高人民法院关于审理劳动争议案件适用法律问题的解释（一）》第一条第（三）项规定，劳动者与用人单位因劳动关系是否已经解除或者终止，以及应否支付解除或者终止劳动关系经济补偿金发生的纠纷，属于劳动争议，当事人不服劳动争议仲裁机构作出的裁决，依法提起诉讼的，人民法院应予受理。《劳动人事争议仲裁办案规则》第三十条对案件的受理也作出了相应的更加明确的规定，仲裁申请不仅要属于本规则第二条规定的争议范围，而且应有明确的仲裁请求和事实理由等。通过"发生的劳动争议""是否已经""明确的仲裁请求和事实"等足见，劳动人事争议仲裁委员会受理的争议（一方已知晓另一方意思表示而不能达成一致）是已经发生，仲裁请求所依据的事实为既成事实，请求事项是根据此既成事实提出来的具体的明确的事项，而不能是尚未确定的事项。

  民事合同的解除规定不适用于劳动合同的解除。《中华人民共和国民法典》第五百六十五条第二款规定，当事人一方未通知对方，直接以提起诉讼或者申请仲裁的方式依法主张解除合同，人民法院或者仲裁机构确认该主张的，合同自起诉状副本或者仲裁申请书副本送达对方时解除。但此规定笔者认为不适用于劳动合同的解除。劳动合同的解除，若准许劳动者通过仲裁方式行使解除权，显然不能仅限于《中华人民共和国劳动合同法》第三十八条规定的情形，根据该法第三十七条规定，直接以提起诉讼或者申请仲裁的方式依法主张解除合同可能要出问题，尤其是难以送达的，从劳动人事争议仲裁委员会收到仲裁申请到仲裁申请送达被申请人可能需要很长时间，即使被申请人收到了，试用期解除的还要经过三日，试用期满解除的还要经过三十日，劳动合同的解除才能成立。那么，劳动人事争议仲裁委员会是等三十日后作出裁决，还是可以提前作出三十日期满双方解除劳动合同的裁决？对于后者，至三十日期满间，出现劳动者死亡，或用人单位违法注销，裁决又有何意义？因此笔者认为，在用人单位不存在过错的情况下，不允许劳动者通过提起仲裁的方式解除劳动合同是合理的也是有依据的。如若劳动者在申请仲裁前未通知用人单位，而是依据《中华人民共和国劳动合同法》第三十七条等直接以申请仲裁的方式主张解除合同的，并非完全是合同自仲裁申请书副本送达对方时解除。这样看来，民事合同解除的规定不适用于劳动合同的解除，仲裁裁决应是对既成事实的裁量，而不能预裁尚未发生的事实。

三、用人单位因新冠肺炎疫情原因未及时支付工资的，不属于"无故拖欠"

  案例中的被申请人受新冠肺炎疫情影响，经营发生困难，造成拖欠申请人

2022年10月至12月的工资16 500元。申请人由此主张被迫解除劳动合同的经济补偿好像理据很充分，其实不然。劳动部印发的《对〈工资支付暂行规定〉有关问题的补充规定》规定，用人单位遇到非人力所能抗拒的自然灾害、战争等原因，无法按时支付工资的，不属于《工资支付暂行规定》第十八条所称的"无故拖欠"。笔者认为，新冠肺炎疫情的出现属于非人力所能抗拒的自然灾害，由此造成用人单位延迟支付工资不属于"无故拖欠"。申请人根据《中华人民共和国劳动合同法》第三十八条第一款第（二）项以被申请人拖欠工资为由请求给付经济补偿，显然事实依据不能成立。

劳动者与用人单位为劳动合同签订、履行的当事人，劳动合同的解除也应是其双方之间的行为。除依据《中华人民共和国劳动合同法》第三十八条第二款劳动者解除劳动合同外，其他情形劳动者提出解除劳动合同的，应在申请仲裁前将其解除劳动合同的意思、理由明确告知用人单位。否则，有可能因程序不合法而形成违法解除劳动合同。

（河北省石家庄市新华区劳动人事争议仲裁院　张爱军）

35. 限制公职人员解除劳动关系应谨慎

争议焦点

1. 公职人员解除劳动关系权是否受限以及限制条件如何适用？
2. 确认劳动关系解除是否属于仲裁受理范围？

基本案情

申请人：张某

被申请人：A 公司

A 公司属于某事业单位出资设立的国有独资公司，张某于 2020 年 6 月入职 A 公司，在 A 公司担任财务负责人一职。2022 年 9 月 7 日，张某向 A 公司书面提出辞职，至 2022 年 10 月 6 日已满 30 日，但 A 公司以张某属于正在接受调查的公职人员为由拒绝其辞职申请。庭审中查明，2022 年 9 月 15 日，A 公司的纪律检查委员会下发决定书对张某进行立案调查，就张某在 A 公司担任财务负责人期间的工资超发问题进行处理。张某于 2022 年 10 月 7 日提起仲裁申请，要求确认双方劳动关系已经解除。

审理结果

劳动人事争议仲裁委员会裁决书中采信了关于张某与 A 公司于 2022 年 10 月 6 日解除劳动关系的主张，但对其要求确认劳动关系解除的仲裁请求不予处理。

评析意见

劳动合同的解除权系劳动者或用人单位可依单方意思表示行使的权利。《中华人民共和国劳动合同法》第三十七条规定,劳动者提前三十日以书面形式通知用人单位,可以解除劳动合同。劳动者在试用期内提前三日通知用人单位,可以解除劳动合同。故对于一般劳动者而言,可依据前述规定自主决定与用人单位劳动关系的解除,且鉴于劳动关系属于人身和财产关系的复合关系,为保护劳动者的人身自由,一般劳动者对于解除劳动关系权利的享有并不附加任何前提条件。但本文涉及的劳动者属于公职人员这一特殊劳动者主体,劳动关系及相关权利义务的影响范围不仅在平等主体之间,而是涉及了国家利益。一边是国家利益,一边是劳动者的人身自由。因此,仲裁、司法工作人员对相关的法律法规的理解适用需要审慎。

一、公职人员的概念

公职人员系《中华人民共和国监察法》的概念。《中华人民共和国监察法》第十五条规定,监察机关对下列公职人员和有关人员进行监察:(一)中国共产党机关、人民代表大会及其常务委员会机关、人民政府、监察委员会、人民法院、人民检察院、中国人民政治协商会议各级委员会机关、民主党派机关和工商业联合会机关的公务员,以及参照《中华人民共和国公务员法》管理的人员;(二)法律、法规授权或者受国家机关依法委托管理公共事务的组织中从事公务的人员;(三)国有企业管理人员;(四)公办的教育、科研、文化、医疗卫生、体育等单位中从事管理的人员;(五)基层群众性自治组织中从事管理的人员;(六)其他依法履行公职的人员。由此,除了不属于劳动仲裁受理范围的公务员以外,另有国有企业管理人员等五类可以成为劳动法管辖范围的特殊劳动主体。

而国有企业的概念则较为复杂,我国为规范企业国有资产交易行为,加强企业国有资产交易监督管理,防止国有资产流失,根据《中华人民共和国企业国有资产法》《中华人民共和国公司法》《企业国有资产监督管理暂行条例》等有关法律法规,制定了《企业国有资产交易监督管理办法》。该办法第四条规定,本办法所称国有及国有控股企业、国有实际控制企业包括:(一)政府部门、机构、事业单位出资设立的国有独资企业(公司),以及上述单位、企业直接或间接合计持股为100%的国有全资企业;(二)本条第(一)款所列单位、企业单独或共同出资,合计拥有产(股)权比例超过50%,且其中之一为最大股东的企业;(三)本条第(一)、(二)款所列企业对外出资,拥有股权比例超过50%的各级子企业;(四)政府部门、机构、事业单位、单一国有及国有控股企业直接或间接持股比例未超过50%，但为第一大股东，并且通过股东协议、公司章程、董事会决议或者其他协议安排能够对其实际支配的企业。由此，本案当中的 A 公司因属于国有独资企业，应依法被认定为国有企业。

二、公职人员的离职限制规定

《中华人民共和国公职人员政务处分法》第五十二条规定，公职人员涉嫌违法，已经被立案调查，不宜继续履行职责的，公职人员任免机关、单位可以决定暂停其履行职务。公职人员在被立案调查期间，未经监察机关同意，不得出境、辞去公职；被调查公职人员所在机关、单位及上级机关、单位不得对其交流、晋升、奖励、处分或者办理退休手续。由此，对处于监察机关立案调查期间的公职人员，在未经监察机关同意的情况下，公职人员不享有解除劳动关系的权利。

三、监察机关与纪律检查委员会的区分

"监察"与"纪委"的名称虽易混淆，但二者的设立依据以及行使权力的依据却大不相同。监察机关的全称为监察委员会，设立依据及行使权力的依据为《中华人民共和国监察法》，省、自治区、直辖市、自治州、县、自治县、市、市辖区依法设立监察委员会。纪委的全称为纪律检查委员会，是隶属于中国共产党内部的纪律检查机关，不属于政府部门，设立依据及开展各项活动工作的依据为《中国共产党章程》。

四、确认劳动关系解除是否属于仲裁受理范围

《中华人民共和国劳动争议调解仲裁法》第二条规定，中华人民共和国境内的用人单位与劳动者发生的下列劳动争议，适用本法：（一）因确认劳动关系发生的争议；（二）因订立、履行、变更、解除和终止劳动合同发生的争议；（三）因除名、辞退和辞职、离职发生的争议；（四）因工作时间、休息休假、社会保险、福利、培训以及劳动保护发生的争议；（五）因劳动报酬、工伤医疗费、经济补偿或者赔偿金等发生的争议；（六）法律、法规规定的其他劳动争议。考虑到劳动争议中的确认之诉仅包括确认劳动关系而未明确确认劳动关系的解除，故目前来说，劳动人事争议仲裁委员会仅能在仲裁裁决主文中对劳动关系解除的事实予以采信，但在仲裁裁决项目中不予以处理。劳动者或用人单位可另行主张由解除劳动关系引发的赔偿金、补偿金或者损失类仲裁请求。

本案中，根据《企业国有资产交易监督管理办法》，A 公司作为国有独资企业属于国有企业范围，与此同时，张某的岗位是财务负责人，属于公司领导、管

理人员，因此张某的身份依据《中华人民共和国监察法》为公职人员。然而，A公司虽主张张某存在超发工资的违法违纪行为，并被该公司纪委立案调查，但该公司提交的立案决定书的作出主体并非监察机关而是纪律检查委员会，因此，A公司不批准张某离职的依据不足。劳动者提前三十日以书面形式通知用人单位，可以解除劳动合同，双方当事人均认可张某于2022年9月7日提出离职，故对于张某关于双方劳动关系于2022年10月6日解除的主张，本劳动人事争议仲裁委员会予以采信，但在仲裁裁决项中不予以处理。

（北京市顺义区劳动人事争议仲裁院　袁林楠）

36. 放假期间的生活费能否纳入经济补偿的计算基数

争议焦点

放假期间的生活费能否纳入经济补偿的计算基数？

基本案情

仲裁申请人： 张某

仲裁被申请人： 某钢铁集团有限公司

张某于 2013 年 6 月 2 日到某钢铁集团有限公司工作，为炼铁车间副工段长，双方劳动合同约定张某每周休息一天，月工资 6 000 元，公司为张某依法缴纳了社会保险。2021 年 4 月 1 日，该公司因环保问题停产，职工放假，放假期间公司按照当地最低工资标准的 80% 发放了生活费。2021 年 7 月 1 日，公司与张某协商一致解除了劳动合同，在支付解除劳动合同经济补偿时，双方对经济补偿数额产生争议。2021 年 7 月 21 日，张某申请仲裁，请求依法裁决公司支付经济补偿 51 000 元（6 000 元/月×8.5 月）。

公司辩称，张某计算的经济补偿偏高，其解除劳动合同前 12 个月有 3 个月放假，其平均工资应为 4 880 元［(6 000×9+1 900×80%×3)÷12］，应支付经济补偿 41 480 元。

审理结果

劳动人事争议仲裁委员会裁决：某公司支付张某解除劳动合同经济补偿 44 650.5 元，理由如下：

(1) 双方解除劳动合同的时间为 2021 年 7 月 1 日，解除劳动合同前 12 个月为 2020 年 7 月 1 日至 2021 年 6 月 30 日，其中，2021 年 4 月 1 日至 2021 年 6 月 30 日为假期。

(2) 2020 年 7 月 1 日至 2021 年 6 月 30 日，张某的月平均工资计算如下。张某有 9 个月正常劳动的工资（6 000 元/月），放假第一个月按照《工资支付暂行规定》第二十条规定也应按 6 000 元计算，放假第二个月和第三个月各按当地最低工资标准（1 900 元/月）的 80% 计算，故张某解除劳动合同前 12 个月的月平均工资为 5 253 元 ［（6 000 元/月×10 月＋1 900 元/月×80%×2 月）÷12］。

(3) 张某工作年限为 2013 年 6 月 2 日至 2021 年 6 月 30 日，计 8 年零 1 个月。

(4) 张某应得经济补偿 44 650.5 元（5 253 元/月×8.5 月）。

评析意见

《中华人民共和国劳动合同法》第四十七条规定，经济补偿按劳动者在本单位工作的年限，每满 1 年支付 1 个月工资的标准向劳动者支付。6 个月以上不满 1 年的，按 1 年计算；不满 6 个月的，向劳动者支付半个月工资的经济补偿。劳动者月工资高于用人单位所在直辖市、设区的市级人民政府公布的本地区上年度职工月平均工资 3 倍的，向其支付经济补偿的标准按职工月平均工资 3 倍的数额支付，向其支付经济补偿的年限最高不超过 12 年。本条所称月工资是指劳动者在劳动合同解除或者终止前 12 个月的月平均工资。

《中华人民共和国劳动合同法实施条例》第二十七条规定，经济补偿的月工资按照劳动者应得工资计算，包括计时工资或者计件工资以及奖金、津贴和补贴等货币性收入。劳动者在劳动合同解除或者终止前 12 个月的月平均工资低于当地最低工资标准的，按照当地最低工资标准计算。劳动者工作不满 12 个月的，按照实际工作的月数计算月平均工资。

上述法条对计算月平均工资的时段、月工资为应得工资、月工资包括哪些项目、月平均工资最高和最低限制均有明确规定，但却未对是否应为正常生产情况或是非正常生产情况以及劳动者正常劳动或是非正常劳动进行规定。

那么，劳动者在劳动合同解除前 12 个月中有假期，月平均工资如何计算？放假期间的生活费是否纳入经济补偿的计算基数？

对此，实践中有两种观点。

第一种观点认为，劳动合同解除或者终止前12个月的月平均工资是指企业正常生产情况下，劳动者付出正常劳动应得的工资。放假期间属于用人单位非正常生产情况，放假生活费不属于劳动者付出正常劳动应得的工资，不应纳入经济补偿的计算基数。

第二种观点认为，《中华人民共和国劳动合同法》第四十七条并未规定劳动合同解除或者终止前12个月的月平均工资是指企业正常生产情况下，劳动者付出正常劳动应得的工资，12个月的月平均工资应包括企业正常生产或非正常生产情况下，劳动者付出正常劳动或未付出正常劳动的工资。放假生活费属于特殊情况下支付给劳动者的工资，应纳入经济补偿的计算基数。

上述第一种观点强调两个"正常"，一是"企业正常生产"，二是"劳动者付出正常劳动"，第一个"正常"来源于劳动部印发的《违反和解除劳动合同的经济补偿办法》（已失效）第十一条"本办法中经济补偿金的工资计算标准是指企业正常生产情况下劳动者解除合同前十二个月的月平均工资"的规定。该规定已明确是企业正常生产情况下不包含企业放假的情形，但从该规定中不能得出第二个"正常"，即劳动者解除合同前12个月的月平均工资为劳动者付出正常劳动应得的工资。比如，在企业正常生产情况下，某职工休了5个月病假，这5个月病假是否能纳入解除劳动合同前12个月的范围呢？按照第一种观点显然是不能的，这就与该法条不相符了。2017年11月24日《违反和解除劳动合同的经济补偿办法》废止后，第一个"正常"没有了依据，第二个"正常"原本就没有出处，现在也没有国家层面的法律依据。实践中一些地方用第一种观点裁判，也是本着保护劳动者权益的原则行使的自由裁量权。放假期间劳动者享受着生活费、单位为其缴纳着社会保险、延长了工作年限，还可以去其他单位再就业赚取一些收入，解除劳动合同时还可以依据两个"正常"情况下的月平均工资作基数享受经济补偿，确实体现了保护劳动者权益的原则，但对用人单位来说是不是有些不公平呢？所以，笔者认为，第一种观点缺乏国家层面的法律依据，自由裁量权保护了一方的权益却忽略了另一方的权益，没能达到平衡双方合法权益的目的。

上述第二种观点来源于《中华人民共和国劳动合同法》第四十七条第三款规定，本条所称月工资是指劳动者在劳动合同解除或者终止前12个月的月平均工资。从字面上看既没有两个"正常"的表述，也看不出两个"正常"的含义。

《中华人民共和国劳动合同法实施条例》第二十七条规定，劳动者在劳动合同解除或者终止前12个月的月平均工资低于当地最低工资标准的，按照当地最低工资标准计算。《中华人民共和国劳动合同法实施条例》是对《中华人民共和国劳动合同法》规定的细化。《中华人民共和国劳动合同法》对经济补偿的计算基数有高线限制，没有低线限制，而《中华人民共和国劳动合同法实施条例》对经济补偿的计算基数却有了低线限制，这样的规定一定有其用意，分析其法律关系也可略见一斑。

首先，我们分析一下设置经济补偿基数低线有没有两个"正常"的意图。《中华人民共和国劳动法》规定，国家实行最低工资保障制度。《最低工资规定》规定，劳动者提供正常劳动，用人单位支付给劳动者的工资，不得低于最低工资标准。正常劳动是指劳动者在法定工作时间或者劳动合同约定的工作时间内从事的劳动。所以，按照上述法律规定，在两个"正常"情况下，用人单位支付给劳动者的工资不得低于最低工资标准，否则就违法了。既然在两个"正常"情况下，国家已经有了最低工资的相关规定，那么，立法者就没有必要在《中华人民共和国劳动合同法实施条例》第二十七条中规定，劳动者在劳动合同解除或者终止前12个月的月平均工资低于当地最低工资标准的，按照当地最低工资标准计算。所以，笔者认为立法者在规定该法条时没有两个"正常"的意图。

其次，我们分析一下设置经济补偿基数低线有没有劳动者非正常提供劳动的意图。立法者之所以在《中华人民共和国劳动合同法实施条例》第二十七条中规定劳动合同解除或者终止前12个月的月平均工资不得低于最低工资标准，说明立法者已知晓劳动合同解除或者终止前12个月的月平均工资有可能低于最低工资标准。什么情况下12个月的月平均工资低于最低工资标准，只有在12个月中劳动者有非正常提供劳动的情形，劳动者非正常提供劳动既有个人原因（比如生病）也有用人单位原因（比如放假），因此，从《中华人民共和国劳动合同法实施条例》第二十七条中可以推出，法律、法规是允许将企业非正常生产或是劳动者未正常工作期间的工资计入经济补偿计算基数的。

最后，我们分析一下"劳动者在劳动合同解除或者终止前12个月的月平均工资"是不是仅指"劳动者付出正常劳动应得的工资"。《关于工资总额组成的规定》规定，工资总额由计时工资、计件工资、奖金、津贴和补贴、加班加点工资和特殊情况下支付的工资组成。特殊情况下支付的工资包括因病、工伤、产假、婚丧假等原因按计时工资标准或计时工资标准一定比例支付的工资，所以，工资总额中也包括劳动者非正常提供劳动支付的工资。《中华人民共和国劳动合同法实施条例》第二十七条规定，经济补偿的月工资按照劳动者应得工资计算，包括计时工资或者计件工资以及奖金、津贴和补贴等货币性收入。特殊情况下支付的工资也属于支付给劳动者的货币性收入，所以，"劳动者在劳动合同解除或者终止前12个月的月平均工资"不仅指"劳动者付出正常劳动应得的工资"。由此可见，以"放假生活费"不是"劳动者正常劳动所得工资"，不能纳入经济补偿计算基数的观点也是站不住脚的。

综上所述，笔者认为放假生活费纳入经济补偿的计算基数，平衡了劳动者和用人单位双方的合法权益，更符合现行法律规定。

（河北省滦州市劳动人事争议仲裁院　陈纪先）

37. 劳动者非因本人原因变更用人单位后的经济补偿金适用规则

争议焦点

劳动者非因本人原因从原用人单位被安排到新用人单位工作的,劳动者是否可以向原用人单位主张经济补偿金?

基本案情

原告(上诉人):张某

被告(被上诉人):北京某装饰有限公司

第三人:北京某洁具有限公司

张某于2002年7月1日入职北京某装饰有限公司(以下简称装饰公司),双方于2014年3月16日签订了自签订之日起至2015年12月31日止的劳动合同。该合同到期后,张某仍然在装饰公司工作,但双方未续订劳动合同。2018年4月25日,装饰公司与其他公司联合成立北京某洁具有限公司(以下简称洁具公司),约定从2018年7月1日起共同联合经营北京市场;自联营之日起,装饰公司员工劳动关系不变,在原工作岗位连续工作,工龄连续计算,工作内容、薪酬待遇、社保关系不变;装饰公司全体员工自联营之日起,全部划归其他公司直接管理直至洁具公司成立之日。2019年1月18日,洁具公司成立。2019年12月28日,装饰公司出具通知,内容为"办公室及各门店员工:由于经营调整,员工们与北京某装饰有限公司签订的劳动合同已经终止,现公司将重新与员工们签订劳动合同。员工们在北京某装饰有限公司的工作年限可以带入我公司并延续,可以选择签订一年期、二年期、无固定期合同"。装饰公司与张某之间未曾签订过书面的解除劳动关系的文件，后张某一直在原岗位工作至2020年2月28日，当日其以洁具公司未与其签订劳动合同为由提出解除双方的劳动关系。

关于张某工资支付及社保缴纳情况，张某2018年12月前的工资由装饰公司法定代表人的妻子徐某通过个人账户支付；2019年1月、2月、4月的工资由洁具公司监事夏某个人账户支付；2019年3月工资由洁具公司支付；2019年5月至2020年2月的工资由洁具公司支付。装饰公司为张某缴纳了2002年7月至2019年2月的社会保险，洁具公司为张某缴纳了2019年3月至2019年11月的社会保险。

审理结果

张某曾以装饰公司为被申请人向北京市某区劳动人事争议仲裁委员会申请劳动仲裁，请求如下：（1）确认2002年7月1日至2019年2月28日双方存在劳动关系；（2）支付解除劳动合同经济补偿金89 264.11元；（3）支付2018年未休年假工资4 828.35元。2020年6月24日北京市某区劳动人事争议仲裁委员会作出裁决书，确认2002年7月1日至2019年2月28日张某与装饰公司存在劳动关系；装饰公司支付张某解除劳动合同经济补偿金85 864.17元；装饰公司支付张某2018年度未休年假工资1 359.54元；驳回张某的其他仲裁请求。后双方均不服该裁决内容，先后向北京市某区人民法院起诉。

2021年5月25日，北京市某区人民法院作出民事判决书，判决如下：（1）确认张某与装饰公司在2002年7月1日至2019年2月28日存在劳动关系；（2）装饰公司支付张某解除劳动关系经济补偿金89 264.11元等。装饰公司不服一审判决上诉至北京市某中级人民法院。北京市某中级人民法院于2021年8月25日作出民事裁定书，将案件发回重审。

2022年6月29日，北京市某区人民法院作出判决：（1）确认张某与装饰公司在2002年7月1日至2019年2月28日存在劳动关系；（2）装饰公司无须支付张某解除劳动合同经济补偿金85 864.17元等。张某不服一审判决上诉至北京市某中级人民法院。2022年12月30日，北京市某中级人民法院作出改判装饰公司支付张某解除劳动关系经济补偿金89 264.11元。

评析意见

劳动者在工作过程中，非因本人原因被安排到新用人单位工作的情形时有发生，特别是在关联公司中，这种现象更为普遍。本案即为张某非因本人原因，其劳动关系于2019年2月28日由装饰公司被调整至洁具公司的情形。张某自该日后，虽然工作地点、工作岗位均未发生变化，但其管理人员变更为洁具公司工作人员，其工资发放及社保缴纳也转至洁具公司，张某本人对此是知悉的且未曾提出异议。本案的争议焦点是：张某非因本人原因变更用人单位后，是否可以向原用人单位主张经济补偿金。对此一审及二审法院有不同的结论。一审法院认为，虽然装饰公司未明确向张某提出解除劳动关系，但从之后劳动关系的实际履行情况看，装饰公司已丧失了大部分作为劳动关系中用人主体应具备的因素，故在此情况下，结合整体案情以及用人单位在劳动关系中所处的优势支配地位，应认定张某系非因本人原因自装饰公司到洁具公司工作，其与装饰公司的劳动关系于2019年2月28日解除。而张某对于其劳动关系转至洁具公司也是知悉并且配合履行，洁具公司亦认可包括张某在内的员工的工作年限并入其公司连续计算，在此情况下，张某向装饰公司主张经济补偿金缺乏依据。二审法院对一审法院认定的张某与装饰公司解除劳动关系的时间无异议，但认为在此种情况下应当比照《中华人民共和国劳动合同法》第三十六条规定的协商一致解除劳动合同情形进行处理，故改判装饰公司支付张某解除劳动关系经济补偿金89 264.11元。

本案中，一二审的争议点在于：一审法院认为张某在入职洁具公司，且其工龄已连续计算的情况下，其应当在离职后直接向洁具公司主张全部工作年限的经济补偿金；二审法院的意见认为张某在与装饰公司解除劳动关系后，可以向装饰公司主张其在职期间的经济补偿金，也就是张某可以向前后两个单位分别主张对应工作年限的经济补偿金。对此，笔者更认可一审法院的意见。《中华人民共和国劳动合同法》第三十六条规定，用人单位与劳动者协商一致，可以解除劳动合同。该条款适用的前提条件是用人单位首先提出解除动议并与劳动者协商一致解除劳动合同的情形。用人单位在解除或者终止劳动合同时向劳动者支付一定的经济补偿，帮助劳动者在失业阶段维持基本生活，不至于导致生活水平急剧下降，而这有利于减轻失业者的经济困难及精神焦虑，维护社会稳定。从法律适用上也能看出，如果劳动者是主动离职或在用人单位无过错等情况提出解除劳动合同的，是无法向用人单位主张经济补偿金的。故劳动者被动失业应当是其获取经济补偿的前提条件。本案中，张某被安排至关联公司洁具公司工作后，工作性质、工作场所、岗位等均未发生变化，工资支付及社保缴纳也在正常履行。虽然其与装饰公司的劳动关系已经解除，但该解除行为并未导致张某失业，且洁具公司在接收张某时已明确认可连续计算其工龄。故在此情况下，若张某不同意劳动关系转至洁具公司并拒绝到该公司工作，则装饰公司的行为涉嫌违法解除，张某可请求其继续履行劳动合同或支付违法解除劳动合同的赔偿金；但张某在认可并接受劳动关系转至洁具公司的情况下，其从洁具公司离职后，应当根据具体离职原因向洁具公司主张经济补偿金，而该补偿金的计算年限可以累加在装饰公司工作的具体时间。以上处理方式也符合《中华人民共和国劳动合同法实施条例》第十条关于"劳动者非因本人原因从原用人单位被安排到新用人单位工作的，劳动者在原用人单位的工作年限合并计算为新用人单位的工作年限"的规定。

（北京市西城区人民法院　刘敏）

38. 用人单位口头辞退劳动者是否应当认定为用人单位已与劳动者解除了劳动关系

争议焦点

用人单位口头辞退劳动者是否应当认定为用人单位已经与劳动者解除了劳动关系？该解除劳动关系的方式是否违法？

基本案情

上诉人（原审原告）：某汽车销售服务有限公司

被上诉人（原审被告）：刘某

2010年12月，刘某入职某汽车销售服务有限公司（以下简称某汽车公司）处，从事救援司机工作，月工资3597元。2017年8月18日，因刘某的工作岗位被取消，某汽车公司将刘某辞退。某汽车公司已将刘某的工资支付至2017年7月。2017年8月，刘某工作18天，某汽车公司未给付工资。2017年10月17日某汽车公司电话通知刘某去上班，刘某认为自己已被辞退，未回去上班，2017年9月，刘某就该劳动争议向衡水市某区劳动人事争议仲裁委员会申请仲裁，请求如下：(1) 被申请人（某汽车公司）向申请人（刘某）支付8月份的工资2400元；(2) 被申请人违法辞退员工，要求依法赔偿14个月的工资49000元；(3) 要求被申请人为申请人补缴2010年12月至2016年12月的社会保险费，并支付滞纳金；(4) 被申请人未与申请人签订书面劳动合同，要求赔偿11个月的工资38500元；(5) 被申请人没有提前30日通知申请人解除劳动合同，要求赔偿两个月工资7000元。

劳动人事争议委员会于 2017 年 11 月 21 日作出裁决书，裁决如下：(1) 刘某与某汽车公司解除劳动关系；(2) 某汽车公司和刘某按照国家规定补缴 2010 年 12 月至 2016 年 12 月社会保险费，某汽车公司承担单位应缴部分，具体数额和滞纳金由社会保险征缴部门核定；(3) 某汽车公司支付刘某 2017 年 8 月工资 2 400 元，某汽车公司支付刘某违法解除劳动合同经济赔偿金 49 000 元，以上共计人民币 51 400 元，本裁决书生效后 5 日内一次性付清；(4) 驳回刘某的其他仲裁请求；(5) 驳回某汽车公司的反诉请求。某汽车公司不服仲裁裁决，提起诉讼。

审理结果

一审法院经审理，判决结果如下：(1) 某汽车公司于本判决生效后 3 日内给付刘某工资 2 400 元、违法解除劳动合同赔偿金 49 000 元，共计 51 400 元；(2) 驳回某汽车公司的其他诉讼请求；(3) 驳回刘某的其他诉讼请求。该案宣判后，某汽车公司不服该判决，提起上诉。

二审法院经审理，判决结果如下：(1) 撤销一审民事判决；(2) 某汽车公司与刘某于 2017 年 10 月 18 日劳动关系解除；(3) 某汽车公司于接到本判决之日起 3 日内给付刘某解除劳动合同经济补偿金 24 500 元、2017 年 8 月至 10 月的工资 8 983 元；(4) 驳回某汽车公司的其他诉讼请求。

评析意见

本案一审、二审均认定被告系于 2017 年 8 月 18 日被原告电话辞退。一审法院认为 2017 年 8 月 18 日，原告电话通知已将被告辞退，且被告也认可已被原告辞退，应认定双方的劳动关系已解除。二审改判的理由为，《中华人民共和国劳动合同法》第五十条规定，用人单位应当在解除或者终止劳动合同时出具解除或者终止劳动合同的证明，并在十五日内为劳动者办理档案和社会保险关系转移手续。本案原告在辞退被告时只是电话通知，并未出具书面的解除劳动关系证明，不应视为双方劳动关系已解除。2017 年 10 月 17 日原告电话通知被告去上班，被告认为已被辞退，不同意回去上班，双方解除劳动关系的时间应为 2017 年 10 月 18 日。笔者认为，虽然《中华人民共和国劳动合同法》第五十条规定，用人单位应当在解除或者终止劳动合同时出具解除或者终止劳动合同的证明，并在十五日内为劳动者办理档案和社会保险关系转移手续。但该法条的用语为"应当"并非"必须"，本案在被告认可被辞退的情况下，应认定原告、被告劳动关系已于原告口头辞退被告之时解除，而无须待原告再次通知被告去上班，被告不同意时才解除。

另外，二审法院认为被告在2017年10月17日接到原告让其上班的通知后不去上班并认为已经被辞退，双方已缺少继续履行劳动合同、互相信任的基础，现被告并不同意继续履行劳动合同，不应视为原告违法解除与被告的劳动关系。笔者认为，《中华人民共和国劳动合同法》第三十六条、第三十九条、第四十条规定，用人单位与劳动者解除劳动关系的方式分为三种，即协商解除、过失性辞退、无过失性辞退。但协商解除与无过失性辞退均应给付解除劳动合同经济补偿，而只有劳动者在符合《中华人民共和国劳动合同法》第三十九条规定的情形下，用人单位才可以单方解除与劳动者的劳动关系，并且无须支付解除劳动合同经济补偿。除上述三种方式外，用人单位无正当理由将劳动者辞退应认定为违法解除劳动合同。本案中原告在被告不符合《中华人民共和国劳动合同法》第三十九条规定的情形下，且也未与被告就劳动关系的解除、经济补偿的给付达成一致意见时将被告辞退，应认定为违法解除劳动合同。

（河北省衡水市桃城区人民法院　高嘉琦）

39. 劳动者拒不服从用人单位调岗安排的，用人单位可以解除劳动合同

争议焦点

劳动者拒不服从用人单位调岗安排，用人单位是否可以与劳动者解除劳动合同？

基本案情

上诉人：王某

上诉人：某汽贸集团股份有限公司

2004年7月，王某入职某案外公司，从事销售工作。2008年1月，该案外公司第一次变更名称，2018年3月2日，第二次变更名称为某汽贸集团股份有限公司的分公司，该分公司系某汽贸集团股份有限公司（以下简称汽贸公司）下属分公司。经王某申请，王某与汽贸公司分别于2013年1月1日、2016年1月1日续订固定期限劳动合同书，其中2016年1月1日签订的劳动合同书第6.5条约定"员工连续旷工超过15天或一年累计旷工超过45天，视为员工单方解除劳动合同"。汽贸公司自2007年11月至2020年5月为王某缴纳了养老、失业、工伤、医疗、生育保险和住房公积金。2018年9月底开始，王某不再固定到岗。2020年6月4日，汽贸公司向王某发送上岗通知电子版至王某电子邮箱，载明"王某，现通知你自收到此通知3日内到A市公司报到上岗，否则视为自愿辞职"。2020年8月8日，王某向河北省A市某区劳动人事争议仲裁委员会申请仲裁。该委员会于2020年11月2日作出仲裁裁决书，裁决如下：（1）王某与汽贸公司于2004年7月开始建立劳动关系；（2）王某与汽贸公司于2020年5月31

日解除劳动关系；(3) 对于王某的其他仲裁请求不予支持。王某不服仲裁裁决，提起诉讼。一审法院支持了王某关于汽贸公司给付经济补偿金和赔偿失业保险损失的诉求。王某仍不服，再次提起上诉。另查明，河北省B市中级人民法院已于2019年9月5日裁定受理汽贸公司重整一案，并于同日指定汽贸公司清算组担任管理人。2019年12月9日，河北省B市中级人民法院裁定汽贸公司重整执行完毕。

审理结果

二审法院经审理认为，汽贸公司以电子邮件形式通知王某3日内到岗工作，王某在收到上岗通知后无正当理由拒不到岗，汽贸公司依照《中华人民共和国劳动合同法》第三十九条和双方签订的劳动合同书第6条视为员工王某单方解除劳动合同，并不违反法律规定。即双方劳动合同解除时间应为到岗通知到达3日后即2020年6月8日。王某单方解除劳动合同，而非用人单位单方解除，不符合用人单位应当向劳动者支付经济补偿金的情形，亦不符合领取失业保险条件，故王某要求给付经济补偿金和赔偿失业保险损失的诉求均不应支持，一审法院予以支持错误。

2020年王某1月至4月工资明显低于其2019年工资，汽贸公司应按照王某2019年度平均工资3 313元补发王某2020年工资。因王某自2020年5月1日之后未向汽贸公司提供劳动，参照汽贸公司经营实际，根据《河北省工资支付规定》第二十八条，确定王某2020年5月工资3 313元，2020年6月以后至解除劳动合同前按照A市最低工资标准的80%发放，故汽贸公司应为王某补发工资14 321.67元，生活费为395.03元。

2016年1月1日续订劳动合同申请表上王某填写"本人自愿申请续订固定期限劳动合同"，属于《中华人民共和国劳动合同法》第十四条规定"除劳动者提出订立固定期限劳动合同外"的情形，故王某要求支付未签订无固定期限劳动合同二倍工资差额的诉请不应支持。

二审法院依照《中华人民共和国民事诉讼法》(2017年修正) 第一百七十条第一款第 (二) 项规定，判决如下：(1) 撤销河北省A市某区人民法院民事判决；(2) 王某与汽贸公司之间的劳动合同于2020年6月8日解除；(3) 汽贸公司于接到本判决书之日起 15 日内给付王某工资 14 321.67 元、生活费 395.03 元，共计 14 716.7 元；（4）驳回王某的其他诉讼请求。

评析意见

《中华人民共和国劳动合同法》第三十九条规定，劳动者有下列情形之一的，用人单位可以解除劳动合同：（一）在试用期间被证明不符合录用条件的；（二）严重违反用人单位的规章制度的；（三）严重失职，营私舞弊，给用人单位造成重大损害的；（四）劳动者同时与其他用人单位建立劳动关系，对完成本单位的工作任务造成严重影响，或者经用人单位提出，拒不改正的；（五）因本法第二十六条第一款第一项规定的情形致使劳动合同无效的；（六）被依法追究刑事责任的。实践中，经常发生用人单位通知劳动者到新的工作地点工作，劳动者未按期报到，用人单位根据上述法律以及用人单位的规章制度，主张用人单位可以单方解除劳动合同，以达到辞退劳动者而无须支付经济补偿金或者赔偿金的目的，在这种情况下就要考虑用人单位主张的劳动合同单方解除权是否成立。

一般来说，工作单位地点会给劳动者的工作和生活带来一些影响，譬如上下班的时间消耗，或者必须举家搬迁或者在外租住房屋等情况，故原则上变更工作地点属于变更劳动合同内容，《中华人民共和国劳动合同法》第三十五条第一款规定，用人单位与劳动者协商一致，可以变更劳动合同约定的内容。变更劳动合同，应当采用书面形式。如果劳动合同内双方约定同意由用人单位变更劳动者工作地点的，就要考虑用人单位是否善意或者工作地点调整是否会给劳动者带来实质性的消极影响，若工作地点调整对劳动者的影响很小或者几乎没有影响，应认为用人单位属于善意，劳动者有义务配合用人单位的经营安排；劳动者仍不同意用人单位安排，双方不能达成一致的协商意见，在此种情况下，经用人单位通知后，劳动者不按时报到上班，用人单位有权根据《中华人民共和国劳动合同法》第三十九条和用人单位的规章制度解除双方劳动合同。

本案汽贸公司经破产重整后，根据经营需要以电子邮件形式通知王某 3 日内到新工作地点上班，且新工作地点亦在 A 市内，王某在收到上岗通知后未表示异议，无正当理由拒不到岗，汽贸公司依照《中华人民共和国劳动合同法》第三十九条和双方签订的劳动合同书视为王某单方解除劳动合同，并不违反法律规定。

故双方劳动合同解除时间应为到岗通知到达王某电子邮箱的3日后。王某因自身原因解除劳动合同不符合支付经济补偿金和领取失业保险的条件，故王某主张的经济补偿金和失业保险损失均不能得到支持。

（河北省衡水市中级人民法院　李奇欣）

40. 解除劳动合同经济补偿金的疫情免责认定

争议焦点

用人单位确为扭转疫情带来的经营困境，决定对劳动者延付或少付工资，劳动者据此解除劳动合同，疫情能否阻却或免除解除劳动关系经济补偿金的支付？

基本案情

原告（被告）：成都某公司
被告（原告）：谭某

2017年6月15日，谭某入职成都某公司担任战略合作副总监，转正后月薪30 000元。

2021年2月7日，成都某区发布《成都某区2020年第五、六批次及部分第四批次经营困难且恢复有望企业名单公示》，其中包含成都某公司。

2021年3月28日，成都某公司工会向全体员工作出情况说明，载明"2021年3月起，公司资金存在一定的周转瓶颈，经工会一致决议，依照有关文件'用人单位确因生产经营困难，资金周转受到影响，在征得本单位工会同意后，可暂时延期支付劳动者工资'的规定，目前全体员工薪酬暂缓和逐步发放，最终延长期限以公司最终通知的时间为准。"

2021年5月20日，成都某公司向全体员工发出通知，"因公司资金计划没有到位，为过渡当前资金问题带来的周转瓶颈，公司经郑重考虑发布紧急情况薪资支付办法。为尽量降低工资缓发对全体员工基本生活保障的影响，公司决定按如下规则进行薪酬发放：实发工资（扣除五险一金、个人所得税后）低于6 000元的员工,全额发放;实发工资高于 6 000 元的员工,按 6 000 元发放,剩余部分预计在不超过 3 个月内补足。如果公司资金周转问题提前解决,公司将随即补足待发款项。"

2021 年 9 月 6 日,成都某公司向全体员工发出通知,"因资金和回款到位问题,导致本月 5 日工资需要延迟到 20 日发放。届时公司能够完成这一轮的融资和回款收回,公司将解决社保、公积金和 4 月至 6 月缓发的工资"。

2021 年 9 月 22 日,成都某公司发出通知,"因资金没能在预计的时间节点到账,原计划 9 月 20 日发放的款项无法发放到位。根据目前资金状况,预计在 9 月 30 日前将社保、公积金缴纳到正常状态,10 月 30 日前逐步补全工资。"

2021 年 5 月 21 日、6 月 10 日、7 月 13 日,成都某公司按月向谭某发放工资 6 000 元。2021 年 8 月 23 日,成都某公司向谭某足额发放 7 月份工资 23 089.5 元。此后,未再发放工资。

2021 年 10 月 12 日,谭某向成都某公司发出解除劳动关系通知书,载明因公司无故未及时足额支付劳动报酬,要求自 2021 年 10 月 12 日起与公司解除劳动关系。后仲裁并诉至人民法院,主张解除劳动合同经济补偿金等相关诉请。

审理结果

北京市某区人民法院作出民事判决书,判决成都某公司向谭某支付解除劳动合同补偿金 138 970.22 元。该判决作出后双方均未上诉。

评析意见

一、涉及新冠肺炎疫情的有关规定

自 2020 年新冠肺炎疫情发生以来,为妥善处理好新冠肺炎疫情防控期间劳动关系问题,维护职工合法权益,保障企业正常生产经营秩序,促进劳动关系和谐稳定,人力资源社会保障部、最高人民法院等各部门先后出台一系列意见和通知。针对新冠肺炎疫情期间用人单位经营困难、能否缓发少发工资以及由此引发劳动者提出解除劳动关系、要求支付经济补偿金等问题,各地司法和有关机关,积极研讨、主动作为、回应需求,出台了一些解答。

2020 年《北京市高级人民法院、北京市劳动人事争议仲裁委员会关于审理新型冠状病毒感染肺炎疫情防控期间劳动争议案件法律适用问题的解答》发布，其中第18问对新冠肺炎疫情防控期间，客观存在劳动报酬计算标准不明确等情形，因用人单位和劳动者对新冠肺炎疫情防控期间工资待遇的计算标准存在合理认识偏差，需要经过仲裁或者审判机关审理等才能确定是否构成拖欠的，此种情形下用人单位不存在恶意或重大过失，故对劳动者要求用人单位支付解除劳动合同经济补偿的请求一般不予支持。

2022年上海市高级人民法院、上海市人力资源和社会保障局发布《关于处理涉疫情劳动争议纠纷若干问题的解答》。问题六对用人单位受新冠肺炎疫情或新冠肺炎疫情防控措施影响致生产经营困难的，是否可缓发劳动者工资进行解答，称企业受新冠肺炎疫情或新冠肺炎疫情防控措施影响致生产经营困难，暂时无法按时支付工资的，经与工会或职工代表协商同意后，可暂时延期支付劳动者工资，但延期支付时间一般不超过一个月。问题七对受新冠肺炎疫情或新冠肺炎疫情防控措施影响导致停工停产或暂时生产经营困难的用人单位，特别是中小微企业，因未及时足额支付劳动者劳动报酬或未依法缴纳社会保险费等引发劳动者解除劳动合同纠纷的进行解答，称应注重通过和解、调解等方式，着力化解矛盾，促成双方恢复劳动关系，继续履行劳动合同。劳动者坚持要求依据《中华人民共和国劳动合同法》第三十八条的相关规定解除劳动合同并主张用人单位支付经济补偿的，应坚持审慎处理的原则，一般不予支持。

二、个案适用的尺度不一

实践中存在适用简单化和尺度把握不一致的问题。例如，是否构成"客观存在劳动报酬计算标准不明确等情形"理解的差异。在〔2022〕沪01民终5254号案例中，2020年2月至3月劳动者因新冠肺炎疫情无法返岗，公司支付工资后，能否后续安排补班，对于补班期间的加班工资未付是否构成支付经济补偿金的事由，一审法院认为，2020年2月至3月应支付劳动者工资，不存在事后补班情形。对补班期间超出法定工作时间的劳动，经劳动者多次催要，公司仍未支付加班费，不存在因客观原因引起的计算标准不清楚或有争议导致不支付加班工资的情形，公司不及时足额支付加班工资存在主观恶意，属于法定支付经济补偿的情形。二审法院则认为公司未支付加班工资系因其新冠肺炎疫情期间全额支付工资后安排补班所致，实难认定公司具有未及时、足额支付劳动报酬之主观恶意，无须支付经济补偿金。① 具体到涉案案例适用上述条文规定时，逻辑推理分析存在以下适用障碍。

第一，北京市规定的"工资计算争议"与用人单位与劳动者之间数额无争议的情形明显缺乏对应性。主要在于，北京市高级人民法院出台的规定系对涉新冠肺炎疫情"未及时足额支付劳动报酬"类的工资支付争议情形进行了限缩，故适用情形具体而有限，小前提中的事实特征不符而无法直接适用，亦难以通过解释论的方法推衍适用。

第二，上海市规定的"未及时足额支付劳动报酬"，适应范围可以涵盖案例情形，但裁判规则"一般不予支持"又方显笼统，如延期的合理限度、未付的金额范围是否适当均未有提及，具体尺度仍需要审判人员发挥主观能动性，在具体适用时有待具体化和细化可操作性。

三、新冠肺炎疫情案件的基本原则分析

劳动关系是社会经济的基石，作好新冠肺炎疫情影响下的劳资利益平衡，关系到广大劳资主体的权益，更关乎经济的发展质效和社会稳定。最高人民法院、人力资源社会保障部以及各地相关部门先后出台的文件中均强调新冠肺炎疫情影响下劳动争议案件的处理原则，其中"协商求同""平衡保护""多元化解"是共同的关键词，"共克时艰，共担风险"构成处理劳资纠纷的基调。只有对新冠肺炎疫情以及"共克时艰，共担风险"等原则进行正确且深入地理解，才能把握好具体案件处理的方向和合理限度。

（一）对"共克时艰，共担风险"的理解

新冠肺炎疫情所带来的风险不是单方的，而是双方的。新冠肺炎疫情直接影响企业经营而企业终究是由众多劳动者组成，企业的生存和劳动者的生存在共同的风险面前，并非舍此就彼的关系，只有"共克时艰"才能最终"双赢"。劳动关系有别于普通民事合同的持续性和相互依存性，亦决定了新冠肺炎疫情处理思路中的"共担风险"在劳动关系领域更应强调个人与集体的休戚与共，相互生存权益的扶持和保全，并非简单地对某一方可量化经济损失的计算和分割。"共克

---

① （2022）沪01民终5254号，基本案情如下：2020年1月刘某出勤至1月21日，休假回湖北省天门市。后因新冠肺炎疫情防控，刘某于2020年3月31日返回上海。公司全额支付了刘某2020年1月至4月的工资。公司随后根据内部通知，安排新冠肺炎疫情期间因外部原因不能及时返岗的员工上班以后在2020年5月至10月进行补班。

时艰"所指向的权利让渡或者义务承担亦是双向的或者双方的。具体体现在，包括但不限于新冠肺炎疫情影响下双方对短期的劳动受限、薪资调整等特定情境下的相互忍让、体谅和顾全等。

（二）对"协商求同""平衡保护"的把握

双方的相互忍让顾全甚至权利让渡均不是无条件的，而是有条件的。不论是劳动者还是用人单位在新冠肺炎疫情影响下的行为和权利行使均应满足合法性和适当性要求，这就进一步需要对行为的程序合法性和内容适当性进行把握，体现出"协商求同""平衡保护"原则的具体要求。具体到对用人单位受新冠肺炎疫情影响，延迟支付或少支付工资的行为进行审查时，应当警惕两种思路。其一，忽视对用人单位的程序合法性要求，以形式民主程序替代双方平等协商的实质要求；其二，忽视对用人单位的行为适当性要求，以程序正当取代内容实质审查。

四、新冠肺炎疫情因素的三个层面的具体审查

新冠肺炎疫情对企业经营造成较大影响下，劳动者适当的权利让渡和忍耐义务，有利于劳动关系和谐，符合双方长远利益。具体而言，新冠肺炎疫情对用人单位和劳动者均产生较大影响，因未及时足额支付劳动报酬导致劳动者单方解约是否需要支付经济补偿金的认定和把握，可在精准把握"共克时艰，共担风险""协商求同""平衡保护"等基本原则的基础上，从目的、程序以及内容等三个层面细化合法标准，做好个案中的利益平衡。

（一）从目的正当性审查

新冠肺炎疫情影响下，用人单位出现经营困难并有望恢复，呼吁用人单位和劳动者互谅互让、将心比心、共克时艰，既是社会主义核心价值观中爱岗敬业的应有之义，也是对企业和劳动者生存的双重保全。用人单位可以举证证明公司为解决新冠肺炎疫情带来的资金周转困境，作出对劳动者进行短期工资延付的决定，与公司实际情况和客观需要相符，可以视为具备目的正当性。

（二）从程序合法性审查

《国家协调劳动关系三方关于做好新型冠状病毒感染肺炎疫情防控期间稳定劳动关系支持企业复工复产的意见》的有关指导意见以及《北京市工资支付规定》第二十六条规定，新冠肺炎疫情期间公司经营困难需要延期支付工资，可参照规定执行，用人单位因生产经营困难暂时无法按时支付工资的，应当向劳动者说明情况，并经与工会或者职工代表协商一致后，可以延期支付工资。协商次数和延长期限可根据当地新冠肺炎疫情相关规定和具体管控措施而定。

(三) 从内容适当性审查

劳动者就其已经付出的劳动依法享有及时获得足额报酬的权利。疫情背景下允许用人单位对劳动者报酬支付适当延期，仍需以不超出合理限度减轻或免除一方义务，过于加重另一方责任和负担为原则，设置权利享有和让渡的合理界限。可从用人单位延期支付时长、未付金额对劳动者正常生活的影响程度予以考量，参考当地人均消费水平，适当情形下考量住房贷款、子女抚养等未纳入统计的支出需求，判断是否足以对劳动者构成重大影响，并据此确定是否超出劳动者让渡和忍耐的合理限度。

具体到该案，成都某公司为解决新冠肺炎疫情带来的资金周转困境，作出对劳动者进行短期工资延付的决定，具备目的正当性；但连续三次延期并少付工资，仅在第一次通知前履行了与工会协商手续并获得工会同意，后续两次延期均未履行与员工或工会的协商手续，程序合法性失当；延期支付时长达 6 个月而仍有延期需求，且月均支付比例不到原工资 20%，金额勉强涵盖基本生活消费支出后无法兼顾居住、子女抚养等合理需求，综合判断为超出合理限度，具备可归责性，应支付劳动者解除劳动关系经济补偿金。

(北京市房山区人民法院　张栓)

41. 用人单位因劳动者不胜任工作而解除劳动合同，需合理合法

争议焦点

1. 用人单位能否仅凭劳动者业绩完成情况判定其是否胜任工作？
2. 应如何认定用人单位为劳动者提供的绩效改进计划的性质？

基本案情

申请人：刘某

被申请人：某销售集团有限公司

刘某是某销售集团有限公司大区经理，工作期间，该公司每季度均对刘某负责区域的销售业绩完成情况进行考核。该公司员工手册规定，销售业务人员、区域负责人员不能完成公司设定的各类销售目标的，均属于不胜任工作。2022年8月，公司统计第二季度销售情况后，认定刘某未能完成考核目标，遂以其不胜任工作为由，安排其参加绩效改进计划，并为刘某设立了"挑战版"销售目标，将年初制定的各项销售目标大幅上调，同时书面告知刘某："上述基本要求以及目标属于评估岗位达标的基本条件，任何一项目标不能完成均属于不胜任工作，或经培训仍无法胜任工作。"2022年第三季度，刘某仍未能完成销售目标，公司工作人员遂要求刘某主动提出离职。

刘某向公司提出书面申诉，说明其负责区域受新冠肺炎疫情影响，客户无法正常营业，部分市县的道路因连降暴雨而断交施工，产品销售及运输业务均受到明显不利影响，其完成年初制定的销售目标本就困难，而公司在2022年第三季度将各项销售目标大幅度上调，导致其客观上无法完成，公司不能以此认定其不

能胜任工作。某销售集团有限公司作出回复函，称公司调整员工销售目标属正常用工管理行为，除刘某外，其余区域的大区经理均已完成目标；此外，公司已在2022年第三季度对刘某实行了绩效改进计划，并安排专人帮助其提升工作能力、提出相关建议以完成销售目标，应视为已针对刘某不胜任工作提供了培训，此后刘某仍然未能完成第三季度销售目标，应认定为经培训仍不能胜任工作。当日，某销售集团有限公司以刘某不能胜任工作、经培训仍不能胜任工作为由，对其作出解除劳动合同处理。刘某因此申请劳动仲裁，要求某销售集团有限公司支付违法解除劳动合同赔偿金。

审理结果

劳动人事争议仲裁委员会支持刘某要求某销售集团有限公司支付违法解除劳动合同赔偿金的仲裁请求。

评析意见

用人单位可以依据客观公正的考核评价结果调整员工的工作岗位，这既是行使用工自主权的需要，也是提高生产经营效益的手段。关于如何认定劳动者不胜任工作，劳动部办公厅《关于〈劳动法〉若干条文的说明》规定，劳动者不能胜任工作，是指不能按要求完成劳动合同中约定的任务或者同工种、同岗位人员的工作量。用人单位不得故意提高定额标准，使劳动者无法完成。实践中，从事销售工作的劳动者能否按规定完成用人单位安排的工作任务，除了受本人工作能力、工作态度等内部因素影响外，在很大程度上也受到外部经济环境等因素影响。特别是新冠肺炎疫情对各行各业均带来了不同程度的冲击和影响，而实体零售业则成为疫情中的"重灾区"。用人单位应当结合自身特点，在合理、合法的范围内确定劳动者不能胜任工作情形。

本案中，2022年第二季度，刘某所在区域受新冠肺炎疫情、天气等客观因素影响，消费市场萎缩，部分地区门店均已关闭，处于停工停产的状态，公司在评价其能否胜任工作时，未能将新冠肺炎疫情、市场等客观因素考虑在内。在公司规章制度及绩效改进计划中，均明确"员工未能完成公司设定的各类业绩指标的，均属不胜任工作"，上述内容未能考虑到与员工本人工作能力无关的因素，而是将销售指标完成情况与能否胜任工作简单等同，是缺乏合理性的。

对于绩效改进计划，其初衷在于，当劳动者未能完成业绩目标时，用人单位通过与劳动者协商设定量化目标、给予具体指导和建议，并在合理期限内对劳动者业绩完成情况作出评价等方式，提高生产经营效率，推动用人单位发展。实践中，针对不胜任工作的劳动者，部分用人单位将绩效改进计划等同于培训，认为用人单位已在绩效改进计划中对劳动者的工作方法作出全程指导，提高了劳动者的业务能力，就应当视为已安排劳动者培训。但绩效改进计划的目的在于提高用人单位经营效益，而非提高劳动者的工作能力，两者性质是有所区别的。本案中，某销售集团有限公司在绩效改进计划中，单方大幅提高各项目标任务，未提交证据证明其销售任务设定具有合理性，有失公平。刘某已通过申诉方式表述了未完成销售目标的客观原因，公司应当先全面调查，再审慎回复，而不应当将其两次未完成销售目标的行为认定为刘某不胜任工作。综上所述，公司两次认定刘某不胜任工作均缺乏事实依据，也没有安排过调岗或培训，其以此为由将刘某辞退，应属违法解除劳动合同，应当支持刘某主张赔偿金的仲裁请求。

为了保护劳动者的合法权益，构建和发展和谐稳定的劳动关系，《中华人民共和国劳动法》《中华人民共和国劳动合同法》对用人单位单方解除劳动合同的条件作出了明确限定。实践中，一些用人单位在评价劳动者能否胜任工作时，其考核评价程序往往流于表面，考核评价结果往往过于片面。用人单位应当依法建立客观合理的绩效考核制度，对劳动者的具体任职条件、业绩完成情况等进行综合考量，对照评价标准得出考核结果，并及时告知劳动者，不能滥用自主管理权，损害劳动者的就业权。

(河北省石家庄市劳动人事争议仲裁院　张瑞娟)

42. 劳动者以新冠肺炎疫情风险为由拒不到岗，用人单位以旷工为由解除劳动关系的合法性

争议焦点

劳动者以新冠肺炎疫情风险为由不到岗是否属于旷工且严重违反用人单位的规章制度的行为？

基本案情

申请人：王某

被申请人：北京某科技公司

王某于2018年2月1日入职北京某科技公司，担任电工高级操作工，双方签订劳动合同，合同期限为2018年2月1日至2023年1月31日，约定基本工资为每月6 200元，执行综合工时制。2022年5月9日7时左右，王某到达北京某科技公司所在园区得知，因新冠肺炎疫情园区实施管控暂时无法进入，故王某返回家中。班长张某、电气系统运维部经理韩某分别于11时18分、11时48分通过电话通知王某进入园区上班。排班表显示王某上班时间为"5月9日白班，5月10日夜班，5月13日白班，5月14日夜班"。2022年5月9日至14日王某未到岗上班。2022年5月17日北京某科技公司以王某拒绝到岗，旷工3天严重违反公司规章制度为由解除与王某的劳动关系。王某提起劳动仲裁，要求北京某科技公司支付违法解除劳动关系赔偿金。

审理结果

劳动人事争议仲裁委员会经审理认定，北京某科技公司系合法解除，驳回王

某的仲裁请求。

评析意见

北京某科技公司"关于部分岗位实行特殊工时制会议"规定，王某所在电气系统运维部岗位需 7×24 小时进行巡检、电力检修、保养工作。北京某科技公司所在园区受新冠肺炎疫情影响实施管控暂时无法进入，但经公司与区营商合作局沟通，允许运维保障关键部门相关员工进入园区。班长张某、电气系统运维部经理韩某分别于 11 时 18 分、11 时 48 分通过电话通知王某进入园区上班。王某称担心进入园区后被隔离无法回家，家中老人小孩无人照顾，故向班长张某请假，但王某未提交证据证明其有充分正当不到岗理由，亦未证明已按照公司规定履行请假手续，故劳动人事争议仲裁委员会对王某的主张不予采信。在北京某科技公司要求其到岗后，王某于 2022 年 5 月 9 日至 2022 年 5 月 14 日连续不到岗，已构成旷工且严重违反公司规章制度，北京某科技公司以此为由提出解除劳动合同不属于违法解除，故劳动人事争议仲裁委员会对王某要求支付违法解除赔偿金的请求不予支持。

《中华人民共和国劳动法》第三条规定，劳动者在享有该法条第一款规定的平等就业权、取得劳动报酬权、休息休假权等诸多权利的同时，还应当履行该法条第二款设定的义务，主要包括劳动者应当完成劳动任务，提高职业技能，执行劳动安全卫生规程，遵守劳动纪律和职业道德。

新冠肺炎疫情期间劳动者有恐惧情绪属人之常情，但在用人单位已经提供必要的安全卫生条件、劳动者自身做好防护的同时，如果用人单位确实需要劳动者必须到岗工作，劳动者应当返岗工作。用人单位也可根据自身实际，对非必要到岗工作的劳动者采取居家办公等远程工作方式，但前提必须是双方协商一致。对于涉及民生或运维保障的关键部门，劳动者应该履行其岗位职责，如果无正当理由而因怕感染病毒而拒不到岗，用人单位可根据规章制度采取处理措施。

（北京经济技术开发区劳动人事争议仲裁院　任丽娜）

43. 用人单位能否因劳动者在母公司的违纪行为解除劳动合同

争议焦点

用人单位发现劳动者在母公司存在严重违纪行为而解除劳动合同,是否合法?

基本案情

原告(上诉人):武汉某智慧网络技术有限公司
被告(被上诉人):程某

2017年8月18日,程某入职某光纤光缆股份有限公司(以下简称股份公司)。武汉某智慧网络技术有限公司(以下简称网络公司)为该股份公司的全资子公司。2021年3月22日,网络公司、股份公司与程某签订协议书,三方一致同意,自2021年4月1日起,劳动关系主体由股份公司变更为网络公司,程某从股份公司办理离职手续后入职网络公司工作。

2021年4月1日,网络公司与程某签订劳动合同,约定程某有下列情形之一的,网络公司可以解除本合同:(2)严重违反网络公司劳动纪律或者规章制度的。程某表示知悉并同意遵守网络公司的《员工违纪处罚管理规定》。《员工违纪处罚管理规定》载明,A类违纪包括但不限于:A1. 无正当理由,不服从公司或上级指示、管理、工作安排(包括但不限于工作内容、岗位、工作地点合理调整、绩效改进、培训、会议、出差等)……A10. 任何欺骗公司、不诚信的行为,包括但不限于……虚假报销(如伪造涂改支出凭证)……对劳动者的A类违纪,公司立即解除劳动合同,不予任何经济补偿,对于给公司造成损失者,还需赔偿。

2021年9月，股份公司对2018—2020年发放的项目奖进行内审，发现程某存在违规报销事宜并要求其退回违规报销款。程某对违规报销不认可，未退回报销款项。

2021年12月15日，网络公司解除与程某的劳动合同，解除劳动合同通知书中载明"依据公司员工违纪处罚管理相关规定，您在工作过程中无正当理由不服从公司管理，给公司带来重大不利影响，现公司依据《中华人民共和国劳动合同法》第三十九条解除双方劳动合同"。

2022年1月4日，程某向某市劳动人事争议仲裁委员会申请仲裁。2022年3月15日，该委员会裁决网络公司向程某支付违法解除劳动合同赔偿金186 498元。网络公司不服，提起诉讼。

审理结果

人民法院经审理后认为，网络公司以程某存在虚假报销违反《员工违纪处罚管理规定》A1、A10条及诚实信用原则为由单方解除与程某的劳动合同，但从网络公司提交的相关证据仅能证明，股份公司曾向程某提出要求其返还报销款，但并未提供证据证明网络公司曾向程某发出要求其向股份公司返还报销款的工作安排，且网络公司虽为股份公司的全资子公司，但两家公司均进行了工商登记，具有独立的法人资格，在法律层面上为独立的用工主体。网络公司亦未能提供相关证据证明程某在劳动合同存续期间，必须接受股份公司的工作安排。此外，网络公司主张程某存在虚假报销情形，但其所主张事项系程某与股份公司之间的争议，并非与网络公司之间的争议，亦未提交证据证明程某在网络公司工作期间存在虚假报销情形，故网络公司以程某违反《员工违纪处罚管理规定》A1、A10条及诚实信用原则为由解除劳动合同缺乏事实和法律依据，属于违法解除。

网络公司不服，提起上诉，二审维持原判。

评析意见

通过三方协议，劳动者的劳动关系由母公司转移至全资子公司。劳动关系转移至子公司后，母公司发现劳动者在职期间存在严重违纪行为。此时，母公司如果对已与其解除劳动合同的劳动者实施劳动用工管理就会面临主体不适格的问题；而劳动者在子公司期间又不存在严重违纪行为，子公司如果对劳动者进行处罚同样也会面临主体不适格的问题。而从集团公司人力资源管理的角度看，该劳动者明明是集团员工，存在严重违纪行为，公司却无法对其进行处罚，公司的劳动用工管理秩序甚至企业文化势必会受到冲击。为什么会产生这样的困境？三方协议约定的权利义务的概括性转移，除了工作年限，劳动者的过错是否也存在"转移"？如果从法人独立的角度去看，这些问题似乎无解。但是，如果运用"刺破公司面纱"的原理，打破公司边界，在特定情形下允许公司将管理权限适度延伸，这些问题似乎又出现了转机。

　　本案中，股份公司系网络公司唯一股东；网络公司因股份公司业务整合而设立，承接了程某原所属股份公司"系统集成一部"的业务；网络公司自成立以来一直使用股份公司品牌从事业务活动；股份公司与网络公司在相同地点办公；网络公司与股份公司使用相同的域名系统，电子邮箱后缀均为@y123.com，程某的电子邮箱即为@y123.com后缀的邮箱，不论其是在股份公司工作还是在网络公司工作，电子邮箱均未发生变化；网络公司的人力资源部直接由股份公司集团人力资源中心管理；网络公司员工报销费用超过一定额度需要股份公司审批。网络公司与股份公司在组织架构、人事管理、财务审批等方面高度融合，这种高度融合突破公司独立性屏障，为母公司的管理权限适度延伸至子公司创造了条件。这样股份公司向已在子公司工作的程某下达特定工作指令，程某就应当服从，从而解决公司管理权受困于公司边界的困扰。当然这种突破是在特定情形下进行的。本案中，程某在股份公司期间存在违规报销的情形，股份公司仅能就违规报销有关事宜向程某下达工作指令。基于劳动关系具有人身依附关系的特殊属性，双方的权利义务不可能在劳动关系终止日就戛然而止。即使双方劳动关系终止，程某仍负有配合调查、主动澄清、退回违规报销款的后合同义务。相应地，股份公司要求程某退回报销款项，属于管理权的适度延伸，程某应当遵守股份公司的指令，这也是劳动者诚信履约的必然要求。

　　现在的问题是，即使上述观点成立，程某拒绝服从股份公司的工作指令，网络公司该如何获得解除劳动合同的权利呢？难道拒绝服从股份公司的工作指令可以视为拒绝服从网络公司的工作指令吗？此时，引入"混同用工"的概念能否解决这个问题呢？

由于股份公司是网络公司的唯一股东，程某又是在股份公司的安排下进入网络公司。根据程某与股份公司、网络公司签订的三方协议，程某在股份公司的权利义务转移至网络公司，其中包括薪酬、福利待遇、工作条件、员工职业发展通道及相应规则、工作年限。程某在股份公司的过错行为能否也"转移"至网络公司呢？或者说网络公司对程某在股份公司的过错行为能否进行处罚呢？有观点认为，程某在网络公司并没有严重违纪行为，网络公司不能依据其在股份公司的过错行为进行处罚，毕竟网络公司和股份公司系独立的法人，是独立的用工主体；也有观点认为，虽然网络公司和股份公司是独立的法人，但存在混同用工的情形，在劳动合同项下的权利义务进行转移的前提下，赋予网络公司处理程某在股份公司过错行为的权利具有一定的合理性，否则，对于劳动者的管理就会落空，损害用人单位的用工自主权。

在司法审判实践中，已达成共识的是，劳动者在关联公司的工作年限可以转移至现用人单位。劳动者在关联公司的薪酬、福利待遇、晋升甚至表彰荣誉等可以通过三方协议转移至现用人单位。劳动者在关联公司的过失过错是否存在转移以及如何转移的问题，法律没有规定，审判实践也鲜有涉及。对于集团用工模式下的用人单位，基于生产效率优化的设计，集团内人力资源统一调配，如果运用法人独立的原理阻断、割裂人员配置的优化设置，不仅不利于生产力的提高，而且会出现本案中对严重违纪行为无法处罚的困境，对用人单位劳动秩序的维护无疑是一种冲击。笔者认为，对于存在集团化用工管理的情形或者关联公司混同用工的情形，有必要根据不同情形分类作出处理，避免"一刀切"。如果两家法人单位，在组织架构、人事管理、财务管理等方面互不隶属、独立运营，文中所涉及的用工管理权的延伸、劳动者过错行为的转移就不能突破公司的边界，应当在各自法人内部完成用工关系的调整；如果两家法人单位在组织架构、人事管理、财务管理等方面高度融合，在特定情形下，应当允许用工管理权的适度延伸，用人单位有权处理劳动者在关联公司的严重违纪行为。

(北京普然律师事务所　郝云峰)

44. 经济性裁员与裁减人员概念的混淆与适用问题

争议焦点

1. 用人单位引证《中华人民共和国劳动合同法》第四十一条实施"经济性裁员",而非"裁减人员",是否有法律依据?

2. 母公司的《审计报告及财务报表》年度利润连续亏损,是否可认定为子公司"生产经营发生严重困难",进而裁减人员?

基本案情

仲裁申请人、一审被告(原告)、二审被上诉人(上诉人):赵女士
仲裁被申请人、一审原告(被告)、二审上诉人(被上诉人):投资公司

赵女士2012年10月17日入职投资公司担任安全总监,双方订立无固定期限劳动合同。双方主要争议过程如下。

2019年因投资公司单方变更劳动合同约定岗位,赵女士申请劳动人事争议仲裁,要求投资公司按约定岗位继续履行劳动合同。2019年11月21日,劳动人事争议仲裁委员会作出裁决,"投资公司于本裁决书生效之日起,继续履行与赵女士2012年10月23日签订的劳动合同",投资公司不服向人民法院起诉,后又申请撤诉,人民法院于2020年12月24日作出裁定:(1)准许投资公司撤诉;(2)2019年11月21日的劳动仲裁裁决书发生法律效力。

在劳动人事争议仲裁裁决投资公司继续履行与赵女士劳动合同后的第三天2020年11月26日,投资公司向所在区县人力资源社会保障局提交了"经济性裁减人员"报告和"被裁减人员名单"等,"被裁减人员名单"中有赵女士的名字。

2020年12月28日,投资公司签发了与赵女士的解除劳动合同通知书。赵女士无奈再次申请劳动人事争议仲裁,请求撤销解除劳动合同通知书,继续履行劳动合同等。投资公司认为自己是合法解除劳动关系,解除劳动关系具体事由主要是生产经营发生困难,致使劳动合同无法履行。

审理结果

一、劳动人事争议仲裁裁决

劳动人事争议仲裁委员会裁决如下:撤销投资公司2020年12月28日作出的解除劳动合同通知书,投资公司继续履行与赵女士2012年10月23日签订的劳动合同。

裁决理由如下。劳动人事争议仲裁委员会认为当事人就自己提出的主张,应负举证责任,投资公司就其公司存在经营困难情形,提供了第三方机构会计师事务所出具的审计报告。该审计报告中直接明确记载了该公司2018—2019年的利润亏损情况。赵女士未提供证据证明该审计报告存在舞弊等情况,故本委员会对该审计报告的真实性予以采信。在赵女士与投资公司签有无固定期限劳动合同的情况下,该公司提供的证据不足以证明将赵女士列入裁减人员名单的目的正当性、必要性,该公司的解除行为事实依据不足,本委员会对赵女士关于被违法解除劳动合同的主张予以采信。

二、一审判决

一审判决如下:撤销投资公司2020年12月28日作出的解除劳动合同通知书,投资公司继续履行与赵女士2012年10月23日签订的劳动合同。

一审法院判决理由如下。一审法院认为,投资公司(母公司)2018—2020年度审计报告显示,投资公司于2018—2020年度存在连续亏损,赵女士虽不认可投资公司存在该情形,但所提交的现有证据并不足以否定该报告。投资公司违法变更与赵女士劳动合同约定在先,赵女士就此申请劳动人事争议仲裁后,劳动人事争议仲裁机构作出继续履行双方原劳动合同裁决,投资公司对此提起诉讼后又以经济性裁员为由提出解除双方劳动关系,并撤回此前起诉。投资公司裁撤相关部门,以及提出与赵女士解除劳动关系,具有特定针对性,且投资公司所提交现有证据不足以证明进行经济性裁员时,对裁减人员与留用人员的甄选存在客观标准及依据，在留用人员多为无固定期限劳动关系人员的情况下，亦不足以证明裁减赵女士的必要性。

三、二审判决

二审法院维持一审判决。

二审法院判决理由如下。二审法院对一审法院查明的事实予以确认。二审法院认为，投资公司与赵女士之诉争，起始于 2019 年 5 月投资公司对赵女士作出了违法变更劳动合同约定，双方此后持续存在劳动争议，在此情况下，仅以投资公司主张的，其基于 2020 年 12 月进行经济性裁员来评价投资公司对赵女士的解除行为是否合法，显然不具有公平性。纵观赵女士与投资公司的劳动争议过程，结合本案现有在案证据，投资公司违法变更与赵女士劳动合同约定在先，赵女士就此申请劳动人事争议仲裁后，劳动人事争议仲裁机构作出继续履行双方原劳动合同裁决。投资公司对此提起诉讼后，又以经济性裁员为由提出解除劳动双方劳动关系，并撤回此前起诉。综上所述，一审法院认定投资公司提出与赵女士解除劳动关系，具有特定针对性，并判决撤销投资公司于 2020 年 12 月 28 日出具的解除劳动合同通知书具有事实依据，且不违反法律规定，对此予以维持。

评析意见

一、经济性裁员与裁减人员不可互换使用

投资公司提出与赵女士解除劳动合同的理由，是"因生产经营发生严重困难，需要进行经济性裁员"。其向区人力资源和社会保障局、员工大会、赵女士个人，都是这样交代的。《中华人民共和国劳动合同法》第四十一条规定，有下列情形之一，需要裁减人员二十人以上或者裁减不足二十人但占企业职工总数百分之十以上的，用人单位提前三十日向工会或者全体职工说明情况，听取工会或者职工的意见后，裁减人员方案经向劳动行政部门报告，可以裁减人员。这里"裁减人员"是一个清晰的概念。但是，投资公司在引证《中华人民共和国劳动合同法》第四十一条规定时，没有实施"裁减人员"，而是主张实施"经济性裁员"。

"经济性裁员"的概念具有特定的法律含义。劳动部《关于贯彻执行〈中华人民共和国劳动法〉若干问题的意见》，"二、劳动合同和集体合同"专门设有

"（三）经济性裁员"。2014年12月31日，人力资源社会保障部通过官网等渠道，发布了《人力资源社会保障部关于〈企业裁减人员规定（征求意见稿）〉公开征求意见的通知》，规定"为了规范企业裁减人员行为，维护职工和企业的合法权益，根据《中华人民共和国劳动合同法》，我部研究起草了《企业裁减人员规定（征求意见稿）》，现向社会公开征求意见。公众可以通过以下途径和方式提出反馈意见"。征求意见稿第二十四条规定："〔施行日期〕本规定自 年 月 日起施行。1994年11月14日原劳动部发布的《企业经济性裁减人员规定》（劳部发〔1994〕447号）同时废止"。以上征求意见稿至今无下文。但是，通过该稿，"经济性裁员"与"裁减人员"不能画等号是肯定的，《企业经济性裁减人员规定》也没有废止。故此，引证《中华人民共和国劳动合同法》第四十一条规定实施所谓"经济性裁员"，是没有法律依据的。

从操作程序来看，投资公司实施"经济性裁员"，已经过了向员工大会宣布、向区人力资源和社会保障局报告等程序，已走过的程序内容，无法更改。还有一个重要的焦点问题，由于《企业裁减人员规定（征求意见稿）》未能完成，《中华人民共和国劳动合同法》第四十一条规定的"生产经营发生严重困难"，缺乏具体操作标准。因此，企业实施裁减人员，比依照《企业经济性裁减人员规定》实施经济性裁员的灵活度大很多。实施经济性裁员的法定条件则比较完善和严格。例如，《企业经济性裁减人员规定》第二条规定"用人单位濒临破产，被人民法院宣告进入法定整顿期间或生产经营发生严重困难，达到当地政府规定的严重困难企业标准，确需裁减人员的，可以裁员"。即"当地政府规定的严重困难企业标准"，是生产经营发生严重困难的标准。北京市规定的严重困难企业标准，在《北京市企业经济性裁减人员规定》（已失效）第3项规定中，非破产企业可以实施经济性裁员的条件为：连续3年经营性亏损且亏损额逐年增加，资不抵债、80%的职工停工待工、连续6个月无力按最低生活费标准支付劳动者生活费用的。因此，经营性亏损叠加资不抵债，方有可能构成履行劳动合同困难，持续3年方可能符合裁员条件。关于判定生产经营发生严重困难的办法，《北京市企业经济性裁减人员规定》有明确规定，企业裁减人员向市劳动局报告时应提供的材料应该具有"资产评估机构对企业资产盈亏情况评估后出具的资产证明书"，企业的资产状况，是判断经济状况也就是履约能力的科学数据，而单纯的"财务审计报告"内容要片面得多，不符合认定要求。反过来说，企业既然实施经济性裁员，却不按照经济性裁员的规范执行，行为也就失去了法律依据。

二、母公司的生产经营情况不能代表子公司的情况

投资公司用以证明其生产经营发生严重困难的唯一证据，是其母公司2018和2019年度的审计报告及财务报表（进入一审诉讼阶段，新完成了2020年度的报告）中的一个子项，具体是2018年度"净亏损"累计为5 300余万元；2019年度"净亏损"累计2 500余万元。

投资公司是依法登记注册的独立法人，未提供自己的财务状况，而是以母公司的财务数据主张自己亏损。《中华人民共和国民法典》第五十七条规定，法人是具有民事权利能力和民事行为能力，依法独立享有民事权利和承担民事义务的组织。《中华人民共和国公司法》第三条第一款规定，公司是企业法人，有独立的法人财产，享有法人财产权。公司以其全部财产对公司的债务承担责任。因此，母公司亏损与子公司是否亏损无必然联系。

三、利润连续亏损不能独立构成企业裁减人员的条件

仅从财务数据的角度看，投资公司母公司的审计报告及财务报表（节录）证据原件显示，母公司2018年年末资产总额比年初增加4亿多元；2019年年末资产总额比年初增加9亿多元。这不但不能证明母公司"连续3年经营性亏损且亏损额逐年增加，资不抵债"，反而证明其经营收入辉煌，有足够的财力履行劳动合同等契约。资产总额，也就是财富的飞速增加，反映了企业生产经营状况或者说穷富的实质。账面上个别子项所谓的亏损，不能肯定为经营性亏损，无法排除是经营者主观选择的策略性亏损。企业以把财力用在别处为由，推卸劳动合同履行责任，不符合设立企业裁减人员制度的立法目的。

（北京市盈科律师事务所　马照辉）

45. 新单位合法辞退，原单位经济补偿责任是否被吸收

争议焦点

劳动者非因本人原因从原用人单位被安排到新用人单位工作后，新用人单位合法辞退，原用人单位是否应就原单位工作年限支付经济补偿。

基本案情

上诉人（一审被告）：某物业天津分公司

被上诉人（一审原告）：赵某

赵某于 2018 年 5 月 18 日入职某物业天津分公司，订立固定期限劳动合同至 2021 年 5 月 17 日。2021 年 5 月 5 日，某物业天津分公司发送工作调动通知书。2021 年 5 月 24 日，某物业天津分公司人事行政部向赵某送达续订劳动合同通知书，内容为"劳动合同已到期，公司于 2021 年 5 月 8 日、5 月 18 日先后两次沟通续订事宜，您方因个人原因未与公司续订；按照《中华人民共和国劳动合同法》及原合同的相关约定，公司维持原劳动合同约定条件，再次通知您续订劳动合同，新的劳动合同期限为固定期限，自 2021 年 5 月 18 日至 2024 年 5 月 17 日；是否同意续订，请您于 2021 年 5 月 31 日前至物业管理处三楼会议室进行合同续订，不予或逾期未与公司进行续订事宜，视为不同意续订，根据《中华人民共和国劳动合同法》第四十四条、第四十六条规定，劳动合同期满终止，单位不予以支付经济补偿金"。该通知书加盖案外人天津某公司公章。后赵某与案外人签订劳动合同书，合同期限为 2021 年 5 月 18 日至 2024 年 5 月 17 日。2021 年 6 月 9 日案外人向赵某发出工作调动通知书，2021 年 6 月 12 日赵某予以签收。2021 年 6 月

21日案外人向赵某发出解除/终止劳动合同通知书,内容如下:"您的劳动合同于2024年5月17日到期,现因您连续旷工3天以上,将视为自动离职予以除名。公司经研究自2021年6月21日解除/终止您与公司的劳动合同,请按公司规定办理工作交接和离职结算手续。"后赵某与案外人劳动争议纠纷,经人民法院生效民事判决,确认双方自2021年5月18日至2021年6月23日存在劳动关系,工作地点调整并不带有侮辱性、惩罚性,有权出于企业自身生产经营需要调整岗位,案外人因赵某旷工解除劳动合同不违反法律规定,不应支付违法解除劳动合同赔偿金。

赵某遂以某物业天津分公司为被告再次提起诉讼。

赵某称:本人自2018年5月18日起入职某物业天津分公司,其间存在某物业天津分公司未发工资、防暑降温费、带薪年假工资等违法现象,更在2021年5月24日续订劳动合同时存在重大过错造成误签。因此,赵某提出诉讼请求,要求确认劳动关系,并由某物业天津分公司支付解除劳动合同经济补偿金等共十项诉讼请求。

某物业天津分公司辩称,认可与赵某于2018年5月18日至2021年5月17日存在劳动关系,但2021年5月18日后,赵某与案外人天津某公司签订劳动合同,与某物业天津分公司不存在劳动关系。2019年4月,某物业天津分公司将赵某派到天津某公司管理项目。2021年5月17日劳动合同期满后,天津某公司与赵某签订劳动合同,签订前后赵某的工作时间、工作地点、工作内容、劳动报酬等均保持不变,工作年限连续计算,天津某公司与赵某的劳动合同实质为某物业天津分公司与赵某劳动合同的延续,某物业天津分公司无须支付经济补偿金。2021年6月,因赵某旷工,天津某公司通知与赵某解除劳动合同,赵某已另案主张赔偿金,赵某主张的经济赔偿金计算年限涵盖了其在某物业天津分公司处工作年限,人民法院判决认定天津某公司解除与赵某间的劳动合同不违反法律规定,某物业天津分公司亦无须支付经济补偿金。

审理结果

一审法院经审理认为,劳动者的合法权益受法律保护。

关于劳动关系。原告、被告对入职时间没有异议,且存在劳动合同,合同到期终止后，原告与案外人天津某公司订立劳动合同，相应劳动关系存续期间已经生效判决认定，故原告、被告的劳动关系存续期间为2018年5月18日至2021年5月17日。

关于解除劳动合同经济补偿金。依据《中华人民共和国劳动合同法》第四十四条第（一）项、第四十六条第（五）项，除用人单位维持或者提高劳动合同约定条件续订劳动合同，劳动者不同意续订的情形外，合同期满终止固定期限劳动合同的，用人单位应当向劳动者支付经济补偿。原告与被告订立的劳动合同于2021年5月17日到期终止，且根据实际签订情况，不存在被告维持或提高条件、原告不同意续订的情形，故被告应支付原告终止劳动合同经济补偿，原告措辞不准确，本院予以纠正。经核算，原告主张的金额未超过法律规定，本院予以支持。

关于被告抗辩案外人天津某公司与原告所签劳动合同实质系原告、被告所签劳动合同的续订，原告被案外人合法辞退后，被告不应向原告支付经济补偿。经济补偿既是为了缓解劳动者因终止/解除劳动合同产生的生活困难和失业压力，又是用人单位对劳动者在劳动关系存续期间的工作贡献的补偿。原告、被告劳动合同期满后，被告书面通知续订但加盖有案外人印章，后由案外人与原告订立劳动合同。被告与案外人虽属关联公司，但二者系相互独立的法人，订立新劳动合同后，虽工作场所及岗位未发生变化，但劳动合同关系中的用人单位及权利、义务主体均已变更，不应视为原劳动合同的续订，而是原告与新的用人单位建立了新的劳动关系。原告如约履行其与原用人单位即被告所订立的劳动合同，期满终止劳动合同，依法应获得经济补偿。另案生效判决认定案外人为合法辞退，仅系原告与新用人单位履行、解除新劳动合同的行为及法律后果，其效力不应倒溯影响原告与原用人单位即被告间履行、终止原劳动合同的法律责任。值得注意的是，关联公司轮流与劳动者订立劳动合同的行为虽未被法律法规所禁止，但依据《最高人民法院关于审理劳动争议案件适用法律问题的解释（一）》第四十六条，司法机关并不鼓励该行为，而是通过司法解释防止用人单位利用变换用工主体规避支付经济补偿的法定义务。如若新用人单位合法辞退直接消极影响劳动者自原用人单位获得经济补偿的权利，显然与上述司法解释目的相冲突，有违公平、合理原则。因此，被告的抗辩事由与法律规定不符，本院不予采信。综上所述，依照相关法律规定，判决如下：（1）确认赵某、某物业天津分公司2018年

5月18日至2021年5月17日存在劳动合同关系；（2）某物业天津分公司支付赵某终止劳动合同经济补偿金13 080元等。

某物业天津分公司不服，上诉至二审法院。

二审法院经审理认为：上诉人对于一审判决第一项并无异议，本案的争议焦点为上诉人是否应支付被上诉人终止劳动合同经济补偿金等。关于终止劳动合同经济补偿金问题，上诉人与被上诉人签订的劳动合同于2021年5月17日到期终止。之后被上诉人与案外人天津某公司签订期限自2021年5月18日至2024年5月17日的劳动合同。虽然上诉人与案外人为关联公司，但是各自独立的法人，对于劳动者而言属于不同的用人单位，且相关生效判决已经对被上诉人与案外人劳动关系存续时间作出认定。被上诉人与案外人签订的书面劳动合同不能认定是上诉人与被上诉人续订书面劳动合同。而且被上诉人与案外人的劳动争议案件与本案并非同一法律关系，该案亦未就被上诉人工龄连续计算问题作出认定。故上诉人应支付被上诉人终止劳动合同经济补偿金，一审法院对此认定并无不当且论述翔实，本院对该项判决结果予以维持。综上所述，某物业天津分公司的上诉请求不能成立，应予驳回；一审判决认定事实清楚，适用法律正确，应予维持。

评析意见

实践中，劳动者非因本人原因从原用人单位被安排到新用人单位工作的情形较为常见。劳动者在新用人单位工作期间，因劳动者过错解除劳动合同的，新用人单位无须支付赔偿金或经济补偿金，但劳动者主张在原单位工作年限的经济补偿是否应予支持，存在不同意见。

有观点认为，原用人单位无须支付经济补偿。首先，《最高人民法院对"我国劳动合同法无固定期限劳动合同的离职补偿问题"的答复》中提及，经济补偿是国家要求用人单位承担的一种社会责任，即用人单位解除或者终止劳动合同时，应当支付给劳动者一定的经济补助，以帮助劳动者在失业阶段维持基本生活，不至于生活水平急剧下降。原劳动合同协商解除或期满后，尽管与原用人单位的劳动合同关系已终止，但引入新用人单位与劳动者按照原条件签订了新的劳动合同，劳动者的工作内容、劳动报酬等均未发生变化，故劳动者并没有因此导致失业或生活水平下降。劳动者在新用人单位工作一段时间后，因本人过错致使解除劳动合同的，劳动者再要求原用人单位支付经济补偿，与经济补偿的上述性质不符。其次，如原用人单位与新用人单位为关联企业，在工作岗位、内容、劳动报酬没有变化的情形下继续订立劳动合同的，实质上属于维持或提高劳动合同约定条件延续与续订劳动合同，对劳动者实际利益未产生不利影响，原用人单位无须支付劳动关系存续期间的经济补偿。最后，《最高人民法院关于审理劳动争议案件适用法律问题的解释（一）》第四十六条详细罗列了非因劳动者原因从原用人单位安排到新用人单位时，经济补偿、赔偿金累计计算年限的情形，其中明确劳动者请求把在原用人单位的工作年限合并计算为新用人单位工作年限时，人民法院应予支持。因此，劳动者在此前主张新用人单位支付赔偿金时，应视为已将原用人单位的工作年限一并主张。

笔者认为，原用人单位仍需要支付原劳动合同关系存续期间对应的经济补偿。理由如下：

从法律规定上看，《中华人民共和国劳动合同法》第四十六条明确规定，用人单位与劳动者协商一致解除劳动合同的，或者因劳动合同期满终止固定期限劳动合同的，除劳动者不同意续订的情形外，用人单位应当向劳动者支付经济补偿。因此，在原用人单位与劳动者协商解除劳动合同，或签订的固定期限劳动合同期满后，非因劳动者本人原因未续订的，原用人单位应支付经济补偿。除上述法律明确列明的除斥条件外，不得再增设其他条件限制劳动者享受经济补偿的权利。经济补偿是用人单位对劳动者在劳动关系存续期间的工作贡献所作的补偿，劳动者如约履行其与被告所订立的劳动合同，协商解除或期满终止，劳动者可依法享有经济补偿。经济补偿金不具有惩罚的性质，支付不是基于用人单位的过错，而是法律规定的用人单位对劳动者在特定情况下承担的经济补偿义务，体现了经济补偿金的平衡功能。

从义务主体上看，原用人单位与新用人单位系各自独立的法人，对于劳动者而言，劳动合同关系中的用人单位及权利、义务主体均已变更，不应视为原劳动合同的续订，而是劳动者与新用人单位建立了新的劳动合同关系，原用人单位仍应就原劳动关系存续期间承担相应责任。劳动者在劳动关系中往往处于弱势地位，用人单位通过变更劳动合同主体的方式与劳动者订立劳动合同，表层上仿佛未损害劳动者稳定获得劳动报酬的利益，但实质上可能会侵害劳动者的合法权益，比如无法适用《中华人民共和国劳动合同法》第十四条第二款第（三）项规定的连续订立二次固定期限劳动合同，劳动者提出或者同意续订劳动合同的，用人单位应当订立无固定期限劳动合同。因此，《最高人民法院关于审理劳动争议案件适用法律问题的解释（一）》第四十六条对劳动者非因本人原因从原用人单位被安排到新用人单位工作的情形进行了规定，目的是有效防止用人单位利用变换用工主体规避或模糊经济补偿的法定义务。

尤其值得注意的是，上述司法解释并非将经济补偿义务的承担主体限定于新用人单位，原用人单位就劳动合同终止/解除的法律责任并非当然被新用人单位吸收。劳动者作为权利主体，有选择权，既可合并工作年限向新用人单位主张权利，亦可分段向原用人单位、新用人单位主张权利。

从效力上看，新用人单位因劳动者原因行使单方解除权系履行、解除新劳动合同的行为及法律后果，解除效力仅及于新用人单位劳动关系存续期间，其效力不应倒溯影响劳动者与原用人单位间履行、终止/解除原劳动合同的法律责任。如若劳动者在新用人单位的行为后果具有溯及力，直接消极影响劳动者自原用人单位获得经济补偿的权利，会导致劳动者在原用人单位的工作及工作成果一并被否定，明显与上述法律法规、司法解释目的相冲突，有违公平、合理原则。

综上所述，劳动者非因本人原因从原用人单位被安排到新用人单位工作后，新用人单位合法辞退的，原用人单位仍应就原单位工作年限支付经济补偿。

（天津市河西区人民法院　潘烨）

46. 新冠肺炎疫情防控期间缓发劳动报酬是否应支付解除劳动关系经济补偿

争议焦点

新冠肺炎疫情防控期间，用人单位以新冠肺炎疫情为由，拖欠劳动者工资；劳动者以用人单位未及时足额支付劳动报酬为由提出解除劳动合同并要求支付解除劳动合同经济补偿的，应否支持？

基本案情

申请人：弓某

被申请人：北京某高科公司

弓某于 2015 年 10 月 31 日入职北京某高科公司，担任管理岗位，双方签订了劳动合同，弓某最后工作至 2022 年 10 月 22 日，在职期间工资均已结清。

弓某主张双方约定每月 15 日发放上一个自然月工资，因北京某高科公司存在拖欠工资，未足额支付劳动报酬的情形，导致其被迫离职，双方劳动关系于 2022 年 10 月 23 日解除，某高科公司应支付其解除劳动合同经济补偿。

北京某高科公司认为其公司因受新冠肺炎疫情影响已于 2022 年 1 月 5 日向工会委员会发函，经工会同意，全体员工月份工资可延期 3 个月发放，并称其公司缓发工资的行为并不属于《对〈工资支付暂行规定〉有关问题的补充规定》中规定的无故拖欠劳动者报酬的情形。另主张因劳动合同的履行地点在天津市，根据天津市高级人民法院发布的《天津法院劳动争议案件审理指南》，用人单位不是因故意或重大过失，而是因经营困难无法及时足额支付劳动报酬并经所在单位工会同意，用人单位未建立工会的，已经用人单位职工代表同意，劳动者以未及时足额支付劳动报酬为由解除劳动合同要求支付经济补偿的，不予支持。综上所述，北京某高科公司认为弓某要求支付解除劳动合同经济补偿的请求不应得到支持。

审理结果

驳回弓某要求支付解除劳动合同经济补偿的仲裁请求。

评析意见

关于"新冠肺炎疫情防控期间，用人单位以新冠肺炎疫情为由，拖欠劳动者工资；劳动者以用人单位未及时足额支付劳动报酬为由提出解除劳动合同并要求支付解除劳动合同经济补偿的，应否支持？"主要有以下两方面观点。

观点一：应根据案件情况综合判断应否支持。涉新冠肺炎疫情案件应审慎处理，用人单位以新冠肺炎疫情发生为由拖欠劳动者工资的，用人单位应对其主张进行充分举证。劳动人事争议仲裁委员会或人民法院应审查用人单位是否确因新冠肺炎疫情，导致生产经营困难、资金周转受到影响，综合确定是否由用人单位支付解除劳动合同经济补偿。

观点二：应严格按照《中华人民共和国劳动合同法》第三十八条规定予以认定。新冠肺炎疫情发生并非拖欠劳动者工资的当然理由，根据《对〈工资支付暂行规定〉有关问题的补充规定》，除"用人单位遇到非人力所能抗拒的自然灾害、战争等原因，无法按时支付工资"和"用人单位确因生产经营困难、资金周转受到影响，在征得本单位工会同意后，可暂时延期支付劳动者工资，延期时间的最长限制可由各省、自治区、直辖市劳动行政部门根据各地情况确定"两种情况外，其他情况下拖欠工资均属无故拖欠。故对于上述情况，用人单位未及时足额支付劳动报酬的，劳动者提出解除劳动合同，用人单位应当向劳动者支付经济补偿。

本案主要采取了第一种观点，认为在处理涉新冠肺炎疫情案件时，既要保护劳动者的合法权益，也要考虑企业的生存发展，依法平等保护双方的权益。本案中，某高科公司确实存在缓发工资的情况，但此种情况是否属于应支付解除劳动合同经济补偿金的情形，需要从其公司缓发工资的行为在主观上是否存在恶意或重大过失进行判断。根据《国家协调劳动关系三方关于做好新型冠状病毒感染肺炎疫情防控期间稳定劳动关系支持企业复工复产的意见》相关内容，对受新冠肺炎疫情影响导致企业生产经营困难的，鼓励企业通过协商民主程序与职工协商采取调整薪酬、轮岗轮休、缩短工时等方式稳定工作岗位；对暂无工资支付能力的，要引导企业与工会及职工代表协商延期支付，帮助企业减轻资金周转压力。2022年，新冠肺炎疫情形势仍较为严重，各行业均受到不小冲击，北京某高科公司在此情形下，为缓解经营困难，提出全体员工工资延缓3个月发放，并已征得工会同意。至弓某提出解除劳动关系时，北京某高科公司缓发工资不止一次，每次缓发时间均在3个月以内，弓某对此明知，但未提出异议，视为其对缓发工资一事的认可。在弓某未提供证据证明曾多次向北京某高科公司索要工资，北京某高科公司存在明显不当行为或恶意拖欠情形的情况下，就缓发工资一事，某高科公司在主观上并不存在恶意或重大过失，弓某以此为由提出解除劳动合同，不属于劳动合同法规定的应支付解除劳动合同经济补偿的情形。

除上述情况外，用人单位具有以下情形之一的，对劳动者要求用人单位支付解除劳动合同经济补偿的请求一般也不予支持：一是因受到新冠肺炎疫情防控具体措施影响无法按时支付工资；二是新冠肺炎疫情防控期间客观存在劳动报酬计算标准不明确等情形，因用人单位和劳动者对新冠肺炎疫情防控期间工资待遇的计算标准存在合理认识偏差，此种情形下用人单位不存在恶意或重大过失，需要经过仲裁或审判机关审理才能确定是否构成拖欠。

（北京市门头沟区劳动人事争议仲裁院　赵起宁）

47. "试用期只约定一次"的实务适用

争议焦点

用人单位关于试用期的约定是否合法?

基本案情

申请人:代某

被申请人:A 公司

代某与 A 公司签订的劳动合同期限自 2022 年 7 月 1 日至 2025 年 6 月 30 日。代某最后工作至 2022 年 11 月 10 日,后公司于 2022 年 11 月 17 日以发送辞退书的形式与其解除劳动关系。代某主张 A 公司新冠肺炎疫情期间违法解除劳动合同。A 公司对此不予认可,并主张因代某试用期期间经公司调岗和培训后,仍然不能胜任工作,故与之解除劳动合同,公司不存在违法解除劳动合同情形,并提供"劳动合同变更书""某校区课程顾问薪酬绩效协议"予以证明,该两份文件代某均已签字确认,"劳动合同变更书"显示,"经甲乙双方平等自愿、协商同意,对本合同作以下变更:乙方 3 个月试用期内,未完成绩效考核任务,试用期顺延 1 个月,顺延后仍然未能完成考核任务,试用期继续顺延 1 个月或解除劳动关系。""某校区课程顾问薪酬绩效协议"显示,"三、转正条件:试用期课程顾问所有培训考核达标,连续 2 个月完成月度新签任务可提前转正;试用期 3 个月,有 2 个月完成月度新签任务,正常转正;试用期 3 个月均未完成月度新签任务,试用期顺延 1 个月,顺延后仍然未能完成月度新签任务,试用期继续顺延或解除劳动关系。"代某认可未完成绩效考核目标,但主张公司解除劳动关系时其并不处于试用期,公司以试用期不符合录用规定解除劳动关系不能成立。

审理结果

劳动人事争议仲裁委员会认为，其一，"劳动合同变更书""某校区课程顾问薪酬绩效协议"能够体现双方就试用期期限及转正条件作出了明确约定，且其上有双方签字、盖章确认，应系双方真实意思表示；其二，"劳动合同变更书""某校区课程顾问薪酬绩效协议"的签订日期为劳动合同订立时间，此可说明代某作为劳动者已对试用期期限及转正条件有了实际预期，并不违反《中华人民共和国劳动合同法》第十九条第二款关于"同一用人单位与同一劳动者只能约定一次试用期"的规定精神；其三，双方签订了为期3年的固定期限劳动合同，"劳动合同变更书""某校区课程顾问薪酬绩效协议"能够体现双方约定的试用期期限最长为5个月，此并未超过法定最长试用期限；其四，"校内工作交流微信群聊天截屏"体现代某在2022年7月至2022年10月工作任务均未达标，此能够证明其在职期间知晓本人工作完成及单位任务指标制定情况，且并未提出异议。综上所述，A公司以代某不符合试用期录用条件为由解除劳动合同并无不妥。

评析意见

一、何为试用期

关于试用期，我国立法尚无规范统一的定义。根据现有立法可知，《中华人民共和国劳动法》第二十一条、《中华人民共和国劳动合同法》第十七条、第十九条、第二十条、第二十一条、第三十七条、第三十九条和第八十三条，对劳动合同试用期制度作出了基本法律规制。基于上述规定，从学理解释及立法本意两个维度可知，试用期是劳动合同意定要素之一，也即是否作为劳动合同内容而约束双方，完全基于双方意愿协商确定。因此，试用期可归纳为以下三个特征：一是适用对象的限制性，仅适用于新录用劳动者；二是试用期的自主性，现有立法并未规定试用期为劳动合同的必备要素，其设定完全出于当事人的共同意愿；三是试用期限的法定性，《中华人民共和国劳动合同法》对试用期限作出了效力性、强制性规定，试用期限最长不超过6个月。双方当事人只能在此框架范围内约定，若超出法定范围的部分，其约定无效并应承担相应的法律责任。

二、试用期只能约定一次的立法规制与实践适用的不能

依据《中华人民共和国劳动合同法》第十九条第二款之规定，同一用人单位与同一劳动者只能约定一次试用期。但在具体实践中，用人单位任意规定试用期的情况非常常见。第一，员工离职后再行招录的。如若用人单位再行招录该劳动者仍从事原岗位，用人单位可基于原劳动关系履行过程中，对劳动者业务能力的了解，可不再试用；但假如再行招录后的岗位有所变动，如果不重新试用，用人单位就有可能无法了解其适应新岗位的能力。用人单位如若因此而无法录用离职回聘的劳动者，这对双方来说都有失公允。第二，在具体实践中，初次约定试用期后，是否还可以对试用期期限进行延长，现有立法也并未作出合理规制。

三、试用期只能约定一次的实务解决路径

对于离职回聘劳动者的试用期约定，可参照《劳动部关于实行劳动合同制度若干问题的通知》规定，用人单位对工作岗位没有发生变化的同一劳动者只能试用一次。这一规定十分合理。对于回聘员工，应结合原有工作经验及现岗位要求综合考量，进一步缩小其限定的范围。如果连续使用同一个劳动者在同一岗位工作，均不应再次约定试用期。如果将该劳动者安排在新的岗位上，且该岗位与劳动者原有工作经验不相符的，出于企业自主经营考量，可进一步考察其是否符合录用条件，如此才更符合《中华人民共和国劳动合同法》有利于保护劳动者合法权利的契约精神，才有利于《中华人民共和国劳动合同法》在实践中的正确运用，也才能更好地平衡双方的权利与利益。

对于延长试用期期限的。延长试用期是否符合法律规定的争议焦点，在于对约定试用期这一行为的解释。从立法角度来讲，效力性、强制性规定立法目的一般是为维护某一方合法权益或公共法益。一般来讲，双方合意在上述规范适用下效力被否定，其根本原因在于双方合意侵犯了公共法益。就该规定而言，在实践中用人单位与劳动者合意延长试用期期限并不会当然侵害公共法益，故应尊重双方合意。合法延长试用期，关键要把握好两个原则：一是延长后的总期限一定不能超过法律规定的上限，这是底线；二是双方完全出于自愿协商，不存在欺诈、胁迫等情形。因此，实务中应就法律规定的只能约定一次试用期的司法适用进行综合判断。一方面，对于原定试用期的延长，其仅属于对原来试用期限的一种变更，而不是第二次约定，因此这并不违反劳动合同法只能约定一次试用期的规定。另一方面，试用期作为劳动合同的一项重要内容，如果用人单位希望延长劳动者的试用期，前提是必须征得劳动者的同意，且应在第一阶段试用期届满前或订立时作出，总和不超过规定的上限，就应该受到法律保护。

（北京市门头沟区劳动人事争议仲裁院　王立业）

48. 用人单位违法解除赔偿金基数计算争议

争议焦点

违法解除劳动合同赔偿金计算基数是否包含劳动者生育津贴？

基本案情

上诉人（原审原告）：甲公司

被上诉人（原审被告）：员工A

甲公司和员工A（以下简称A）双方签订有期限为2008年3月31日起至2010年3月30日止的书面劳动合同，2015年1月1日双方签订无固定期限劳动合同，业务岗位为资深商务支持专员，工作内容为接听400热线，工作地点在亦庄。2014年底至2015年甲公司作出将A所在部门调整至武汉的决策，公司实施裁员，A被列入裁员名单。A于2015年2月份怀孕。甲公司与A继续履行劳动合同。A于2019年3月至4月份怀二胎，2019年5月10日收到调岗通知书，调岗原因为原岗位取消，调整到区域销售支持专员岗位，工作地点调整到望京，A到新岗位报到并工作，其所在部门还有2名同岗位人员，该2名工作人员也在公司继续工作。

甲公司2020年10月23日与A协商，其岗位撤销，要求其到武汉工作，A不同意调岗，2020年11月4日甲公司主张与A解除劳动关系，解除原因为客观情况发生重大变化，其所在部门均调整到武汉。A在2020年11月4日之后，收到经济补偿金95 529元和一个月的待通知金7 361.1元，但主张甲公司为违法解除劳动关系，要求甲公司支付其违法解除劳动合同赔偿金。

A离职前每月工资7 361.1元加年终奖8 211元，生育津贴109 447.43元，2020年5月因缺勤扣工资1 015.14元。A于2015年12月21日生产一子，2019年

10月26日生产一女。

审理结果

一审法院认为，《中华人民共和国劳动合同法》第四十七条规定经济补偿的月工资按照劳动者应得工资计算，包括奖金、津贴和补贴等货币性收入。生育津贴是否属于工资性质，一审法院认为生育津贴并非工资，而属于社会保险中的生育保险范畴，依据《中华人民共和国社会保险法》第五十三条，职工应当参加生育保险，由用人单位按照国家规定缴纳生育保险费，职工不缴纳生育保险费。第五十四条规定，用人单位已经缴纳生育保险费的，其职工享受生育保险待遇；职工未就业配偶按照国家规定享受生育医疗费用待遇。所需资金从生育保险基金中支付。生育保险待遇包括生育医疗费用和生育津贴。综上所述，生育津贴并非工资性质，如果计算到A离职前12个月的平均工资，对于甲公司显失公平。一审法院判决如下：(1) 原告甲公司于本判决生效后7日内支付被告A违法解除劳动关系赔偿金差额104 088.88元；(2) 驳回原告甲公司其他诉讼请求。

二审法院对一审法院的认定进行了调整，二审法院引用《北京市人力资源和劳动社会保障局关于调整本市职工生育保险政策有关问题的通知》规定，生育津贴即为产假工资，生育津贴高于本人产假工资标准的，用人单位不得克扣；生育津贴低于本人产假工资标准的，差额部分由用人单位补足。综合案件现有证据，二审法院认定A享受的生育津贴应列入其解除劳动关系前12个月工资收入总额。

二审法院判决如下：(1) 撤销一审民事判决；(2) 甲公司于本判决生效后7日内向A支付违法解除劳动关系赔偿金差额250 375.8元；(3) 驳回甲公司其他诉讼请求。

评析意见

首先，经济补偿从性质上看应以劳动者正常工作出勤所获"应得工资"为计算基数。即便劳动者产假期间未提供劳动，但作为特殊政策下给予之待遇，可以视作其正常工作，由用人单位正常发放工资。因此按照正常出勤工资计算经济补偿金，既保全了劳动者依法应得的经济利益，亦符合经济补偿金制度设定之宗旨。

其次，生育津贴不应计入经济补偿金计算基数中。根据人力资源社会保障部发布的关于《生育保险办法（征求意见稿）》及《人力资源社会保障部对十二届全国人大五次会议第 8024 号建议的答复》等文件①，生育津贴从性质上是为保障女职工因生育暂时中断劳动期间的基本经济收入，同时均衡企业负担，而由国家向其支付的经济补助金，属于生育保险在既定标准下计算得出的理赔金额。该等费用的支付主体为有关社会保险经办机构，而非用人单位，既然不计入工资总额，就不属于工资性收入，也就不应计入经济补偿基数。同时，根据北京市医疗保障局、北京市财政局等五机关联合发文的《北京市生育保险和职工基本医疗保险合并实施意见》，生育保险和职工基本医疗保险已经逐步实现同步登记、基金合并运行，生育保险待遇从职工基本医疗保险基金支出，故从政策沿革上考虑，生育保险待遇应纳入医疗费用范畴，而不应视为职工的工资性收入。

最后，生育津贴中高出正常工资的部分计入经济补偿金有失公允。本案中，社会保险经办机构按照原告公司上一年度职工月平均工资计算得出的生育津贴为 109 447.4 元，畸高于按照被告正常工资标准计算得出的产假工资 35 087.91 元，该高出部分（74 359.49 元）的计入会导致经济补偿金计算基数的严重失衡（由此计算得出的平均工资高于正常标准近一倍），并非生育保险制度的立法本意。

鉴于此，从兼顾用人单位与劳动者双方利益之角度，正常出勤工资作为补偿金/赔偿金的计算基数（计为 7 960.73 元）更为公允。

（北京大成律师事务所　付勇）

---

① 《生育保险办法（征求意见稿）》第一条规定，为了保障职工生育期间获得经济补偿和基本医疗服务，均衡用人单位生育费用负担，促进公平就业，根据《中华人民共和国社会保险法》制定本办法；《人力资源社会保障部对十二届全国人大五次会议第 8024 号建议的答复》规定，为保障女职工因生育而暂时中断劳动期间的基本经济收入和医疗保障，帮助她们恢复体力重返岗位，均衡企业负担，促进平等就业，我国已经建立了生育保险制度。

49. 用人单位仅依据劳动合同约定与劳动者解除劳动合同是否合法

争议焦点

用人单位与劳动者解除劳动合同，依据劳动合同"旷工2日属于严重违反规章制度"的约定，是否合法？

基本案情

申请人： 曹女士

被申请人： 北京某信息公司

曹女士经医院诊断患有抑郁症，需服用抗抑郁药物治疗，因药物作用会出现长时间嗜睡的情况。北京某信息公司（以下简称信息公司）收到过曹女士提交的诊断证明，知晓曹女士病情及服用药物的情况。曹女士一个月内非连续两个工作日因服药昏睡，未提前请假，且在主管领导发信息称有重要工作时也未能回复，曹女士第二天才通过微信回复昏睡并需请假去医院检查。信息公司据此事实，依据双方签订的劳动合同"有连续旷工2日（含）以上，全月累计旷工2次（含）以上的属严重违反规章制度，可解除本合同且不需进行任何补偿"的约定，认定曹女士行为构成旷工，严重违反劳动合同约定，构成严重违反用人单位规章制度的情形，依据《中华人民共和国劳动合同法》第三十九条及双方劳动合同与曹女士解除劳动合同。

曹女士向劳动人事争议仲裁委员会提出仲裁申请，主张信息公司属违法解除劳动合同，应支付违法解除劳动关系赔偿金。

审理结果

曹女士未出勤系因病服药所致，事出有因，不构成无理由旷工。信息公司仅依据劳动合同约定与曹女士解除劳动合同，并无依据法律规定程序产生的规章制度，不符合《中华人民共和国劳动合同法》第三十九条的规定，信息公司与曹女士解除劳动合同属违法解除，应支付曹女士违法解除劳动合同赔偿金。

评析意见

判断用人单位与劳动者解除劳动合同是否符合法律规定，应由用人单位对解除的事实理由、制度及法律依据予以证实。

根据本案查明的事实，存在如下两种观点。

一种观点认为，如曹女士旷工的事实成立，劳动合同约定为曹女士知晓并同意，信息公司据此解除劳动合同不违反法律规定，系合法解除。因根据《中华人民共和国劳动合同法》，劳动合同由用人单位与劳动者协商一致，并经用人单位与劳动者在劳动合同文本上签字或者盖章生效。本案双方签订劳动合同对旷工几日作出明确的约定且经劳动者确认，效力高于规章制度，劳动合同约定的解除情形也能够作为解除劳动关系的依据。且相关法律法规也不乏类似规定，如《北京市工资支付规定》第十一条规定用人单位不得随意扣除劳动者工资。除法律、法规、规章规定的事项外，用人单位扣除劳动者工资应当符合集体合同、劳动合同的约定或者本单位规章制度的规定。用人单位可以依劳动合同的约定作出对劳动者劳动报酬事项的决定，《最高人民法院关于审理劳动争议案件适用法律问题的解释（一）》第五十条规定，用人单位根据劳动合同法第四条规定，通过民主程序制定的规章制度，不违反国家法律、行政法规及政策规定，并已向劳动者公示的，可以作为确定双方权利义务的依据。用人单位制定的内部规章制度与集体合同或者劳动合同约定的内容不一致，劳动者请求优先适用合同约定的，人民法院应予支持。上述规定均不否认劳动合同约定的效力，即也不应机械裁判解除劳动合同必须有规章制度的规定。同时，《中华人民共和国劳动法》第二十五条第（二）项规定，劳动者严重违反劳动纪律或者用人单位规章制度的，用人单位可以解除劳动合同。旷工属违反劳动纪律，劳动者应遵守。

另一种观点认为,如曹女士的旷工事实成立,即使旷工属违反劳动纪律,但并不能因此超越法律对解除劳动关系的框架和规定,扩大用人单位约定解除的空间。

劳动人事争议仲裁委员会采纳了第二种观点。首先,本案中用人单位的解除依据为劳动合同的约定,该约定作为劳动合同的条款约束劳动者,为劳动者知晓并确认,但显然该约定并非依法制定的规章制度,即不能作为《中华人民共和国劳动合同法》第三十九条劳动者违反规章制度已达严重程度用人单位可以解除劳动合同的依据。

其次,即使劳动者同意遵守劳动合同约定条款旷工达2日即属于违反用人单位的纪律,用人单位依约定解除就合法吗?笔者认为,现行劳动法体系排除了在法定解除情形之外另行约定解除条件的空间,解除劳动合同应是用人单位可对劳动者作出的最重之惩罚,法律也对此行为给予了最严格的限制规定。

《中华人民共和国劳动合同法》第八十七条规定,用人单位违反本法规定解除或者终止劳动合同的,应当依照本法第四十七条规定的经济补偿标准的二倍向劳动者支付赔偿金。可见,关于用人单位可以解除劳动合同的规定,是强制性规定,用人单位并无突破的可能,仅可依据《中华人民共和国劳动合同法》第三十六条之规定协商解除,第三十九条之规定单方解除,第四十条之规定无过失解除和第四十一条之规定经济性裁员。回到案件中,信息公司主张曹女士违反劳动合同约定的行为属《中华人民共和国劳动合同法》规定的严重违反规章制度,但严重违反规章制度为由解除劳动合同,所依据的规章制度应当是经过民主制定程序和公示告知程序的规章制度,而非双方约定的劳动合同条款。

《中华人民共和国劳动合同法》第四条规定,用人单位应当依法建立和完善劳动规章制度,保障劳动者享有劳动权利、履行劳动义务。用人单位在制定、修改或者决定有关劳动报酬、工作时间、休息休假、劳动安全卫生、保险福利、职工培训、劳动纪律以及劳动定额管理等直接涉及劳动者切身利益的规章制度或者重大事项时,应当经职工代表大会或者全体职工讨论,提出方案和意见,与工会或者职工代表平等协商确定。在规章制度和重大事项决定实施过程中,工会或者职工认为不适当的,有权向用人单位提出,通过协商予以修改完善。用人单位应当将直接涉及劳动者切身利益的规章制度和重大事项决定公示,或者告知劳动者。可见规章制度的制定和公告公示要依法定程序进行,法律在此充分地保障了劳动者入职用人单位后对切身利益有影响之规定的参与及认同的权益，全体劳动者共同制定并共同遵守，对违反规定可能产生的后果有预见，从而规范自身行为。该法条对用人单位规章制度的制定和实施作出了程序及内容的规定和限制，仅有依法制定的规章制度才能成为用人单位解除的依据，解除才是符合法律规定的。

劳动合同法律体系的制定和执行中，在涉及劳动者利益时不可贯彻契约自由、意思自治，若以劳动合同约定的形式代替用人单位规章制度，必然导致用人单位规避规章制度的民主制定，在劳动管理上产生差异化，最终损害的还是劳动者的利益。

最后，旷工的行为属于违反劳动纪律，劳动纪律是劳动者在提供劳动的过程中应普遍遵守的行为准则，作为一项统一的标准不能仅在用人单位与单个劳动者订立的劳动合同中予以确定。应由全体劳动者通过协商予以确定，用人单位对此分别约定也略显对劳动管理的轻视，降低管理的信服度。

（北京市石景山区劳动人事争议仲裁院　张宁）

50. 女职工"哺乳期"内劳动合同期届满，合同自哺乳期满终止

争议焦点

劳动合同的逾期终止、女职工哺乳期的特殊保护。

基本案情

原告：冯某某

被告：某生物技术公司

2020年6月11日，原告冯某某入职被告公司，双方于2020年7月23日签订劳动合同书。2021年7月22日，双方再次签订劳动合同书，合同期限自2021年7月22日起至2022年7月21日止。合同约定原告在被告生产部门从事技术操作工作，工作地点为经济技术开发区；月工资标准为2 800元；被告因生产和工作需要，需要调整原告工作岗位或工作内容的，经双方协商一致，可以依法变更。原告自2021年11月1日至2022年4月7日休产假，其哺乳期结束时间为2022年11月8日。2021年11月16日，某生态环境保护工作站向被告发出《关于责令某生物技术公司停产整改的通知》，要求被告停产整治。2021年11月19日被告工作人员在名为"某沟通群"中发布上述停产整改通知，原告属于该工作群成员。2022年4月14日，被告向原告发放生育津贴15 893.22元。2022年4月24日，被告工作人员以微信形式向原告发送了"解除（终止）劳动合同证明书"和"解除劳动合同协议书"，原告对上述文件中载明的解除劳动合同原因为原告辞职的表述不予认可，未签订上述两份文件。2022年4月24日至2022年7月23日，被告公司工作人员与原告协商是否接受调岗，原告表示只认可在原

经济技术开发区的岗位工作。2022年7月15日,被告向原告发出"续订劳动合同通知书"及劳动合同书,"续订劳动合同通知书"内容为"冯某某女士:您与我单位2021年7月23日签订的劳动合同于2022年7月22日到期,因劳动合同期限届满,现在通知您续订劳动合同及维持劳动关系。因政府关停原因,原工作地点自2021年11月至今一直无法继续生产。备案项目还需继续研发,原工作地点由原经济技术开发区临时变更为某产业园。考虑到您本人处于哺乳期内,工作上下班时间可以协商,请您于2022年7月22日前履行续订事项,如未签订视为您不愿与我单位续订劳动合同"。原告未在被告邮寄的劳动合同书中签字。2022年11月16日,被告公司员工向原告发送微信,内容为"冯姐,早上好!之前向您发出的续订劳动合同通知书和正式的劳动合同,截至7月22日我们未收到您续订的劳动合同。针对地点的变更,我们也与您进行了协商,可以在您所希望的某经济技术开发区为您提供岗位,也未收到您的回复。鉴于以上情况,给您说一下,我们的劳动关系已自动解除了"。

原告冯某某向人民法院提出诉讼请求:(1)要求被告依法支付原告在哺乳期内(2022年4月至2022年11月)的最低生活保障金34 244.56元;(2)要求被告依法支付2倍的经济补偿金21 402.85元;(3)要求被告承担本案诉讼费用。

审理结果

人民法院判决,被告自2022年4月8日起至2022年11月8日止应向原告支付的生活费为10 640元(1 900元/月×80%×7个月),结合被告向原告支付的生育津贴15 893.22元,核算原告在双方劳动合同终止前12月的平均工资为2 211.1元。根据原告在被告处的工作年限,被告应向原告支付经济补偿金5 527.75元(2 211.1元/月×2.5个月)。

评析意见

本案的争议焦点为原告冯某某主张的哺乳期内的生活费是否具有法律依据?被告是否存在违法解除劳动关系的行为?

第一,根据《工资支付暂行规定》第十二条,非因劳动者原因造成单位停工、停产在一个工资支付周期内的,用人单位应按劳动合同规定的标准支付劳动者工资。超过一个工资支付周期的,若劳动者提供了正常劳动,则支付给劳动者的劳动报酬不得低于当地的最低工资标准；若劳动者没有提供正常劳动，应按国家有关规定办理。《河北省工资支付规定》第二十八条规定，非劳动者本人原因造成劳动者停工一个月以上的，用人单位应当支付生活费。生活费标准为当地最低工资标准的80%。本案中，被告于2021年11月16日被政府要求关停整改，此后一直处于停产状态，在此期间，原告、被告双方就岗位调整未能协商一致，故原告在其产假结束后（2022年4月8日）未正常提供劳动。在此情形下，被告应按当地最低工资标准的80%按月向原告支付生活费1 520元（1 900元/月×80%）。

第二，原告、被告双方签订的劳动合同约定的期限虽自2021年7月22日起至2022年7月21日止，但在此期间，原告因生育子女而休产假，其哺乳期截至2022年11月8日，故原告、被告双方劳动合同终止期限亦应顺延至2022年11月8日。原告、被告双方在劳动合同终止前未就续订劳动合同协商一致，故双方合同应于原告哺乳期届满终止。2022年11月16日，被告虽向原告发出解除劳动关系的通知，但因双方劳动合同已于2022年11月8日终止，即解除合同的事实基础已不存在，故原告诉请的违法解除劳动合同赔偿金缺乏事实和法律依据。

作为国家维护和保障基本人权的一个重要组成部分，妇女权益越来越受到政府和社会的关注。《中华人民共和国劳动合同法》第四十二条规定，女职工在孕期、产期、哺乳期的，用人单位不得解除劳动合同。第四十五条规定，劳动合同期满，有本法第四十二条规定情形之一的，劳动合同应当续延至相应的情形消失时终止。较男性而言，女性有着特殊的生理结构并且承担着人类再生产功能，如果女性权益得不到切实保护，不仅损害其自身而且会影响下一代的健康。维护妇女权益和为女职工提供特殊保护是一项艰巨而复杂的工程。《中华人民共和国妇女权益保障法》第四十八条规定，用人单位不得因结婚、怀孕、产假、哺乳等情形，降低女职工的工资和福利待遇，限制女职工晋职、晋级、评聘专业技术职称和职务，辞退女职工，单方解除劳动（聘用）合同或者服务协议。但是女职工要求终止劳动（聘用）合同或者服务协议的除外。《女职工劳动保护特别规定》第五条规定，用人单位不得因女职工怀孕、生育、哺乳降低其工资、予以辞退、与其解除劳动或者聘用合同。本案对于引导企业切实关注女职工特殊劳动权益的保障，为女职工维权提供参考具有典型示范作用。

（河北省唐山市曹妃甸区人民法院　边晓凤）

51. 对"三期"女职工进行工作安排应具备正当性和合理性

争议焦点

对"三期"女职工进行调整工作岗位、工资构成、解除劳动合同等一系列处理是否合理？

基本案情

申请人（被告、被上诉人）：崔某
被申请人（原告、上诉人）：某家居装饰公司

崔某于 2019 年 6 月 27 日入职某家居装饰公司担任设计岗位，孕期调整岗位，哺乳期安排工作时，崔某因工作内容超出工作负荷拒绝此工作，某家居装饰公司根据员工手册向其发出"较重过失单"及"严重过失单"，后因其不在岗和不服从工作安排的违纪行为与其解除劳动合同。崔某要求某家居装饰公司支付违法解除劳动合同赔偿金 65 000 元。查明事实如下。

员工手册载明，有下列行为之一者，给予"一般过失单"一张：迟到、早退者；怠工或擅离工作岗位未造成不良影响者……有下列行为之一者，给予"较重过失单"一张：未履行请假手续擅自离岗者；多次不按时完成上级布置的工作、工作进度不及时汇报者……有下列行为之一者，给予"严重过失单"一张（视情节严重有权附加：停发部分或全部奖金、降低工资级别、一次性经济处罚），并在全公司通报批评（视情节严重有权附加：岗位调整、撤职、降职、单方解除劳动合同且不予任何经济补偿）：12 个月内受到"一般过失单"处分累计 3 次及以上者，或"较重过失单"处分累计 2 次及以上者；拒绝接受任务、不服从正常

调动经劝说无效者。

2021年8月12日和18日，某家居装饰公司两次向崔某发出工作安排邮件，崔某认为工作内容超出工作负荷而拒绝，公司两次下发"严重过失单"。

2021年8月18日至24日，某家居装饰公司向崔某发出邮件，内容主要为其已调整工作岗位，薪资未变，工作任务不属于哺乳期禁忌工作，应当及时完成，要求其及时履行工作职责，提交工作成果，如本人有意愿调整部门需要及时提交书面申请。崔某一直未提交调岗书面申请。

之后，某家居装饰公司以崔某无故脱岗、不按时提交工作成果等原因向崔某发出"较重过失单""严重过失单"。

2021年9月13日，某家居装饰公司向崔某送达"劳动合同解除通知书"，载明：因崔某多次不服从工作分配，多次不服从工作安排，多次未及时完成领导交代的工作任务，连续多日未向公司提供劳动，一个月内收到四次"严重违纪过失单"，一次"较重违纪过失单"，公司因其存在严重违纪行为，依据员工手册和劳动合同的规定，经与工会协商，决定自2021年9月13日与其解除劳动关系。

审理结果

崔某认为其在调岗后开始工作交接，并未在调整后的岗位实际开展工作，上班后仍处于哺乳期，但发现调整岗位后工作内容发生巨大变化，调岗后公司给其安排的工作不合理，工作内容超出工作负荷，调整工资构成，且存在商业偷盗行为，其拒绝此工作，后公司下达的过失单中记载内容与实际行为不符，也不符合员工手册的规定。其不存在"劳动合同解除通知书"中的违纪行为，该公司没有对"三期"女员工进行特殊照顾，苛待哺乳期劳动女员工，工会并未与其沟通了解过实际情况，属于违法解除劳动合同。

某家居装饰公司则认为劳动合同已明确崔某的工作岗位，约定该公司可以调整崔某的工作岗位，崔某已确认崔某本人同意劳动合同的上述变更；该公司在崔某产假结束后，由研发管理中心管理和安排工作，为其安排的工作内容和工作量较此前有所降低，其未及时完成工作任务；公司人力部门多次与其沟通，崔某未就岗位调整向部门或公司提出过任何主张。因崔某多次不服从工作安排，多次未提交劳动成果，消极怠工，恶意扭曲事实，严重违反该公司的规章制度和劳动合同法基本原则，公司严格按照员工手册作出处罚过失单，并根据相关法律、员工手册和劳动合同的规定，行使合法解除权，公司就崔某的违纪行为拟作出解除劳动关系决定，征求工会意见回复为同意，双方系合法解除劳动合同。

劳动人事争议仲裁委员会根据庭审情况，结合双方陈述及证据，认定某家居装饰公司因职能部门合并作出调整员工工作岗位的行为符合法律规定，具备合理性和正当性，但仅明示了岗位名称，未明确其调岗后的工作职责和工作任务范围，调岗前后工作内容存在一定差别，公司应对崔某在新岗位职责和所应具备的专业技能进行培训。对崔某不在岗和不服从工作安排的行为均可适用员工手册之规定，某家居装饰公司对其行为多次予以相对较重的过失单存在瑕疵。某家居装饰公司在崔某孕期调整工作岗位，在哺乳期安排工作，在其提出所安排工作超出负荷时，应当结合双方实际情况，经过与其充分协商，采取调整工作任务，进行业务培训等措施，帮助其适应新的工作岗位及工作内容。某家居装饰公司在协商无果的情况下予以相对更重的过失单处理，并在视情节附加的条件中，再次选择最重的处理结果与其解除劳动合同，存在不妥之处，属违法解除性质，劳动人事争议仲裁委员会裁决，某家居装饰公司向崔某支付违法解除劳动合同赔偿金65 000元。

一审审理结果如下。一审法院进一步查明案件所涉情况的细节，认定某家居装饰公司对崔某的过失处理行为有失妥当，将其行为以旷工、未按照公司的工作安排、未完成公司的工作任务指标界定为严重违纪，进而作出解除劳动合同缺乏事实及法律依据，构成违法解除，判决某家居装饰公司向崔某支付违法解除劳动合同赔偿金65 000元。同时，在判决书中特别指出，在用人单位存在违反法律、行政法规规定或劳动合同约定解除劳动合同的，工会有权要求用人单位予以纠正，本案中，某家居装饰公司工会在征求其与崔某解除劳动关系的意见时，未对该公司违法解除行为予以纠正，未充分发挥工会在劳动合同解除中的监督作用，该公司及工会的上述行为及做法，与构建和谐社会的社会治理目标相悖、亦有违社会主义核心价值观，应当予以摒弃。

二审审理结果如下。二审法院认定某家居装饰公司以崔某旷工、不服从工作安排、构成严重违纪为由解除劳动合同，依据不足，解除事由不能成立，该公司的解除构成违法解除，应当支付崔某违法解除劳动合同赔偿金，一审法院认定的数额并无不当，予以确认，判决驳回上诉，维持原判。

评析意见

用人单位作为市场主体，根据自身生产经营需要对劳动者的工作岗位、工作地点等内容进行适当调整，是行使用工自主权的重要内容，对其正常生产经营不可或缺。但同时，用人单位用工自主权的行使也必须在相关法律和政策的框架内，符合一定条件，不得对劳动者有歧视性、侮辱性、针对性，且应将劳动者安排在其能够胜任的岗位。用人单位在对劳动者进行调岗前应当通过明示的方式让劳动者对其工作职责、权利界限有明确的认知并能通过相关的制度对其行为后果产生合理预期。

依据国家法律和政策的规定，对于孕期、产期、哺乳期女职工实行特殊劳动保护和待遇，是指女职工除享受国家规定的妇女应享有的合法权益外，还享受国家针对女职工生理特点、体力状况、"三期"的特殊情况等，对女职工在劳动过程中所给予的特别保护。工会是企业保护女职工权益最基层的组织，在女职工遇到工作中的瓶颈，应调动女职工的生产积极性，同时也应符合立法本意，响应政策号召，妥善处理"三期"女职工劳动权益保护问题，在与"三期"女职工解除劳动合同方面秉持审慎态度，加强沟通联系，起到协调的桥梁作用和维权的监督作用。

（北京市通州区劳动人事争议仲裁院　任梦捷）

52. 印章存疑怎么办，"人章关系"是关键

争议焦点

双方当事人对辞退通知的效力存在争议。

基本案情

申请人：李某

被申请人：某物业公司

李某系某物业公司员工，岗位为厨师，双方签有期限为2021年10月1日至2022年9月30日的劳动合同，李某月工资标准为12 000元。

李某于2022年3月24日至劳动人事争议仲裁委员会申请劳动仲裁，主张某物业公司于2022年2月26日违法与其解除劳动合同，并由杨某向其送达了辞退通知，辞退通知显示：某物业公司因经营不善，故对李某予以辞退，落款处有日期，并加盖有某物业公司法人印章。某物业公司对此不予认可，并辩称李某系个人原因离职，其提交的辞退通知为先盖章后打印，杨某并非该单位员工，亦未获得授权。李某主张该证据为先打印，后盖章。为此，某物业公司申请对辞退通知中落款处印章印文和打印字迹朱墨时序鉴定。劳动人事争议仲裁委员会委托某鉴定机构对辞退通知中落款处印章印文和打印字迹的形成时间进行鉴定，某鉴定机构出具了鉴定意见。该鉴定意见显示："经鉴定，辞退通知落款处印章印文与打印字迹的顺序为印章印文形成在先，打印字迹形成在后。"上述意见与某物业公司所主张的形成顺序一致而与李某所主张的形成顺序相反。李某认为，辞退通知中加盖印章为某物业公司法人印章，即使是印章印文在先，亦应属有效，某物业公司不应当以杨某并非该公司员工及"先章后字"为由否认该文件系该公司作出；但某物业公司认为，杨某并非某物业公司员工，不具有向李某出具辞退通知

的权限，且印章印文形成在先，打印字迹形成在后，亦不符合常理，无法证明是某物业公司的真实意思表示。

审理结果

劳动人事争议仲裁委员会采信了某物业公司的抗辩主张，认定辞退通知不具有效力，理由如下。当事人提交的证据来源必须合法，庭审中李某自述辞退通知系杨某向其送达，某物业公司不认可杨某系该公司员工，亦不认可杨某有出具辞退通知的权限，否认该证据系该公司出具，结合该证据经鉴定为印章印文形成在先，打印字迹形成在后，形式存在瑕疵且与李某的主张相反，李某亦未就该证据系合法取得举证证实，其应承担举证不能的不利后果，故对辞退通知的真实性及证据来源合法性，劳动人事争议仲裁委员会不予采信。《中华人民共和国劳动争议调解仲裁法》第六条规定，发生劳动争议，当事人对自己提出的主张，有责任提供证据。与争议事项有关的证据属于用人单位掌握管理的，用人单位应当提供；用人单位不提供的，应当承担不利后果。李某主张用人单位违法与其解除劳动合同，在某物业公司不认可与其解除的情形下，其应就存在解除事实的主张承担举证责任，但除辞退通知外，李某未就某物业公司违法与其解除劳动合同的主张进一步提供证据予以证实，其应承担举证不能的不利后果，故李某关于某物业公司违法与其解除劳动合同的主张，不能得到劳动人事争议仲裁委员会的采信，其要求某物业公司支付违法解除劳动合同赔偿金的请求亦未得到劳动人事争议仲裁委员会的支持。由于本案中，鉴定机构出具的鉴定意见与李某所主张的事实相反，而与某物业公司主张的事实相符，故本案的鉴定费用亦由李某承担。

评析意见

《最高人民法院关于民事诉讼证据的若干规定》第八十七条、《北京市劳动人事争议仲裁证据规则》第三十八条规定，对单一证据，需审查证据来源的合法性。本案中，辞退通知加盖有用人单位印章，是否能够体现用人单位的意思表示？该证据来源是否合法？而辞退通知的出具人杨某是否有权出具上述文书，又对本案事实的认定有何影响？

对此，有以下两种观点。

一种观点是肯定的,理由为用人单位应当承担印章管理责任。辞退通知加盖有某物业公司法人印章,则能够体现所载内容为该公司的意思表示,如用人单位印章管理不善,应当承担相应的不利后果。且《中华人民共和国民法典》第一百七十条第二款规定,法人或者非法人组织对执行其工作任务的人员职权范围的限制,不得对抗善意相对人,杨某向李某出具的辞退通知加盖有该公司印章,意味着杨某具有该权限,无论杨某是否获得某物业公司授权,某物业公司自然应承担该通知所产生的法律后果。所以辞退通知应属李某合法取得,该通知上加盖有某物业公司法人印章,则能同时产生杨某具有该公司授权以及该公司认可该证据所载内容的法律后果。

另一种观点是否定的,理由如下。《中华人民共和国民法典》第一百七十条第二款虽然规定"法人或者非法人组织对执行其工作任务的人员职权范围的限制,不得对抗善意相对人",但李某所持辞退通知系印文形成在先,打印字迹形成在后,无法认定其是善意相对人,且其有义务核实杨某是否有权出具辞退通知,其应对证据来源的合法性承担责任。

劳动人事争议仲裁委员会倾向于第二种观点。当事人提供的证据,来源必须合法。在证据形式存在明显瑕疵、与常理相悖的情形下,其更应说明该证据的来源。在此情况下,李某自认该辞退通知系杨某向其出具,而杨某身份存疑,亦无其他证据证明杨某具有某物业公司的人事管理权,故无法证实辞退通知所载内容系某物业公司真实意思表示。

加盖公章的文件效力存疑时应如何处理?本案中引发上述不同观点源于对用人单位印章管理责任的认定不同,有观点认为只要加盖了公章,用人单位就应承担相应的法律后果。但盖章的本质在于表明加盖印章的行为人代表用人单位从事相应的职务行为,所以要求盖章的自然人首先应是具有代表权的用人单位员工或具有代理权的其他人员,而无代表权或代理权的人加盖的用人单位印章,即便是真实的,对于文件本身而言亦不会产生文件有效的预期效果。且如果文件在形式上存在明显的瑕疵,如本文中所提到的印章印文形成在先,而打印字迹形成在后,亦无法产生相应的法律后果。一言以蔽之,文件产生效力最本质问题在于,加盖印章之人是否具有出具上述文件的权利,即"人章关系",只要加盖印章之人有相应的代理或者代表权,则即使加盖印章并非单位真实的印章,或仅有其他证据能够证明该份文件系其出具,则不影响文件的效力,应认定该文件的效力。

反而言之，如果加盖印章之人不具有相应的代理或者代表权限，则即使加盖了用人单位真实的印章，亦无法确认该证据合法有效，无法认定系该公司的意思表示。

（北京市通州区劳动人事争议仲裁院　任双添）

53. 当医疗期"闯进"试用期，试用期能否"延长"

争议焦点

1. 病假期间是否能从试用期中扣除？
2. 试用期长期请病假是否属于"不符合录用条件"？

基本案情

申请人：蔡某

被申请人：某公司

2021年8月25日蔡某与某公司签订无固定期限劳动合同，双方约定试用期为6个月（即期满为2022年2月24日），工资标准为每月5100元，申请人一入职即可享受180天的医疗期。

2021年10月18日起，蔡某开始休病假，此后再未返岗，2022年4月13日公司通知蔡某4月15日医疗期满后应予返岗，蔡某以患病（精神类疾病）需继续病休为由拒绝返岗，在蔡某确未如期返岗后，公司于4月18日再次要求其返岗，蔡某仍未返岗，公司遂于4月20日以"劳动者在试用期间被证明不符合录用条件"为由解除劳动合同。

2023年3月1日，蔡某以公司解除理由明显违法为由，提起仲裁，要求公司继续履行合同。

审理结果

经公司律师在庭审中释法说理（见评析意见），蔡某不再请求继续履行合同，经进一步协商，达成由公司向蔡某一次性支付 10 000 元案结事了的仲裁调解书。

评析意见

一、试用期内员工长期休病假耽误试用时间，公司可以"延长"试用期

《中华人民共和国劳动合同法》关于试用期最长不超过 6 个月、只能约定一次等规定，一般被解读为对各种延长试用期做法的否定。故而初看本案，公司超过 6 个月的试用期后，以"劳动者在试用期间被证明不符合录用条件"作出解除，似乎欠妥；但是，从事实上看，6 个月的试用期中病休就占 4 个月有余，对公司一方来说，无法按照当初设想对劳动者进行全方位的考核，也即还没有实际试用就必须转正了，不甚合理。对于这个极具现实意义的尴尬问题，在国家未明确规定试用期是一个自然流逝的时间段（即类似于除斥期间）的情形下，还需从试用期的设立目的结合具体情形综合判断，以达成事理、法理、情理相统一。

《劳动部关于贯彻执行〈中华人民共和国劳动法〉若干问题的意见》规定，试用期是用人单位和劳动者为相互了解、选择而约定的不超过 6 个月的考察期。通过试用期，用人单位可以对劳动者进行评估，确定劳动者的实际工作能力是否如应聘时所言、是否符合岗位要求，以便更明确地做出是否正式录用的决定；同样作为劳动者，可以利用试用期了解公司的文化、政策、流程以及用人单位的工作条件、工作环境、工资福利等是否如招聘时所述。

因而，因各种原因致使实际考察期缩短但却不能变动的刻板做法实则不能满足用人单位和劳动者双方的合理需求。部分地区也已经认识到了这一矛盾问题，并作出了更加务实的规定，如浙江省高级人民法院民事审判第一庭、浙江省劳动人事争议仲裁院在《关于审理劳动争议案件若干问题的解答（四）》中释明，试用期是用人单位与劳动者的相互考察期间。劳动者在此期间请病假，影响到考察目的的实现，故该病假期间可从试用期中扣除。再如，《江苏省劳动合同条例》在第十五条直接规定，劳动者在试用期内患病或者非因工负伤须停工治疗的，在规定的医疗期内，试用期中止。同时，为应对新冠肺炎疫情特殊情形，多地也作出了变通规定，如《北京市高级人民法院、北京市劳动人事争议仲裁委员会关于审理新型冠状病毒感染肺炎疫情防控期间劳动争议案件法律适用问题的解答》规定，无法采取灵活考察方式实现试用期考核目的

的，用人单位与劳动者协商顺延试用期，不违反劳动合同法第十九条第二款关于"同一用人单位与同一劳动者只能约定一次试用期"的规定精神。劳动者因上述原因导致无法正常提供劳动的期间不应计算在原约定的试用期内，不应视为延长了原约定的试用期。

可见，试用期并非绝对的不能变动，参照可以变动的特殊情形，如果劳动者在试用期内长时间请假，阻却用人单位考察之目的实现，则于情于理于法均不符合试用期的内涵，理应将长假期间排除在试用期外，恰如本案。

二、长期请病假可以认定为"不符合录用条件"

从《企业职工患病或非因工负伤医疗期规定》及相关规定设置"医疗期"的立法宗旨出发，只要是劳动者，无论是否为试用期人员，均有权因身体原因享受"医疗期"。《劳动部办公厅关于合同制工人在试用期内患病医疗问题给宁波市劳动局的复函》（已失效）更是确定"合同制工人在试用期内患病或非因工负伤，可以享受医疗待遇，医疗期限为三个月"。

也由此，有观点直接认为，除非劳动者的健康状况不符合相关法律法规之特定岗位，例如，无法取得健康证的人员不得从事餐饮相关工作等，否则，用人单位以身体健康与否，来认定是否符合录用条件，既无法律依据，也较难证明其合理性。同时，"不符合录用条件"为《中华人民共和国劳动合同法》第三十九条"过失性辞退"项下内容，而劳动者因病休假本身无所谓过失，不应将病休与不符合录用条件画等号。此外，即便用人单位单独设置了试用期内病休天数超过某个数值即不符合录用条件，亦可能因系排除劳动者法定权利而被宣告无效。因而，休病假问题应当从试用期评估中直接排除。

可是，如上一个问题中对试用期是双方考察彼此是否适合的阐述，在这一适应的过程中，当然也应当包括用人单位对劳动者身体状况的考察，同时，在劳动者身体健康存在问题的情况下，也导致用人单位与劳动者的劳动关系存在较高不确定性。由此，在没有法律规定对录用条件加以明确限定的前提下，用人单位有权基于工作岗位的特点和管理需要行使用工自主权，选择留用身体健康的劳动者。

本案中，申请人医疗期满后继续请休病假，就该情况实务中已有相当的共识认为属于"不能从事原工作，也不能从事由用人单位另行安排的工作"，放置于关系相较松散的试用期内，可以比照认定为"不符合录用条件"。同时，长期的病假情况充分反映出其不具备能够适用正常工作时间和工作量的身体条件，无法满足公司对其能够提供持续的、有效的劳动力付出的期待和要求。并且，按照日常经验法则，申请人所患的精神类疾病是长期、慢性病，而申请人入职时恰恰响应了公司对健康条件的录用要求，并承诺自身无影响工作之疾病。此外，就申请人精神类疾病情况，公司亦有权按照《劳动部关于实行劳动合同制度若干问题的通知》"用人单位对新招用的职工，在试用期内发现并经有关机构确认有精神病的，可以解除劳动合同"之规定，根据疾病情况解除与申请人的劳动合同。

（北京市易和律师事务所　张亚东　孙硕）

54. 劳动关系中对用人单位合法权益的保护

争议焦点

劳动者离职后是否应向用人单位返还工作账号，以此带来的损失是否需要赔偿？

基本案情

原告（反诉被告）：张某某

被告（反诉原告）：某公司

张某某于 2021 年 11 月 22 日入职某公司，担任销售内勤，试用期 3 个月，试用期月工资 3 000 元，转正后月工资 3 500 元，双方未签订劳动合同，某公司为张某某缴纳了 2022 年 4 月和 5 月的社会保险。2022 年 5 月 25 日张某某离开某公司，后未再提供劳动。张某某 2021 年 11 月 25 日填写了员工登记表，填写的工作经历中显示其于 2016 年 5 月至 2021 年 5 月在河北某公司推广部工作，因公司经营不善离职。2022 年 5 月 5 日，张某某微信询问某公司张总婚假需要的资料和婚假天数，张总回复婚假 3 天。后张某某休婚假 3 天。2022 年 5 月 24 日张某某与某公司张总谈话沟通协商补签劳动合同事宜，张某某希望入职时间、缴纳保险时间及填写日期按照当日填写，某公司希望写成入职日期或参保日期，双方发生争议未谈拢，未签订劳动合同。次日上午张某某到某公司签到上班，某公司工作人员赵某某和张某某沟通离职事宜，张某某让某公司出具辞退证明，双方未谈拢，某公司将张某某移除了多个售后工作群。后某公司通知张某某回公司交还属于公司的微信号，张某某称留存工作微信号是因为里面有违法辞退的内容，等案件结束后再退还。张某某向某区劳动人事争议仲裁委员会申请劳动仲裁时请求：确认双方 2021 年 11 月 22 日至 2022 年 5 月 25 日存在事实劳动关系，请求依法裁决某公司支付 2022 年 4 月、5 月欠发的工资 7 161.8 元，支付未按法定婚假休假期间的工资 2 415 元、支付未签订劳动合同的二倍工资差额 20 000 元、支付赔偿金 3 500 元，共计 36 576.8 元。某公司提出反仲裁申请，请求判令张某某立即返还含有全部客户信息的业务微信号、支付因违反员工规章制度中的保密条款而应承担的赔偿金 42 000 元、支付因违反员工离职提前通知义务而给公司造成的损失 3 500 元、支付因工作履历造假和隐瞒重要信息而给公司造成的损失 3 500 元。

劳动人事争议仲裁委员会作出裁决书，裁决双方于 2021 年 11 月 22 日至 2022 年 5 月 25 日期间存在事实劳动关系，某公司支付张某某 2022 年 4 月、5 月欠发的工资 7 161.8 元、未按法定婚假休假期间的工资 2 415 元、未签订劳动合同的双倍工资差额 16 500 元、赔偿金 3 500 元；张某某立即向某公司返还含有全部客户信息的业务微信号、支付因违反员工离职提前通知义务而给某公司造成的损失 3 500 元，驳回某公司的其他仲裁申请。双方均不服，分别向人民法院提起诉讼。

审理结果

一审法院判决如下：（1）张某某与某公司 2021 年 11 月 22 日至 2022 年 5 月 25 日存在劳动关系；（2）某公司于本判决生效后 5 日内支付张某某双倍工资差额 16 500 元；（3）某公司于本判决生效后 5 日内支付张某某 2022 年 4 月、5 月工资 6 417 元；（4）某公司于本判决生效后 5 日内支付张某某赔偿金 7 000 元；（5）张某某于本判决生效后 5 日内返还某公司全部客户信息的业务微信号；（6）张某某于本判决生效后 5 日内赔偿某公司损失 3 500 元；（7）某公司于本判决生效后 5 日内支付张某某法定婚假休假期间 15 天的工资 1 750 元；（8）驳回张某某的其他诉讼请求；（9）驳回某公司的其他诉讼请求。

张某某不服提起上诉，二审法院裁定按撤回上诉处理。

评析意见

双方均认可张某某自 2021 年 11 月 22 日入职，2022 年 5 月 25 日双方解除劳动关系，故张某某主张该期间双方存在劳动关系，予以支持。

关于张某某主张的二倍工资差额 16 500 元，双方均无异议，予以采纳。

关于张某某主张的 2022 年 4 月、5 月工资，双方均认可张某某月工资 3 500 元，4 月张某某全勤在岗，某公司称张某某未打卡扣款 200 元，不符合法律规定；张某某 5 月休婚假 3 天，其余时间出勤在岗，至 5 月 25 日双方解除劳动关系，《中华人民共和国劳动法》第五十一条规定，用人单位应当依法支付劳动者婚假期间的工资，故该月工资为 2 917 元，因此，某公司应支付张某某 2022 年 4 月、5 月工资共计 6 417 元。

关于张某某主张的赔偿金，通过庭审可知，原告、被告双方在签订劳动合同未协商一致时，某公司将张某某移出多个工作群，致张某某无法正常提供劳动，故张某某主张其被某公司违法辞退，予以采纳。某公司应支付张某某赔偿金，张某某在某公司工作 6 个月以上，月工资 3 500 元，某公司应支付张某某经济赔偿 7 000 元。

关于张某某主张的法定婚假期间的工资，《河北省人口与计划生育条例》第二十五条规定，依法办理结婚登记的公民，除享受国家规定的婚假外，延长婚假 15 天。本案中，张某某微信询问休婚假时，某公司回复婚假 3 天，故张某某休婚假 3 天，未按该规定休假天数休假，现张某某已离职，无法安排调休，某公司应支付张某某法定婚假休假期间 15 天的工资 1 750 元。

关于某公司要求返还含有全部客户信息的业务微信号，双方已经解除劳动关系，张某某应返还某公司业务微信号。

关于某公司要求张某某因违反规章制度中的保密条款赔偿 42 000 元，原告、被告双方未签订书面劳动合同，也未签订任何保密协议，某公司提交的证明书中无张某某签字，某公司无充分证据证实其向张某某告知员工手册的内容，且也未提交因张某某违反保密制度造成严重后果的证据，故某公司请求张某某赔偿 42 000 元，不予采纳。但因双方已解除劳动关系，张某某应将公司财产、工作情况进行交接，其仍持有公司工作微信号，影响公司的业务发展，酌情支持损失 3 500 元。

关于某公司主张因张某某违反员工离职提前告知义务而给公司造成的损失 3 500 元，因张某某系被某公司违法辞退，该主张不予支持。

关于某公司要求张某某支付因工作履历造假和隐瞒重要信息而给公司造成的损失 3 500 元，双方未签订书面劳动合同，也无其他任何协议说明哪些行为属于工作履历造假和隐瞒重要信息，某公司也未要求张某某就其前一份工作提交详细信息材料，因某公司不是高新技术产业公司，张某某也未使用虚假的学历证书等，故某公司无证据证明其因张某某填写的工作履历使其在违背真实意思的情况下招聘了张某某，该主张无事实和法律依据，不予支持。

  劳动争议案件不仅要保障劳动者的合法权益，也要保障公司的合法权益。当今社会，工作方式和模式不断创新，微信作为最广泛的应用程序，是公司与客户沟通的桥梁，具有一定的经济利益，公司的微信工作号也属于公司的财产。劳动者在离职后应及时向公司交接工作内容、返还公司的财物，以免影响公司的工作安排，给公司造成损失。故本案判决张某某返还公司业务微信号，并酌情判决赔偿公司损失 3 500 元。

（河北省石家庄市裕华区人民法院　陈慧）

劳动报酬与工时休假

55. 关于金融行业"离职后不予发放递延奖金"的条款效力问题

争议焦点

因劳动者原因离职，用人单位是否可依据"离职后不予发放递延奖金"的规章制度拒付剩余的递延奖金？如需支付，递延奖金的发放是否需要在离职时一次性付清？

基本案情

申请人：蔺某

被申请人：某证券公司

蔺某于 2019 年 7 月 14 日入职某证券公司，担任资深经理，双方签订了期限自 2020 年 7 月 14 日至 2023 年 7 月 13 日的劳动合同。2022 年 2 月 28 日，蔺某因个人原因与某证券公司解除劳动关系。

蔺某的月收入分为工资及奖金，均在第二月月初以银行转账形式支付。2020 年 3 月 10 日，某证券公司发布了《某证券公司 2020 年度预算及绩效考核管理办法》，该管理办法第二十四条规定，部门绩效奖金在 3 年内递延发放，资深经理的奖金分 3 年发放，第一年 6 月发放上一年度奖金的 50%，第二年 6 月发放奖金的 30%，第三年 6 月发放奖金的 20%。第二十六条规定递延发放的部分仍需视项目风险情况、服务情况按第二十条规定报公司审批。如果员工在实际奖金发放日前离职，视为放弃绩效奖金及提成，已核算尚未发放的部分并入委员会奖励基金。

2021 年 3 月 8 日，某证券公司发布了《某证券公司 2021 年度预算及绩效考核管理办法》，该管理办法第二十四条规定，各单位负责人、业务骨干及对业务风险有重要影响的岗位，其绩效奖金按照一定比例延期支付，资深经理的奖金分3年发放，第一年6月发放上一年度奖金的50%，第二年6月发放奖金的30%，第三年6月发放奖金的20%。第二十六条规定，递延发放的部分仍需视项目风险情况、服务情况按第二十条规定报公司审批。如果员工在实际奖金发放日前离职，视为放弃绩效奖金及提成，已核算尚未发放的部分并入委员会奖励基金。

某证券公司通过OA系统及邮件方式向蔺某公示了上述文件，蔺某认可其知晓上述延迟发放奖金比例。蔺某认为在离职时公司应当一次性付清全部工资、奖金，遂于离职后多次与某证券公司沟通，要求公司支付2020年绩效奖金剩余50%部分及2021年度绩效奖金，某证券公司均予以拒绝。双方协商无果后，2022年9月11日，蔺某向劳动人事争议仲裁委员会提起劳动仲裁，要求证券公司支付2020年绩效奖金剩余50%部分89 321元及2021年度绩效奖金全额178 692元。

审理结果

劳动人事争议仲裁委员会认为，某证券公司应支付蔺某2020年绩效奖金剩余30%部分53 592.6元及2021年度绩效奖金50%部分89 346元，对2020年度绩效奖金20%部分及2021年度绩效奖金剩余50%部分，因未到奖金支付期限，故对蔺某要求支付该部分绩效奖金的仲裁请求不予支持。

评析意见

在我国加强金融行业监管的背景下，不同的监管机关与行业协会都颁布了涉及递延奖金的监管规定或指引，递延奖金支付制度成为当前金融行业较为常见的一种薪酬支付方式，金融机构多实施"按月工资+递延奖金"的薪酬发放模式。金融机构建立递延奖金支付等薪资发放制度旨在进行金融监管，避免短期行为和过度激励，平衡用人单位、劳动者以及其他债权人等多方利益。以本案的证券行业为例，中国证券监督管理委员会发布的《证券基金经营机构董事、监事、高级管理人员及从业人员监督管理办法》第四十四条规定，证券基金经营机构应当对董事长、高级管理人员、主要业务部门负责人、分支机构负责人和核心业务人员建立薪酬递延支付机制，在劳动合同、内部制度中合理确定薪酬递延支付标准、年限和比例等。《证券公司投资银行类业务内部控制指引》第三十条规定，证券公司应当针对管理和执行投资银行类项目的主要人员建立收入递延支付机制，合理确定收入递延支付标准，明确递延支付人员范围、递延支付年限和比例等内容。对投资银行类项目负有主要管理或执行责任人员的收入递延支付年限原则上不得少于3年。近几年来，金融行业劳动者离职后要求用人单位支付递延奖金的劳动争议也逐渐增多，且往往金额较高，其中包括用人单位以规章制度中约定有"离职后不予发放"条款而予以抗辩的情况。就这个问题，笔者分析如下。

一、递延奖金的性质

对递延奖金"离职后不予发放"条款的不同回答来自对递延奖金性质的不同认识。第一种观点认为递延奖金属于工资的一部分，《国家统计局关于工资总额组成的规定》将奖金列为工资的一种，递延奖金同样也属于该范畴。另有观点认为递延奖金属于长效激励金，不应将其视为发放时间延后的工资奖金，具体如何支付应当取决于规章制度的规定或双方在劳动合同中的约定。对此，笔者认为，递延奖金应属于为遏制风险设置的、与劳动者表现相挂钩的考核类奖金，用人单位具有设立考核、发放方案和发放程序的自主权，但同时递延奖金在满足一定支付条件的情况下劳动者可以确定获得的劳动报酬。在支付时间及金额能够确定的情况下，如满足考核条件及风险控制要求，发放递延奖金符合双方预期。具体理由如下。

第一，从考量设立目的来看，将奖金设置为递延发放主要为了避免短期行为和过度激励，满足金融监管机构要求，并非为了留住劳动者在其单位任职。在递延奖金发放时，应侧重的是劳动者的工作情况、项目风险、考核结果，而非将其视为支付给劳动者的留职激励，更不能将其视为公司可任意决定的福利。

第二，从实际支付情况上看，递延奖金的金额、比例及支付时间双方均有所约定，且具有相当预期，并非双方未进行约定的完全没有计算方式及支付标准的福利待遇或留职激励，而是基于劳动者过往从事项目的劳动付出及项目结果设立的奖金。

二、"离职后不予发放递延奖金"条款之效力问题

目前的劳动立法并未对递延奖金进行明确规定。根据当前的劳动立法及司法实践，在递延奖金的性质方面分歧较大。以性质较为相近的年终奖为例，"最高

法院指导案例183号"有下列描述,年终奖发放前离职的劳动者主张用人单位支付年终奖的,人民法院应当结合劳动者的离职原因、离职时间、工作表现以及对单位的贡献程度等因素进行综合考量。该案例虽未对用人单位"离职后不予发放奖金"的规定效力作出否定,但也未进行肯定,而是设立了较为灵活的判断标准:员工离职原因、离职时间、工作表现、对单位的贡献程度等。

笔者认为,如劳动者离职也应当支付剩余的递延奖金。如前述对递延奖金的性质分析,对于考核类奖金,是否发放及发放金额应当根据规章制度或劳动合同的约定,但如劳动合同或者规章制度规定离职员工不予发放,则应当属于排除劳动者的合法权益,应属无效。劳动者已经完成年度工作任务或者相关项目,如用人单位不同意支付递延奖金,应当证明劳动者的工作表现、项目风险情况不符合递延奖金发放标准,仅以双方劳动关系解除为由作为抗辩理由,未免依据不足。

三、离职引发的递延奖金发放期限问题

对于"离职后用人单位是否需要一次性结清递延奖金剩余款项"这一问题,分歧主要来自对金融监管机构对于奖金递延发放的条款及劳动法领域出于劳动者保护的规范的不同理解。1990年1月1日实施的《国家统计局关于工资总额组成的规定》第四条规定,奖金属于工资总额的组成部分;第七条规定,奖金是指支付给职工的超额劳动报酬和增收节支的劳动报酬。《劳动部关于印发〈工资支付暂行规定〉的通知》第九条规定,劳动关系双方依法解除或终止劳动合同时,用人单位应在解除或终止劳动合同时一次付清劳动者工资,该部门规章于1995年1月1日开始实施。基于我国金融行业发展的时代背景,当时的劳动法律法规及规范性文件并未对递延奖金进行特别规制。随着金融行业的蓬勃发展,基于遏制风险与短期投机行为的要求,金融监管机构开始陆续出台相关部门规范性文件,如中国证券监督管理委员会于2012年12月发布的、2020年修订的《证券公司治理准则》即规定了对于证券公司高级管理人员的绩效薪酬40%以上应当采取延期支付的方式,且延期支付期限不少于3年。另有《商业银行稳健薪酬监管指引》《证券公司投资银行类业务内部控制指引》等多个规范性文件均对递延奖金的支付期限作出了规定,要求不少于3年。

就离职引发的递延奖金发放期限问题,笔者认为,递延奖金无须在离职时一次性付清。从本文前述分析的递延奖金性质来看,递延奖金不完全等同于一般的薪资类奖金,而是基于金融行业发展的时代背景而设立的、具有一定发放标准、

需要经过公司绩效考核方案等进行评估考量的考核类奖金。金融行业，如证券、投行等行业的行业特点是具有高风险性，且项目持续时间一般较长，风险往往需要一定时间才能暴露出来，且对于证券公司等用人单位来说，项目风险一旦爆发，很有可能意味着相关负责人及公司需要承担民事赔偿责任或行政责任，严重者甚至会涉及刑事责任，而公司业绩也有可能由盈转亏。基于以上行业特点，设立奖金递延支付制度正是为了通过将奖金数额与项目风险挂钩，留存与风险程度相匹配的奖金数额，在经过约 1~3 年甚至更长时间后，随着项目风险暴露可能程度的降低，将符合条件的奖金发放给相关管理层或业务人员，从而防范过度激励，避免以上人员出现忽视风险的短期行为。如要求用人单位在劳动者离职时即一次性付清奖金，则可能在项目风险暴露之前已经付出了奖金，既不符合金融行业的规范和行业习惯，也无法达到递延奖金风险控制的目的，且一旦提前支付，由于劳动者已经离职，用人单位再想要求劳动者返还该笔奖金款项难度极大，容易导致劳动者通过提前离职的方式避开风险监管，提前拿到奖金。

  本案中，蔺某要求支付剩余全额的递延奖金，一方面部分递延奖金未到达约定的支付期限，其项目风险也未有充分的时间予以暴露，故对其未到期的递延奖金不予支持；另一方面，规章制度中"离职后不予发放"条款有排除劳动者合法权益之嫌，某证券公司亦未举证证明蔺某存在其他不应支付递延奖金的证据，故对蔺某的递延奖金中已经到期的部分予以支持。

（北京市朝阳区劳动人事争议仲裁院　陈慧佳）

56. 国有企业工资总额限制能否作为降薪依据

争议焦点

1. 国有企业能否根据工资总额限制的规定单方降低员工工资标准？

2. 适用《中华人民共和国劳动合同法》第三十八条时，是否需要考虑用人单位存在主观恶意还是客观不能？

基本案情

申请人：梅某

被申请人：A 公司

梅某于 2021 年 7 月 1 日入职 A 公司。双方约定梅某每月基本工资为 16 000 元，绩效工资为基数 4 000 元乘以考核系数，每月 15 日发放上一自然月工资。2022 年 11 月，梅某正常出勤，该月绩效考核系数为 1，但 A 公司仅支付梅某基本工资 8 000 元和绩效工资 2 000 元。2022 年 12 月 30 日，梅某向 A 公司邮寄送达"被迫解除劳动合同通知书"，以拖欠工资为由提出与 A 公司解除劳动合同。后梅某向劳动人事争议仲裁委员会提起仲裁申请，要求支付 2022 年 11 月工资差额 1 万元和解除劳动合同的经济补偿 138 854.33 元。

庭审过程中，A 公司称公司并无拖欠工资的主观恶意，其公司作为国有企业，根据国资委《中央企业工资总额管理办法》的相关规定，工资总额实行预算管理，不得违反规定超提、超发，2022 年受新冠肺炎疫情影响，工资总额预算降低，受预算限制，梅某 2022 年 11 月的工资标准减半，当时已告知梅某，但梅某未同意，在梅某对工资调整有异议的情况下，未向公司提出申诉，也拒绝与公司沟通，而是径行主张被迫解除劳动合同，其目的在于获取解除劳动合同的经济补偿。梅某对此不予认可，主张用人单位不得无故降低工资标准，业绩下滑不是降低工资待遇的合法理由，依据《中华人民共和国劳动合同法》第三十八条维护权益，无须事先询问公司原因。

审理结果

劳动人事争议仲裁委员会经审理后认为，《中央企业工资总额管理办法》并未赋予企业单方降薪的权利，企业调整员工薪资仍应遵循《中华人民共和国劳动合同法》的相关规定，故对于梅某要求支付2022年11月工资差额的请求予以支持。双方对工资总额限制等制度的理解不同，导致对工资支付标准存在不同意见，需要经过仲裁机构或人民法院审理才能确定，A公司不存在拖欠劳动报酬的主观恶意，故对于梅某要求支付解除劳动合同经济补偿的请求不予支持。

评析意见

对于争议焦点一，《中央企业工资总额管理办法》第四条规定，中央企业工资总额实行预算管理。企业每年度围绕发展战略，按照国家工资收入分配宏观政策要求，依据生产经营目标、经济效益情况和人力资源管理要求，对工资总额的确定、发放和职工工资水平的调整，作出预算安排，并且进行有效控制和监督。由此可见，《中央企业工资总额管理办法》并未授予企业单方调整工资待遇的权利，而是要求企业依据人力资源管理要求调整职工工资水平。故A公司调整梅某的薪资待遇，仍应遵循法律相关规定。依据《中华人民共和国劳动合同法》第三十五条之规定，变更劳动合同内容应经双方协商一致。《人力资源社会保障部办公厅关于妥善处理新型冠状病毒感染的肺炎疫情防控期间劳动关系问题的通知》也提到，企业因受疫情影响导致生产经营困难的，可以通过与职工协商一致采取调整薪酬、轮岗轮休、缩短工时等方式稳定工作岗位。据此，无论是中央企业关于工资总额限制的规定，还是受新冠肺炎疫情影响业绩下滑，均不能成为A公司单方降薪的合法理由。就降薪一事，A公司未与梅某协商一致，故其公司单方降薪的决定对梅某不发生法律效力，其公司应补足梅某2022年11月工资差额。

对于争议焦点二，《中华人民共和国劳动合同法》第三十八条规定，用人单位有下列情形之一的，劳动者可以解除劳动合同：（二）未及时足额支付报酬的。该条规定了劳动者的特别解除权，即在出现法定事由的情况下，劳动者无须履行提前30日告知的义务即可通知用人单位解除劳动合同。从表述上看，该条并未明确写明用人单位需具有主观过错。但从劳动法的立法精神来看，劳动法需在劳动者权益和用人单位效益之间进行平衡。劳动者在行使特别解除权时，往往会打乱用人单位正常的经营秩序，给用人单位造成影响。故《中华人民共和国劳动合同法》第三十八条在平衡劳动者与用人单位双方权益的基础上，对适用特别解除权的情形进行了具体限定，要求用人单位具有主观过错。本案中，双方对工资总额限制等制度的理解不同，导致对工资支付标准存在不同意见，需要经过仲裁机构或人民法院审理才能确定。A公司并不存在克扣工资的主观恶意。故梅某主张依据《中华人民共和国劳动合同法》第三十八条解除劳动合同说法不能成立，其要求支付解除劳动合同经济补偿的请求，缺乏事实依据，不予支持。

（北京市门头沟区劳动人事争议仲裁院　刘向蕾）

57. 包薪制法律问题实务分析

争议焦点

用人单位与劳动者约定实行包薪制,是否还需要依法支付劳动者加班费?

基本案情

申请人:乙某

被申请人:B 公司

乙某于 2019 年 11 月入职 B 公司,工作地点在石家庄。双方订立的劳动合同约定月工资 7 500 元(含加班费),每月休息 4 天。2022 年 2 月,B 公司与乙某解除劳动合同。乙某认为 B 公司是违法解除,且其在职期间长期加班,公司应向其支付加班工资及违法解除劳动合同赔偿金。B 公司认为劳动合同中约定的月工资中已含加班费,遂拒绝向乙某支付加班工资。乙某向劳动人事争议仲裁委员会申请劳动仲裁,请求支付加班工资与违法解除劳动合同赔偿金。

审理结果

劳动人事争议仲裁委员会依法裁决驳回乙某要求 B 公司支付加班费的请求。

评析意见

在司法实践中,包薪制成为劳动力市场上自发形成的一种新形式的工资支付方式。所谓"包薪制"或称"打包工资",其核心逻辑都是将未来会产生或可能会产生的加班费,提前约定在工资里,而在加班费实际产生时,即使实际加班费高于企业所主张工资中包含的加班费,企业也不再额外向员工支付加班费。这种方式的常见操作是在劳动合同中规定:"上述月工资中已包含员工因任何情况而产生的加班费,公司无须再另行向员工支付加班费"或类似表述。

目前实践中,有些企业为了便于加班管理或出于其他目的,对一些不适用特殊工时制度,但是又确实经常性、固定性加班的员工,如企业销售、外勤、研发、厨师等岗位员工在劳动合同中约定采取"包薪制"或"打包工资"的薪酬方式。

《中华人民共和国劳动法》第四十七条规定,用人单位根据本单位的生产经营特点和经济效益,依法自主确定本单位的工资分配方式和工资水平。第四十八条规定,国家实行最低工资保障制度。《最低工资规定》第三条规定,本规定所称最低工资标准,是指劳动者在法定工作时间或依法签订的劳动合同约定的工作时间内提供了正常劳动的前提下,用人单位依法应支付的最低劳动报酬。

从上述条款可知,包薪制在目前的法律中并没有明确规定,从民法层面"法无禁止即可为"及尊重双方约定的角度,一般应认定为有效,即用人单位可以依法自主确定本单位的工资分配方式和工资水平,并与劳动者进行相应约定,但因包薪制适用于劳动法即社会法范畴,其有效的前提除了系双方当事人真实意思表示以外,还不得违反法律关于最低工资保障、加班费支付标准的规定。具体来讲,需将劳动报酬与实际工作时间转换为标准工时制下的工资,如果转换成标准工时制下的工资不低于用人单位所在地最低工资标准,则用人单位无须再向劳动者支付加班费。如果转换后的工资低于最低工资标准,则需要按最低工资标准补齐差额,以确保实际薪酬不低于最低工资标准。

本案中,根据双方劳动合同约定,可知乙某认可每月仅休息4天,即对部分双休日需加班的事实认可。乙某工作期间,同期石家庄市最低工资标准为1 900元/月。标准工时制下,乙某每月工作日应为21.75天,每日工作8小时,而乙某实际每月休息日加班4天,包薪为7 500元/月,则工资转换为标准工时制下的月工资为:7 500÷(21.75+4×200%)×21.75=5 484元,大于1 900元,即转换成标准工时制下的工资不低于同期用人单位所在地最低工资标准,乙某无权再就加班4天主张加班费,因此劳动人事争议仲裁委员会依法裁决驳回乙某要求B公司支付加班费的请求。

针对上述个案进行分析后,为了进一步明晰各地裁判尺度,经检索北京、上海、广东等地的判决,我们发现,根据员工的实际工作时间和实际工资进行折算后得到的工资数额高于当地最低工资标准的,这种情况下的"包薪制"是合法有效的。这一认定方式是目前较为主流的观点,各地司法机构在判断"包薪制"效力时,往往会从以下三个方面进行判断。

一、折算后的工资是否低于当地最低工资标准

折算方式是司法实践中比较常见的判断标准,因为有量化的数据,所以往往更具客观性。且各地也逐渐出台一些会议纪要、裁判指引等文件,进一步明确这一判断标准。

北京市高级人民法院、北京市劳动人事争议仲裁委员会发布的《关于审理劳动争议案件解答(一)》第58问规定,用人单位与劳动者虽然未书面约定实际支付的工资是否包含加班工资,但用人单位有证据证明已支付的工资包含正常工作时间工资和加班工资的,可以认定用人单位已支付的工资包含加班工资。但折算后的正常工作时间工资不得低于当地最低工资标准。

江苏省高级人民法院、江苏省劳动争议仲裁委员会发布的《关于审理劳动争议案件的指导意见》第二十三条规定,用人单位实际支付劳动者的工资未明确区分正常工作时间工资和加班工资,但用人单位有证据证明已支付的工资包含正常工作时间工资和加班工资的,可以认定用人单位已支付的工资包含加班工资。但折算后的正常工作时间工资低于当地最低工资标准或者计件工资中的劳动定额明显不合理的除外。

《深圳市中级人民法院关于审理劳动争议案件的裁判指引》第六十二条规定,劳动者与用人单位在签订劳动合同时约定的工资中注明"已包含加班工资"或虽未书面约定实际支付的工资是否包含加班工资,但用人单位有证据证明已支付的工资包含了正常工作时间工资和加班工资的,劳动者的时薪为:时薪=约定工资÷(21.75天×8小时+约定包含在工资中的平时加班时间小时数×150%+约定包含在工资中的休息日加班时间小时数×200%+约定包含在工资中的法定节假日加班时间小时数×300%)。按上述方法计算出的劳动者的时薪低于当地最低工资标准的,该约定为无效;劳动者的工资应以最低工资标准为基本工资,超过法定工作时间为加班时间,加班工资以最低工资标准按法律规定标准计算。

二、涉及"包薪制"的协议是否存在无效或可撤销的情形

由于现有的法律法规并未对"包薪制"进行明确规定,在判断"包薪制"约定的效力时,劳动人事争议仲裁委员会或人民法院通常会判断"包薪制"的约

定是否存在《中华人民共和国民法典》规定的民事法律行为无效或可撤销的情形。在用人单位提交了有劳动者签字确认的书面协议的情况下,如果劳动者主张该协议无效或可撤销,需由劳动者举证证明该协议系无效或存在欺诈、胁迫、乘人之危等可撤销的情形,如劳动者举证不能,可能需要承担不利后果。

三、劳动者对于加班时间是否有明确的预期

在一些固定排班的岗位,如用人单位与劳动者明确约定,相关岗位每天工作 8 小时,每周工作 6 天,并且在劳动合同中明确约定基本工资中包含加班工资,在不考虑工资折算等其他因素的情况下,劳动人事争议仲裁委员会或人民法院往往会认为劳动者在签订劳动合同时对于加班时长以及基本工资中包含的加班工资是有预期的,因此,劳动者再主张休息日加班工资,往往不会得到支持,但是劳动者主张工作日的延长工作时间加班工资,仍有可能得到支持,因为劳动者在签订劳动合同时,对于工作日的延长工作时间加班是没有预期的。上海市第一中级人民法院即持上述观点。

(河北省石家庄市劳动人事争议仲裁院　王倩男)

58. 考核制度调整需经过民主程序

争议焦点

影响到工资结构的考核制度调整是否需要经过民主程序？

基本案情

申请人： 崔某某

被申请人： 某网络技术有限公司

崔某某于2016年2月18日入职某网络技术有限公司，在市场部担任数据中心主管。双方先后签订三次固定期限劳动合同，第三份合同期限至2023年11月1日。2016年2月18日至2022年4月14日，某网络技术有限公司在劳动合同履行期间，每月按照基本工资加提成工资（销售成单提成总额的20%）向崔某某发放工资。

2022年4月14日，某网络技术有限公司通过钉钉系统向市场部数据中心员工发送市场部考核内容表，告知自2022年4月15日起执行绩效制考核，取消原有的提成工资。数据中心主管考核内容为：客户运营中心企业下发率超过20%，主管个人奖励2 000元。

2022年5月发放工资时，崔某某发现自己的工资相比之前明显减少。某网络技术有限公司解释是，实施新的考核制度将原有的提成工资改为绩效工资，绩效工资将根据绩效考核结果确定。改变考核制度的原因是潜在客户是否成单与数据中心并无直接关系，客户最终下单是基于销售部门的工作人员对于产品和业务的介绍，推荐定制机型和服务方案以及公司可靠的产品和优质的服务，数据中心拿销售成单提成工资不合理。

崔某某认为，某网络技术有限公司是变相降低了自己的工资标准，构成了降低"劳动合同约定条件"的情形，因此向北京某区劳动人事争议仲裁委员会提出仲裁申请，请求某网络技术有限公司支付2022年4月15日至4月30日业绩提成差额1 678元。

审理结果

劳动人事争议仲裁委员会驳回崔某某的仲裁请求。

一审、二审判决支持崔某某的诉讼请求。

评析意见

本案争议焦点是：影响到工资结构的考核制度调整是否需要经过民主程序？

一种观点认为，基本工资之外的提成工资或者绩效工资具有一定的奖励性质，发放或者不发放、发放多少用人单位起主导作用。《中华人民共和国劳动法》第四十七条规定，用人单位根据本单位的生产经营特点和经济效益，依法自主确定本单位的工资分配方式和工资水平。根据上述规定，用人单位有根据生产经营需要确定工资分配方式的权利。某网络技术有限公司认为提成工资计发方式存在不合理性，其对于数据中心部门考核制度（工资结构）的调整，是用人单位根据自己的生产经营特点和经济效益，自主确定工资分配方式，属于自主经营权的范畴。某网络技术有限公司已经将新的考核制度告知崔某某，且新的考核制度不存在违反法律法规禁止性规定及明显损害劳动者合法权利的无效情形。崔某某以原提成方案为依据要求支付差额，不予支持。

另一种观点认为，不论是提成工资还是绩效工资，都属于劳动报酬的组成部分，用人单位不得私自调整劳动报酬。《中华人民共和国劳动合同法》第三十五条规定，用人单位与劳动者协商一致，可以变更劳动合同约定的内容。变更后的劳动合同文本由用人单位和劳动者各执一份。劳动报酬作为劳动合同的必备条款，当用人单位实施变更时，自然要和劳动者协商一致。也就是说，在劳动合同履行期间，如果工资结构变化影响到劳动者的实际收入，用人单位应当与劳动者协商一致后方可变化。

《中华人民共和国劳动合同法》第四条第一款规定，用人单位应当依法建立和完善劳动规章制度，保障劳动者享有劳动权利、履行劳动义务。第二款规定，用人单位在制定、修改或者决定有关劳动报酬、工作时间、休息休假、劳动安全卫生、保险福利、职工培训、劳动纪律以及劳动定额管理等直接涉及劳动者切身利益的规章制度或者重大事项时，应当经职工代表大会或者全体职工讨论，提出方案和意见，与工会或者职工代表平等协商确定。

《北京市工资支付规定》第六条规定，用人单位应当依法制定本单位的工资支付制度；制定工资支付制度应当征求工会或者职工代表的意见，并向本单位的全体劳动者公布。工资支付制度应当主要规定下列事项：（一）工资支付的项目、标准和形式；（二）工资支付的周期和日期；（三）工资扣除事项。第十一条规定，用人单位不得随意扣除劳动者工资。除法律、法规、规章规定的事项外，用人单位扣除劳动者工资应当符合集体合同、劳动合同的约定或者本单位规章制度的规定。

从上述法律条款和规定的内容可知，工资支付制度包括工资结构，用人单位不得随意调整，用人单位单方在调整涉及劳动者切身利益的规章制度或者重大事项时，应经过民主程序。某网络技术有限公司对于数据中心部门考核制度（工资结构）进行了调整，但未提交证据证明上述调整系经过民主程序，且崔某某亦明确表示不认可该调整。因此某网络技术有限公司应补足因考核制度调整导致崔某某产生的工资差额。

用人单位的规章制度一般可以分为两大类型，一是员工手册、绩效考核规定、考勤制度、违纪处分规定等直接涉及劳动者劳动关系管理的规章制度；二是印章管理、差旅报销制度、公司文化等关于公司整体运营管理的规章制度。前者应当通过民主程序，但后者是否应当经过民主程序？笔者认为需要具体情况具体分析，不可一概而论。若其中存在直接涉及劳动者切身利益的条款，则相关条款应当依据法律规定经过民主程序。否则一旦发生劳动争议，相关条款不能作为依据，进而需要承担相关法律责任。案例中，用人单位调整影响到工资结构的考核制度没有履行民主程序，进而导致败诉。

（北京市石景山区劳动人事争议仲裁院　郭颖）

59. 改制企业的员工报酬处理

争议焦点

企业改制后是否应按原工资待遇补足劳动者工资？

基本案情

申请人：李某

被申请人：某粮食企业

李某称其2000年12月30日通过参加县委组织的公开选拔副处级领导干部的方式，被聘为某电子企业副经理，成为副处级干部。后因国企改革，2009年6月，李某被组织安排到某粮食企业工作，受当时企业领导班子职位数量限制，未能进入领导班子。2011年6月17日，某县经济和信息化委员会下发通知：某粮食企业保留李某国有一级企业副职待遇。2011年12月，某粮食企业并入某粮食集团企业，李某被任命为总经理助理兼党政办公室主任，享受副处级待遇，为企业领导班子成员。2013年1月，企业开始实行年薪制，李某所享受待遇与实职副职完全一样。2017年12月，集团合并，成立某食品集团，某粮食企业上级单位变更为某食品集团，李某与三名实职副职执行一样的年薪发放标准，即享受二级企业实职副职待遇。2021年4月，某食品集团对三家粮食企业实施重组，组建新的储备企业，某粮食企业成为某食品集团的三级企业，李某继续享受原待遇。直到2021年11月，某粮食企业将李某原享受二级企业副职待遇标准降为享受三级企业某项工作牵头负责人待遇标准（享受二级企业副职的75%），按9 070.15元发放了其2021年11月工资。经李某向储备企业反映，被告知其仍按原标准执行。2021年11月24日，某粮食企业党委再次召开会议研究，李某2021年12月工资恢复至原标准，并将2021年11月工资予以补发。某粮食企业认可李某2009

年6月之后的工作情况及工资发放情况，认可2021年12月恢复李某薪资（每月支付）至原标准，并将2021年11月工资予以补发。李某工资分两部分支付：每月支付薪资（基本年薪+绩效年薪+通信费）+兑现年薪（通常次年年中支付）。

某粮食企业主张李某在2021年4月之前享受二级企业正职的75%，即享受二级企业实职副职待遇，自2021年5月开始，根据联席会议纪要第（5）项"子企业原任高级管理人员薪酬以不高于子企业新任副职的比例由各子企业决定"，调整为享受二级企业副职的75%。某粮食企业就其主张提交了《2021年班子成员联席会纪要》《企业领导人员管理办法》《党政班子扩大会议纪要》等证据。其中，《2021年班子成员联席会纪要》中记载："（2）为确保成立初期企业稳定，与会班子成员共同讨论通过了子集团和子企业班子成员及高级管理人员的薪酬分配问题。暂时原则上保持与原来薪酬分配比例一致。……（5）子企业原任高级管理人员薪酬以不高于子企业新任副职的比例由各子企业决定。（6）子企业原任高级管理人员薪酬，政府有相关文件规定的，尊重历史，由各子企业决定。"《企业领导人员管理办法》中，第三十条"关于班子成员年终兑现的系数分配比例。所属子企业班子年终兑现以考核结果为依据。其中，班子正职年终兑现系数为1；班子副职年终兑现比例系数不超过正职平均系数的75%；'三总师'、总经理助理及相当职务人员不超过班子副职平均系数的75%。"第六十二条"本办法自发布之日起试行，之前发文中有与此规定相悖的以此文件为准。"《党政班子扩大会议纪要》中记载：八、关于2021年度企业年薪制人员绩效年薪兑现按照《2021年班子成员联席会纪要》《企业领导人员管理办法》相关规定执行。现任纪委、工会工作牵头人和仓储工作牵头人与经理助理年终兑现的系数分配比例执行同一标准。李某认可某粮食企业提交的上述证据的真实性，主张依据《2021年班子成员联席会纪要》的规定，其仍应享受原待遇，即享受二级企业正职的75%。李某称《企业领导人员管理办法》的发文时间为2022年9月9日，2021年年薪应该在2022年7月兑现，故不应适用该文件规定。李某就其主张提交了储备企业2021年度企业负责人薪酬兑现方案备案表、执行年薪发放人员工资调整对比结果、储备企业政工部下发的基本年薪调整标准、某粮食企业享受年薪人员2022年1—12月基本年薪和绩效工资调整应退回工资明细表等证据，该组证据均显示李某年薪标准与二级企业副职年薪标准一致。某粮食企业认可李某提交的上述证据的真实性。

审理结果

劳动人事争议仲裁委员会对李某主张其应按原薪酬标准即享受二级企业正职的 75% 支付其工资予以采信。李某要求某粮食企业支付 2021 年工资差额，予以支持。

评析意见

本案中因企业改制，导致李某所在粮食企业先后从国有一级企业变更为国有二级企业、国有三级企业，李某的工资待遇是否应随着企业改制而发生变化，有两种截然不同的观点。

一种观点认为，首先，《中华人民共和国劳动合同法》第四条第二款规定，用人单位在制定、修改或者决定有关劳动报酬、工作时间、休息休假、劳动安全卫生、保险福利、职工培训、劳动纪律以及劳动定额管理等直接涉及劳动者切身利益的规章制度或者重大事项时，应当经职工代表大会或者全体职工讨论，提出方案和意见，与工会或者职工代表平等协商确定。因此，虽然某粮食企业因企业改制导致其企业降为三级企业，但不能仅以此就直接降低员工工资待遇。在涉及员工工资待遇等直接涉及劳动者切身利益的重大事项调整时，应按法律规定履行协商程序。其次，本案中，李某情况特殊在其属于经组织部门公开选拔干部，后在组织部门安排下从事工作，并有经济和信息化部门为在其工作中向其所在单位发放国有一级企业副职待遇通知，有其历史沿革问题。在历次企业改制中，李某工资均未发生改变，一直按上述工资待遇发放。而在本次涉及工资调整的相关文件中，企业亦有"子企业原任高级管理人员薪酬，政府有相关文件规定的，尊重历史，由各子企业决定"的规定，该规定应为特殊规定，优先于"子企业原任高级管理人员薪酬以不高于子企业新任副职的比例由各子企业决定"规定适用，且某粮食企业虽然在 2021 年 11 月按班子副职的 75% 发放，但是在 2021 年 12 月又予以恢复原标准，并将 2021 年 11 月工资予以补发，上述事实情况足以说明李某工资应按原薪酬标准即享受二级企业正职的 75% 发放。最后，某食品企业提交的证据中，《企业领导人员管理办法》中关于工资的内容基本沿袭了《2021 年班子成员联席会纪要》中的内容，但《2021 年班子成员联席会纪要》又包括第（6）

项的特殊规定，根据特殊优于一般的原则，应优先适用《2021年班子成员联席会纪要》。而《企业领导人员管理办法》的发文时间为2022年9月9日，该文件亦明确自发文之日起施行，故即便适用该文件内容规定，亦应自2022年9月9日开始。综上所述，李某工作过程中的特殊历史事实及企业文件均表明李某应享受原工资待遇。

另一种观点认为，劳动者工资待遇与用人单位经营状况等各方面密不可分，且某粮食企业对工资待遇调整并非针对李某一个人，而是对整个集团企业及下属各级企业全体人员进行调整，且已经经过了党组会议讨论通过，故调整工资的行为符合法律规定，李某工资待遇应按调整后的标准执行。

企业改制具有程序复杂、周期长、所涉法律法规及规范性文件繁杂、涉及人员众多等特征，且各项程序中均涉及改制方案、财务审计、资产评估、职工安置、方案审批等环节，因此，本案仅是实践中处理的个案，不具有普遍适用性。

（北京市密云区劳动人事争议仲裁院　孙美超）

60. 劳务派遣员工待岗期间，劳动合同履行标准以及社会保险义务的履行

争议焦点

劳务派遣用工形式下，派遣员工退回前后处于连续性、不间断病假的，退回前用人单位依照劳动合同履行地病假工资标准给付病假工资，在退回后，病假工资适用何标准执行？

基本案情

申请人（一审被告、二审被上诉人）：员工A

被申请人（一审原告、二审上诉人）：甲公司（派遣单位）

被申请人：乙公司（用工单位）

2009年9月1日，派遣员工A与甲公司（为派遣单位，系一家劳务派遣公司，注册地在北京）建立劳动关系并签订劳动合同，约定员工A被派遣至乙公司（为用工单位，注册地在北京）工作，担任客户经理职务，工作地点为上海（员工社会保险缴纳在甲公司位于上海的分支机构）。

员工A于2020年4月11日向甲公司提出病假申请，病假请求期间自2020年4月11日至2021年2月28日。甲公司按照劳动合同履行地上海市病假工资标准，向员工A支付了2020年4月至2020年9月的工资。

2020年9月30日，甲公司与乙公司协商解除了劳务派遣协议。同日，乙公司向员工A发出退回派遣人员通知书，将员工A退回至甲公司。

退回后，甲公司未为员工A重新安排新的用工单位，员工A自2020年10月1日起进入待岗状态。自10月1日起，甲公司按照国家关于病假工资标准的规定

以及北京市最低工资标准，向员工 A 支付病假期间工资，直至 2021 年 2 月 28 日病假结束。

2021 年 3 月 1 日起，员工 A 病休结束后，甲公司依照《劳务派遣暂行规定》有关待岗期间工资标准的规定，以及北京市最低工资标准，继续向员工 A 支付待岗期间工资。员工 A 随即提起仲裁主张病假期间工资差额。

审理结果

一、仲裁阶段

劳动人事争议仲裁委员会仲裁认为，员工 A 自 2020 年 4 月 11 日起休病假，在甲公司的连续工龄已达 8 年以上，根据《上海市劳动和社会保障局关于病假工资计算的公告》，甲公司应按员工 A 工资 100% 的标准支付员工 A 2020 年 10 月 1 日至 10 月 10 日的疾病休假工资。2020 年 10 月 11 日起，甲公司应按员工 A 工资的 60% 支付疾病救济费。经计算，甲公司尚应支付员工 A 2020 年 10 月 1 日至 2021 年 2 月 28 日病假工资差额 60 407.28 元。

裁决结果如下：甲公司于本裁决书生效之日起 7 日内向员工 A 支付 2020 年 10 月 1 日至 2021 年 2 月 28 日期间病假工资差额 60 407.28 元。

二、一审阶段

一审法院认为，员工 A 在 2020 年 10 月至 2021 年 2 月退回期间户籍所在地、经常居住地、社会保险及公积金缴纳地仍在上海，且社会保险及公告基金扣款标准未变。员工 A 与上海市的联系紧密度远高于北京市。

双方签订的劳动合同约定"在劳动合同有效期内，乙方作为甲方员工无工作期间，甲方将按所在地最低工资标准按月支付工资。在此期间，乙方社会保险缴纳基数和住房公积金缴存额也参照上述标准执行。"但员工 A 的社会保险缴纳基数和住房公积金缴存额并未按照北京市的标准执行，仍按上海市的标准执行，该约定中的"所在地"亦未明确是员工 A 所在地上海还是甲公司所在地北京，属约定不明。

因甲公司此前派遣员工 A 在上海工作，劳动合同履行地在上海，退回后甲公司未再实际对员工 A 进行派遣，甲公司亦未提交证据证明员工 A 的劳动合同履行地实际发生了变化，故本院难以认定员工 A 退回后的劳动合同履行地在北京。

员工A与甲公司、乙公司履行合同11年之久，在病假期间，距离退休年龄不足6年之际，非因本人原因被退回甲公司，退回原因为甲公司经营结构调整与乙公司提前终止合作，员工A并无过错，两公司亦未征询过员工A对此调整的意见。员工A被退回前病假工资按照上海的标准支付，享受原工资待遇30 094.15元/月，若退回后按6 662.90元的标准支付病假工资，将显著影响员工A的病假待遇，有失公平。为保障员工A病休期间的待遇，对甲公司按照低于上海市相关病假标准支付员工A病假工资的主张，本院不予采信。

《上海市劳动和社会保障局关于病假工资计算的公告》规定，职工疾病或非因工负伤连续休假在6个月内的，连续工龄满8年及以上的，企业应按本人工资的100%计发疾病休假工资；职工疾病或非因工负伤连续休假超过6个月的，连续工龄满3年的，由企业按本人工资的60%计发疾病救济费；职工疾病或非因工负伤待遇高于本市上年度月平均工资的，可按本市上年度月平均工资计发；企业职工疾病休假工资或疾病救济费最低标准不包括应由职工缴纳的养老、医疗、失业保险费和住房公积金。上海市2020年度全口径城镇单位就业人员平均工资为10 338元/月。

一审判决结果：甲公司于本裁决书生效之日起7日内向员工A支付2020年10月1日至2021年2月28日期间病假工资差额人民币42 890元。

三、二审阶段

二审法院认为，《中华人民共和国劳动合同法实施条例》第十四条规定，劳动合同履行地与用人单位注册地不一致的，有关劳动者的最低工资标准、劳动保护、劳动条件、职业危害防护和本地区上年度职工月平均工资标准等事项，按照劳动合同履行地的有关规定执行；用人单位注册地的有关标准高于劳动合同履行地的有关标准，且用人单位与劳动者约定按照用人单位注册地的有关规定执行的，从其约定。本案中，双方均认可员工A的劳动合同履行地、户籍所在地、经常居住地、社会保险及公积金缴纳地在被退回甲公司之前一直在上海，2020年10月至2021年2月退回期间员工A的户籍所在地、经常居住地、社会保险及公积金缴纳地仍为上海，且社会保险及公积金的扣款标准未变。甲公司未举证证明劳动合同履行地实际发生了变化，且双方未约定待岗期间工资适用何地标准，因此一审法院适用上海病假工资规则无明显不当。

二审判决结果：驳回上诉，维持原判。

评析意见

劳务派遣员工被合法退回劳务派遣单位处于待岗状态下，依照法律规定被派遣员工的工资标准将依照所在地区人民政府规定的最低工资标准支付。但是对于"所在地区"是指劳务派遣单位注册地，还是退回前劳动合同履行地法律未作明确规定。如果加之派遣模式存在特殊性（如异地派遣模式），且劳动者退回前后处于持续性病假状态，致使司法上针对此问题没有形成统一的意见。

观点一：《劳务派遣暂行规定》第十二条第二款规定，被派遣劳动者退回后在无工作期间，劳务派遣单位应当按照不低于所在地人民政府规定的最低工资标准，向其按月支付报酬。员工在退回后，处于待岗无"劳动合同履行地"的情况，应当适用派遣单位注册地病假工资标准支付工资待遇。同时，如退回后按照退回前上海规则支付病假工资，将会出现待岗期间法定工资标准显著低于病假状态工资标准，明显缺失合理性。

观点二：员工在病假期间，非因本人原因被退回派遣单位，退回虽为合法，但员工并无过错。同时，因员工退回前后处于连续性病休状态，若退回后按显著低于退回前的标准支付病假工资待遇，将显著影响员工 A 的病假待遇，有失公平，为保障员工 A 病休期间的待遇，从待遇持续性角度考量，不宜改变适用标准，或者说从适用对员工较为有利的标准出发，应沿用退回前病假工资标准。

笔者认为，上海市对于病假工资的规定区别于国家统一实行的标准，且明显高于最低工资 80% 的全国普遍性标准。在劳务派遣用工模式下，如派遣员工在退回前处于病假状态，并延续至退回后的，员工在退回前依照劳动合同履行地上海市的病假工资规则无任何争议。但笔者认为对于退回后仍处于病休状态且为法定待岗状态的派遣员工，在无实际劳动合同履行地的情况下，应当优先适用《劳务派遣暂行规定》关于退回派遣员工待岗工资标准，即应当优先适用派遣单位注册地最低工资标准。当然本案的复杂性，在司法层面还会考量退回原因是否为派遣员工原因，以及退回前后待遇标准差额是否会对员工产生重大不利影响等因素。但是单纯从法律适用角度，笔者更倾向于认为第一种观点更符合法律规范性的要求。

[中智（北京）经济技术合作有限公司　罗维]

61. 股权激励之限制性股票收入是否应计入劳动报酬

争议焦点

上市公司采取由境外关联公司发放限制性股票的方式给予劳动者股权激励已是普遍现象，劳动者的该部分收入是否属于工资收入，能否计入劳动报酬？

基本案情

上诉人（原审被告、原告）：北京某公司
被上诉人（原审原告、被告）：焦某

2013年焦某与北京某公司订立无固定期限劳动合同。2019年，北京某公司以焦某任职的北京运营中心将整体业务及资产交由独立的第三方外包运营，客观情况发生重大变化，以未能就变更劳动合同达成一致为由与焦某解除劳动关系。北京某公司是某外资公司的全资子公司，焦某在职期间取得了外资公司集团因股权激励授予的限制性股票。

焦某主张北京某公司向其支付违法解除劳动合同赔偿金和剩余股票价值损失赔偿金。

而公司则主张其解除行为系合法解除，且无须赔偿焦某剩余股票价值损失。原因在于，股票和股票收益不属于劳动法下的工资范畴；本案中的限制性股票并不是北京某公司的股票，也不是北京某公司向焦某提供，依法不属于北京某公司向焦某支付的劳动报酬范畴；且焦某的劳动关系解除时没有主张继续履行劳动关系并认可其已另行就业，只要求违法解除的赔偿金，说明其自主选择不再为公司服务，故不能满足限制性股票归属期要求，其因自身选择而无权获得相关股票。

审理结果

该案经劳动仲裁、一审及二审程序，终审认定北京某公司违法解除劳动合同，公司给予焦某的限制性股票属于其劳动报酬，判决北京某公司向焦某支付违法解除劳动合同赔偿金与剩余股票价值损失。

一、公司规章制度明确将股权激励纳入薪酬范围的，依法应当视为劳动报酬的一部分

人民法院认为，劳动报酬是指劳动者通过向用人单位提供劳动的方式而获得的经济利益，包括货币、实物及其他有价证券等，法律并未将劳动报酬限定为货币一种形式。用人单位通过支付劳动者货币之外的其他有价值的有形或无形财产，只要符合双方约定且不违反法律法规的效力性与强制性规定，均应当视为劳动报酬的一部分。

用人单位授予劳动者限制性股票是在双方存在劳动合同关系的基础上，充分考虑劳动者对用人单位的业绩、贡献、地位和作用，其目的是激发劳动者的工作积极性。用人单位有权要求激励对象按其任岗职位的要求为用人单位工作，故从用人单位授予劳动者限制性股票的目的考察，都体现了劳动者接受用人单位管理、平衡劳动者报酬与用人单位效益的劳动关系典型特征。劳动者能够获得股权激励相应收益的前提，是劳动者在用人单位支付了相应的对价，即付出了劳动并履行了股权激励协议中相应的义务。因此，从本质上来看，股权激励所产生的收益是劳动报酬的一种形式。

本案中，北京某公司向焦某出示并要求焦某遵守的员工手册中规定，公司采用整体薪酬制度，其中包含基本工资、奖金、其他现金和以限制性股票的形式发放的股权激励。该规定应视为北京某公司向焦某作出的单方承诺，且不违反法律规定，故北京某公司在履行与焦某的劳动合同时应受该条款制约。并且，本案涉及的限制性股票系基于焦某与北京某公司的劳动关系而取得，与劳动者的工作业绩考核紧密相关，无须再单独出资购买，该股票不同于劳动者通过出资交易购买的本公司股票，故该类争议应当属于劳动争议案件的受案范围，故焦某所获限制性股票应属于劳动报酬。

二、焦某在离职前出售股票已获得的对价应当计入解除赔偿金的基数

人民法院认为，限制性股票出售时间由焦某自行决定，但考虑到股票性质属

于劳动报酬，实际上焦某同意北京某公司以限制性股票的形式支付薪酬，遵守"归属期"等制约性条件，应视为焦某对其获取劳动报酬权利的部分让与。而此后焦某自行决定股票出售时间，系限制性股票报酬方式本身所决定的，并不能因此改变其劳动报酬之属性。从限制性股票先由用人单位一方决定"归属期""出售时限"等条件来看，由劳动者决定其具体变现时机并不构成劳动合同关系层面双方权利义务失衡，劳动者选择出售股票获取对价并无单方操控平均工资之嫌。

三、即使所授股票并非北京某公司股票，也系基于焦某与北京某公司的劳动关系而取得，北京某公司应当承担责任

人民法院认为，股权激励是由劳动合同相对方的母公司或者关联公司授予的，劳动者获得案外第三人授予的股权激励，虽然从合同相对性的原则来说，与劳动者建立劳动关系的非股票期权的授予方，其并不具有可以或授予取消上述股票期权的权利。但案外第三人授予劳动者股权激励的前提条件是劳动者与其子公司或者关联公司建立劳动关系，并实现相应的绩效目标。股权激励的最终目的是实现劳动关系相对方的绩效目标，进而实现该案外第三人的绩效目标。

即使北京某公司认为授予焦某限制性股权的是某外资公司，但限制性股权系基于焦某与北京某公司的劳动关系而取得，限制性股权的行权条件的成就是建立在双方的劳动关系基础之上。至于北京某公司就上述股票发放与其母公司之间是何关系，与焦某无关，焦某有权要求北京某公司依约履行劳动合同义务以及承担合同违约责任。

四、因用人单位违法解除未能届满归属期的股票价值损失如何计算

人民法院认可焦某主张截至劳动关系解除时尚未归属的股票为基数，价格以劳动关系解除当日某外资公司的股票收盘价美元为准，汇率以劳动关系解除当日美元对人民币汇率中间价为准，进行计算。

评析意见

股权激励计划的对象通常涉及企业高管、核心员工、业务骨干人才等劳动者，这些劳动者具有的共同点是能为用人单位提供具有高价值的劳动效益，能够为用人单位的发展发挥重要作用。用人单位给予劳动者股权激励，是基于对其原有的知识水平、劳动技能、绩效水平的认可，同时也是对其未来的劳动效果的正面预期，使劳动者认识到自己的工作表现直接影响到股票的价值，从而与自己的利益直接挂钩，达到激发劳动者工作积极性、提升用人单位人才竞争力、为用人单位创造更多剩余价值的目的。正是在这样的背景下，用人单位对这部分劳动者实施股权激励，并将可能产生的巨额股权收益与劳动者的劳动绩效予以捆绑。

从实际情况来看，在实施股权激励后，劳动者往往主张公司对其应取得的期权奖励或股票期权进行折现，或主张期权属于附条件的绩效回报，其收益属于劳动报酬的组成部分。

股权激励是否属于劳动报酬，会影响有关工资等一系列劳动纠纷中工作时间、休息休假、社会保险、工伤医疗费、经济补偿或者赔偿金的实体争议，同时也会影响解决争议时的诉讼程序。

2023年12月12日最高人民法院发布的《最高人民法院关于审理劳动争议案件适用法律问题的解释（二）（征求意见稿）》第一条规定，用人单位基于劳动关系以股权激励方式为劳动者发放劳动报酬，劳动者请求用人单位给付股权激励标的或者赔偿股权激励损失发生的纠纷属于劳动争议，但因行使股权发生的纠纷除外。

该条款虽然将"股权激励系基于劳动关系发放给劳动者的劳动报酬的方式"列为将股权激励争议作为劳动争议受理的要件之一，但未对司法实践中的长期争议焦点"股权激励是否属于劳动报酬"作出明确的认定标准。

在实务中，法院判断股权激励是否属于劳动报酬主要还是看双方在劳动者持股计划或者股权激励方案中的具体描述和约定。

如果相关股权激励方案、股权激励协议中明确用人单位和劳动者的权利义务与劳动合同的履行、劳动者的业绩指标、绩效表现等密切相关，那么应当属于因劳动者的突出劳动贡献以及为激励劳动者继续积极工作而向劳动者支付的附条件的薪酬，即用人单位认可从用人单位或者其关联方处获得股权激励系劳动者提供劳动的对价，这部分的收益就应当属于劳动报酬。如本案中，公司在员工手册中明确规定薪酬包含以限制性股票形式发放的股权激励。因此，人民法院的判决也就有了充分的依据。

需要注意的是，即使股权激励标的物并非用人单位股票或期权，而是其关联方的股票或期权，在本案和〔2019〕京01民终9240号案件中，人民法院均认可所涉股权激励标的物系劳动报酬的组成部分。在符合这种认定的情况下，人民法院倾向于对约定境外法律适用、境外管辖的条款的效力作否定性评价，应当根据《中华人民共和国劳动合同法》第二条和《中华人民共和国劳动争议调解仲裁法》第二条，我国境内的用人单位与劳动者因股权激励发生的劳动争议，要适用我国的劳动法律。

（北京市高朋律师事务所　胡洁　于正弋　汪维佳）

62. 交替安排上班和居家如何支付工资

争议焦点

1. 新冠肺炎疫情防控期间，用人单位安排员工交替上班和居家，居家期间支付待岗工资还是正常工资？
2. 按月交替上班、居家的，如何确定第一个工资支付周期？

基本案情

申请人：杨某

被申请人：某门诊公司

新冠肺炎疫情防控期间，某门诊公司安排杨某等负责相应工作的人员部分时间上班，其余时间居家，没有工作的人员则一直居家。杨某在2020年3月至5月，每月出勤几天，天数不等，某门诊公司按正常工资计算出勤期间的工资，未工作的天数则不计算工资。2020年6月至12月，杨某一个月正常上班，下一个月居家待岗，交替进行，某门诊公司按正常工资标准支付正常出勤月份的工资，按待岗工资标准支付待岗月份的工资。杨某主张其根据某门诊公司的安排上班，该公司均应支付其正常工资，且安排员工待岗的，也应在第一个工资支付周期按原工资标准支付工资，不应支付待岗工资，故在按月交替上班和待岗期间，也均应支付正常工资。双方就此产生争议，杨某提起仲裁申请，要求支付上述期间的工资差额。

审理结果

劳动人事争议仲裁委员会经审理认为，对于每月出勤及居家交替的，则按原工资标准计算正常出勤天数的工资，按待岗工资标准计算居家期间的工资；对于按月交替出勤及居家的，则第一次整月居家按第一个工资支付周期以原工资标准核算工资，后续居家月份则按待岗工资支付，不再重新计算一个工资支付周期。仲裁委员会裁决支持杨某2020年3月至5月工资差额，驳回2020年6月至12月工资差额的请求。

评析意见

北京市高级人民法院、北京市劳动人事争议仲裁委员会《关于审理新型冠状病毒感染肺炎疫情防控期间劳动争议案件法律适用问题的解答》（以下简称《解答》）是我们在审理涉新冠肺炎疫情案件时应遵守的原则，也是在我们作出裁决但没有具体政策条款可对应时可以依据的原则。《解答》的基本原则是依法平等保护劳动者与用人单位的合法权益，引导劳动者与用人单位共克时艰，促进劳动者与用人单位在复工复产中"双赢"。

《解答》中指出，未复工时间较短（一般不超过一个月）且不存在第一款、第二款情形的[1]，由用人单位按照劳动者正常工作期间劳动报酬中基本工资、岗位工资等固定构成部分支付，可以不支付绩效、奖金、提成等劳动报酬中非固定构成部分以及与实际出勤相关的车补、饭补等款项，但不得低于本市最低工资标准。未复工时间较长且不存在第一款、第二款情形的，参照《北京市工资支付规定》第二十七条向劳动者支付工资待遇。《解答》还提到，疫情原因导致用人单位停工停业安排劳动者待岗的，《北京市工资支付规定》第二十七条并未规定此种情形下须双方协商一致；劳动者因疫情防控原因无法返岗复工，在上述情形下用人单位安排劳动者待岗，亦不可归责于用人单位，虽鼓励协商但不宜严格要求双方必须协商一致，对劳动者的请求不予支持。通过《解答》条款可以看出，新冠肺炎疫情防控期间允许用人单位采取一定的灵活用工方式，统筹安排复工复产后人员工作时间。结合本案，用人单位系某门诊公司，新冠肺炎疫情防控期间某些门诊检查或服务会受到相应影响或停滞，该公司安排人员待岗或临时性上班属

---

[1] 第一款为"用人单位安排劳动者优先使用带薪休假等各类假（包括用人单位自设的福利假）、综合调剂使用2020年度内休息日的，按照相关休假规定或劳动者正常出勤支付劳动报酬"。第二款为"用人单位可以依据与劳动者协商一致调整后的工资标准支付劳动报酬，调整后的工资标准不得低于本市最低工资标准"。

于公司自主用工灵活安排工作时间的权利,每月上班及居家交替情形下,某门诊公司安排劳动者居家但不支付工资,未有证据证明公司与劳动者曾就此协商一致,鉴于未上班提供劳动的劳动者并无过错,不支付工资显然有违公平原则。然而裁决公司正常支付工资,因时间较长,超过一个月,则于公司业务停滞、经济收入锐减亦是雪上加霜,在双方均无过错下,参照待岗工资标准支付居家期间的工资,存在合理性,更具公平性,也符合《解答》出台初衷及精神实质。对于用人单位统筹安排的有规律的隔月再次居家的情况,此时居家仍按照待岗处理,但第一个工资支付周期的确定是基于请求期间综合看,还是单独分开来论?如每一次隔月安排居家都重新确定为一个工资支付周期按原工资标准支付工资,则如此的周期安排劳动者恰恰均处于第一个工资支付周期之内,居家期间均能获得正常工资待遇。但该观点存在明显的漏洞,即明明用人单位安排居家待岗了,却没有享受到待岗所带来的政策支持,有关待岗的规定是在用人单位停工停产下保护劳动者基本利益,同时照顾了用人单位经营实际困难的现实情况,是将双方利益纳入其中平衡确定的,上述观点没有考虑到用人单位的处境和利益,且停工停产是一个长期、规律的重复,应该将整个过程纳入一起考虑,即只确定一个工资支付周期,其他月份按待岗工资核算工资,才是兼顾维护劳动者和用人单位双方的权益,促进双方共克难关,共同发展。因此,在审理案件时应调查清楚新冠肺炎疫情或政府紧急措施等对于劳动者和用人单位的影响,用人单位对劳动者的工作内容、工作方式以及工作时间等情况的安排,具体案件具体分析,不应教条地或按以往的经验来适用法律。

(北京市朝阳区劳动人事争议仲裁院　李飒)

社会保险与福利待遇

63. 劳动者与用人单位就工伤赔偿签订的协议效力认定

争议焦点

劳动者与用人单位就工伤赔偿签订的协议书是否合法有效以及用人单位是否应支付劳动者工伤保险待遇及数额？

基本案情

原告（上诉人）：某小吃店、小吃店负责人周某
被告（被上诉人）：曹某

曹某于2019年4月8日到某小吃店从事厨师工作，双方未签订书面劳动合同，某小吃店未为曹某缴纳社会保险。同年4月26日，曹某在工作期间受伤，在医院合计住院治疗32天，某小吃店负担了曹某全部医疗费用。某小吃店称曹某住院治疗期间一直由某小吃店经营者周某护理，并负责日常开销，但未提交证据。曹某称自己住院期间一直由妻子护理。2019年5月25日，某小吃店负责人周某与曹某经中间人调解，双方达成协议，并签订了协议书，内容为"今日给曹某赔偿金25 000元，以后出现任何问题与周某无关"。同日，某小吃店给付了曹某25 000元。2020年10月19日，曹某伤情被人力资源社会保障局认定为工伤。同日，劳动能力鉴定委员会确认被告停工留薪期为9个月，鉴定为九级伤残，支付鉴定费600元。某小吃店称曹某月均工资为3 000元，曹某称其月均工资为7 000元，双方均未提交证据。某小吃店称除医疗费用外，另已给付曹某6万元，包含9 200元微信转账，其余给付现金，但未提交给付曹某现金的证据。曹某称共计收到某小吃店给付款34 200元（包含协议赔偿金25 000元），其中9 200元系替某小吃店交纳的医疗费用,但未提交该9 200元系替某小吃店交纳的医疗费用的证据。2022年1月24日,曹某向劳动人事争议仲裁委员会申请仲裁,要求如下:(1)解除双方之间的事实劳动关系;(2)裁决某小吃店向曹某支付停工留薪期工资63 000元、护理费2 188元、一次性伤残补助金63 000元、一次性工伤医疗补助金88 380.8元、一次性伤残就业补助金37 877元、交通费500元、住院期间伙食补助费360元、鉴定费600元、经济补偿金21 000元,合计276 907元。2022年2月18日,劳动人事争议仲裁委员会作出裁决书,裁决内容如下:(1)某小吃店向曹某支付一次性伤残补助金32 234.85元、一次性工伤医疗补助金93 291.33元、一次性伤残就业补助金39 982元、停工留薪期工资32 234.85元、鉴定费600元、住院期间伙食补助费640元、护理费3 820.43元,某小吃店已向曹某支付34 200元,从上述款项中扣除;(2)双方劳动关系、工伤保险关系于本裁决生效之日终止;(3)驳回曹某的其他申请请求。某小吃店不服该裁决,依法提起诉讼。

审理结果

一审法院依照《工伤保险条例》第三十条、第三十三条、第三十七条、第六十二条、第六十四条,《河北省工伤保险实施办法》第十一条、第二十七条、第二十八条、第三十四条、第四十四条的规定,判决如下:(1)原告某小吃店于判决生效10日内向被告曹某支付一次性伤残补助金32 234.85元、一次性工伤医疗补助金93 291.33元、一次性伤残就业补助金39 982元、停工留薪期工资32 234.85元、鉴定费600元、住院期间伙食补助费640元、护理费3 820.43元,合计202 803.46元,扣除原告某小吃店已支付的34 200元,原告某小吃店实际向被告曹某支付168 603.46元;(2)原告、被告之间的劳动关系、工伤保险关系于本判决生效之日终止;(3)驳回被告曹某的其他诉讼请求。

二审法院认为,一审判决认定事实清楚,适用法律正确,应予维持。但因上诉人某小吃店已于2022年8月2日登记注销,应由周某承担民事责任。判决如下:(1)维持一审判决第三项;(2)变更一审判决第一项为"上诉人周某于本判决生效之日起10日内向被上诉人曹某支付一次性伤残补助金32 234.85元、一次性工伤医疗补助金93 291.33元、一次性伤残就业补助金39 982元、停工留薪期工资 32 234.85 元、鉴定费 600 元、住院期间伙食补助费 640 元、护理费 3 820.43 元，合计 202 803.46 元，扣除周某已支付的 34 200 元，上诉人周某实际向被上诉人曹某支付 168 603.46 元"；(3) 变更一审民事判决第二项为"某小吃店与被上诉人曹某之间的劳动关系自 2022 年 2 月 18 日解除"。

评析意见

本案中，当事人双方于 2019 年 5 月 25 日经中间人调解达成协议，但曹某伤情于 2020 年 10 月 19 日被人力资源社会保障局认定为工伤，同日，被劳动能力鉴定委员会确认停工留薪期为 9 个月，鉴定为九级伤残，双方达成的赔偿款项明显低于原告应当支付被告工伤待遇款项，存在重大误解、显失公平情形，故原告、被告达成的协议书不予认定。

(河北省唐山市滦南县人民法院　刘芳菲)

64. 用人单位未缴纳养老保险导致劳动者不能享受养老保险待遇，赔偿损失计算标准及依据

争议焦点

用人单位未给临时工缴纳养老保险费，在达到退休年龄后索赔退休金损失，应否支持？若支持，以何标准计算损失？

基本案情

原告：刘某

被告：A银行

被告：B公司

1992年3月A银行在建造营业场所时，刘某作为临时工被招录，开始负责看料，后来负责门卫、种菜、做饭等工作。2000年前每月工资150元，2000—2006年每月工资300元。2006年12月29日，A银行向刘某下达了清理辞退临时人员通知，双方签订了解除劳动关系及辞退补偿协议。2007年12月7日，刘某领取了2003年7月至2006年12月的补偿款600元。2007年12月29日，A银行的上级分行与B公司签订劳务外包协议书；2011年6月28日，A银行与B公司签订物业管理服务合同。2008年1月1日至2012年6月30日，B公司为刘某发放工资，但刘某仍在A银行从事原工作。2012年7月，B公司不再为刘某发放工资，A银行让刘某回家，双方为此发生争议。2012年10月20日，刘某向某劳动人事争议仲裁委员会申请劳动仲裁，某劳动人事争议仲裁委员会于2013年8月1日向刘某下达了不予受理通知书。刘某于2013年8月19日诉至人民法院，

要求A银行因未为刘某缴纳基本养老保险费用，赔偿原告退休金24万元；判令A银行给付刘某因未签订无固定期限劳动合同的赔偿金54 000元；要求A银行向刘某支付历年来刘某的工资与最低工资标准之间的差额及赔偿金55 975元。

审理结果

一审法院追加B公司为被告。庭审中，被告A银行辩称，原告、被告之间不存在劳动关系，原告诉请超过诉讼时效，要求驳回原告的诉讼请求。被告B公司辩称，原告未对我公司主张权利，我公司与原告不存在劳动关系，只是为被告A银行代发工资，故我公司不应承担责任。

某县人民法院于2015年4月27日作出民事判决书，判决如下：被告A银行于判决生效后5日内，赔偿原告因未签订无固定期限劳动合同、违法解除或终止劳动合同、低于全市最低工资标准差额等经济损失60 400元。

原告刘某、被告A银行不服一审判决，向某市中级人民法院提起上诉。某市中级人民法院于2015年11月3日作出民事判决书，判决如下：（1）撤销一审民事判决；（2）被上诉人B公司于接到本判决生效之日起5日内给付上诉人刘某最低工资差额、未签订书面劳动合同的双倍工资共计16 520元。并同时作出二审民事裁定书，裁定如下：将上诉人刘某要求用人单位未依法为其缴纳养老保险而造成退休金损失240 000元的诉讼请求发回一审法院重新审理。

一审法院于2019年1月7日作出民事判决书，判决如下：驳回原告刘某的诉讼请求。

原告刘某不服重审判决，向某市中级人民法院提起上诉，某市中级人民法院于2019年10月18日作出民事判决书。判决如下：（1）撤销一审法院重审民事判决；（2）B公司给付刘某最低工资差额、未签订书面劳动合同的双倍工资共计16 520元；（3）A银行自2012年7月1日起按照当地县最低工资标准的78%，按月支付刘某养老保险待遇；（4）B公司自2012年7月1日起按照当地县最低工资标准的22%，按月支付刘某养老保险待遇。

评析意见

《中华人民共和国劳动法》第七十二条规定，社会保险基金按照保险类型确定资金来源,逐步实行社会统筹。用人单位和劳动者必须依法参加社会保险,缴纳社会保险费。《中华人民共和国社会保险法》第十条规定,职工应当参加基本养老保险,由用人单位和职工共同缴纳基本养老保险费。据此,缴纳养老保险是用人单位的法定义务。《最高人民法院关于审理劳动争议案件适用法律若干问题的解释(三)》(已失效)第一条规定,劳动者以用人单位未为其办理社会保险手续,且社会保险经办机构不能补办导致其无法享受社会保险待遇为由,要求用人单位赔偿损失而发生争议的,人民法院应予受理。本案刘某在 A 银行和 B 公司工作期间,两单位均未为刘某办理养老保险手续,导致刘某退休后无法补办且不能享受养老保险待遇。根据上述法律规定,刘某要求 A 银行、B 公司赔偿损失的请求,符合法律规定,应予以支持。关于退休金损失数额如何确定的问题,《中华人民共和国劳动法》《中华人民共和国劳动合同法》以及《中华人民共和国社会保险法》等均未作出规定。根据本案的实际情况,对此可参照当地县最低工资标准按月支付。1992 年至 2007 年 12 月 7 日,刘某与 A 银行劳动关系存续约16 年。2008 年 1 月 1 日至 2010 年 6 月 30 日,刘某与 B 公司劳动关系存续约4.5 年。根据上诉人与被上诉人劳动关系存续的年限,两单位按照劳动关系存续时间比例赔偿刘某损失,即 A 银行赔偿 78%,B 公司赔偿 22%。

(河北省故城县人民法院　张军圆)

65. 用工单位承担工伤保险责任的工伤赔偿范围认定

争议焦点

具备用工主体资格的用工单位在承担其违法转包、分包项目上因工伤亡职工的工伤保险责任时，工伤赔偿范围是否应包含一次性工伤医疗补助金和一次性伤残就业补助金？

基本案情

上诉人（原审原告、并案被告）：颜某某

上诉人（原审被告、并案原告）：河北某建筑有限公司

2020年2月27日颜某某在建筑工地务工时受伤。河北某建筑有限公司系该建筑工地建设工程的总承包人，其将承包的工程项目35号、36号楼及地库建筑劳务分包给了赵某某，赵某某将其中的支模板劳务分包给了曾某某，曾某某又将35号楼2单元支模板劳务分包给了颜某1，由颜某1找到颜某某在该建筑工地务工。颜某某受伤后，某市人力资源社会保障局于2021年5月13日作出认定工伤决定书，认定颜某某所受的伤害为工伤。2021年11月29日某市劳动能力鉴定委员会作出初次鉴定结论书，鉴定结论为：八级伤残；停工留薪期7个月。2022年7月5日河北省劳动能力鉴定委员会作出再次鉴定结论书，鉴定结论为八级伤残；停工留薪期7个月。后颜某某就工伤赔偿向某市某区劳动人事争议仲裁委员会申请仲裁。

某市某区劳动人事争议仲裁委员会于2022年8月3日作出仲裁裁决书，裁决如下：河北某建筑有限公司支付颜某某医疗费48 406.2元、停工留薪期工资

68 512.5 元、伙食补助费 720 元、交通费 540 元、一次性伤残补助金 107 662.5 元、一次性工伤医疗补助金 126 291.6 元、一次性伤残就业补助金 50 516.64 元。

建筑公司认为，仲裁裁决书认定的赔偿数额过高，且其不应该支付一次性工伤医疗补助金和一次性伤残就业补助金；颜某某认为裁决书认定数额过低，双方均不服仲裁裁决向人民法院提起诉讼。

审理结果

河北省某市某区人民法院于 2023 年 3 月 8 日作出民事判决，判决如下：（1）自本判决生效之日起 15 日内，河北某建筑有限公司支付颜某某医疗费 48 406.2 元、停工留薪期工资为 94 500 元、一次性伤残补助金 148 500 元、一次性伤残就业补助金 53 309.36 元、一次性工伤医疗补助金 133 269.4 元、住院伙食补助费 720 元、护理费 4 211.5 元、交通费 1 000 元、鉴定费 600 元，以上共计 484 516.46 元；（2）驳回颜某某其余诉讼请求。

河北省某市中级人民法院于 2023 年 6 月 25 日作出终审民事判决，判决如下：（1）维持一审判决第二项；（2）变更一审判决第一项为：自本判决生效之日起 15 日内，河北某建筑有限公司支付颜某某医疗费 48 406.2 元、停工留薪期工资为 68 512.5 元、一次性伤残补助金 107 662.5 元、一次性工伤医疗补助金 133 273.4 元、一次性伤残就业补助金 53 309.36 元、住院伙食补助费 720 元、护理费 4 211.5 元、交通费 1 000 元、鉴定费 600 元，以上共计 417 695.46 元。

评析意见

本案中，因河北某建筑有限公司将涉案工程分包给不具备用工主体资格的组织或者自然人，颜某某作为该自然人招用的劳动者，在工作时因工受伤后，应由该具备用工主体资格的河北某建筑有限公司承担工伤保险责任，双方对此不存在争议。

本案双方当事人主要的争议焦点为：河北某建筑有限公司承担的工伤保险赔偿责任是否应包括一次性工伤医疗补助金和一次性伤残就业补助金。《人力资源社会保障部关于执行〈工伤保险条例〉若干问题的意见》规定，具备用工主体资格的承包单位违反法律、法规规定，将承包业务转包、分包给不具备用工主体资格的组织或者自然人，该组织或者自然人招用的劳动者从事承包业务时因工伤亡的，由该具备用工主体资格的承包单位承担用人单位依法应承担的工伤保险责任。《最高人民法院关于审理工伤保险行政案件若干问题的规定》第三条规定，用工单位违反法律、法规规定将承包业务转包给不具备用工主体资格的组织或者自然人，该组织或者自然人聘用的职工从事承包业务时因工伤亡的，用工单位为承担工伤保险责任的单位。这对一般情形下劳动关系成立系工伤认定的前提之外的特殊情形进行了规定，其目的是在非典型"劳动关系"（本案为用工主体责任）下，保障劳动者不因非法用工而丧失工伤保险待遇，从而更好地保护劳动者的合法权益。且在此种情形下，上述规定也并未限缩具备用工主体资格的用工单位承担的"工伤保险责任"工伤赔偿项目的范围，故该"工伤保险责任"系一种法律拟制的替代性责任，不因劳动关系不存在而区别于劳动关系项下用人单位承担的工伤保险责任的赔偿范围。另外，工伤保险待遇是一种法定待遇，其赔偿项目是法定的整体，一次性工伤医疗补助金和一次性伤残就业补助金是不能被割裂的，《工伤保险条例》在对工伤职工享受工伤保险待遇进行明确规定时，亦未针对违法转包、分包情形下的用工主体承担工伤保险责任的赔偿项目进行特别规定，因此《工伤保险条例》规定的工伤赔偿项目应适用于所有的工伤职工。本案颜某某已经人力资源社会保障部门作出工伤认定，故其有权按照《工伤保险条例》规定的赔偿项目要求用工单位进行支付。

虽《工伤保险条例》第三十七条规定，劳动、聘用合同期满终止，或者职工本人提出解除劳动、聘用合同的，由工伤保险基金支付一次性工伤医疗补助金，由用人单位支付一次性伤残就业补助金。一次性工伤医疗补助金和一次性伤残就业补助金的具体标准由省、自治区、直辖市人民政府规定，明确了支付一次性工伤医疗补助金和一次性伤残就业补助金以解除劳动关系为前提，但该条款的目的是规范用工单位与劳动者在继续履行劳动合同方面未达成一致性意见，需要对工伤的后续问题进行一次性解决时职工应享受的工伤保险待遇。而在本案建设工程违法分包的情况下，对劳动者与具备用工主体资格的单位形成的法律拟制劳动关系，应有全方位、连贯性的理解，该法律拟制的劳动关系应包括拟制建立和拟制终止，即劳动关系于劳动者在涉案工程从事承包业务开始之日拟制建立，于劳动者不能再从事承包业务之日，或主张支付一次性医疗补助金、一次性伤残就业补助金之日拟制终止。具体而言，在涉案违法转包关系中，颜某某和承担工伤保险责任的河北某建筑有限公司之间，并不存在真实的劳动关系，双方之间的拟制劳动关系自颜某某主张支付一次性医疗补助金、一次性伤残就业补助金之日拟制终止。因此，本案劳动仲裁、一审、二审均认为河北某建筑公司承担的工伤保险责任赔偿范围应当包含一次性工伤医疗补助金和一次性伤残就业补助金。

（河北省邢台市中级人民法院　梁国彬　刘张琪）

66. 劳动者的实际用人单位与社会保险缴费单位不一致，工伤待遇由谁支付？

争议焦点

社会保险缴纳主体与实际用人单位不一致，劳动者的一次性伤残就业补助金等费用应当由谁承担赔付责任？

基本案情

申请人：王某

第一被申请人：某家具经销处（甲公司）

第二被申请人：某人力资源服务公司（乙公司）

2020年9月王某入职某家具经销处（甲公司）从事导购工作，双方签订劳动合同，王某接受甲公司的管理，工资由甲公司支付，双方约定工资6 680元/月。乙公司为人力资源服务公司，甲公司与乙公司签订了人力资源委托协议，约定由乙公司以乙公司的名义为甲公司职工代缴社会保险费，乙公司每月收取甲公司25元/人代理费。2021年12月11日，王某在甲公司工作中受伤，住院治疗11天。事故发生后，乙公司以乙公司名义为王某提出工伤认定申请，2023年1月8日王某被认定为工伤，2023年1月21日被鉴定为十级伤残。其间王某的一次性伤残补助金26 521.25元、治疗工伤的医疗费和康复费，以及住院伙食补助费等共计76 890元已由乙公司通过工伤保险基金报销，并向王某足额支付完毕。2023年2月27日，王某提出仲裁申请，要求与甲公司解除劳动关系，并支付一次性伤残就业补助金等24 538.32元和一次性工伤医疗补偿金49 076.64元，要求乙公司承担连带责任。

审理结果

鉴于王某实际用人单位与工伤认定、社会保险费缴费单位不一致，本案中止审理。劳动人事争议仲裁委员会将案情通报工伤认定部门，工伤认定部门撤销了原工伤认定结论。后王某以甲公司为用人单位重新提出工伤认定申请，工伤认定部门出具工伤认定决定书，认定王某在甲公司工作中受伤为工伤。王某申请撤回仲裁申请，劳动人事争议仲裁委员会下达仲裁决定书，同意王某撤回仲裁申请。

评析意见

本案的争议焦点是社保缴纳主体与实际用人单位不一致，王某的一次性伤残就业补助金等费用应当由谁承担赔付责任？对此，存在三种不同观点。

观点一：一次性伤残就业补助金应当由乙公司支付，但乙公司有权依据人力资源委托协议向甲公司追偿。本案中，乙公司为王某缴纳社会保险费，王某在甲公司工作中受伤后，乙公司提出工伤认定申请，工伤认定决定书明确用人单位为乙公司，且该决定书已发生法律效力，乙公司应当承担王某的一次性伤残就业补助金赔付责任，但乙公司有权依据与甲公司签订的人力资源委托协议另行向人民法院起诉，向甲公司追偿。

观点二：甲公司应当承担王某的一次性伤残就业补助金赔付责任。虽然工伤认定的用人单位为乙公司，但乙公司仅代位甲公司以乙公司名义为王某缴纳社会保险费，实际用人单位系甲公司。根据双方签订的人力资源委托协议，王某的工伤待遇除应当由工伤保险基金支付的费用外，一次性伤残就业补助金应当由实际用人单位甲公司支付。

观点三：本案应当中止审理，劳动人事争议仲裁委员会要将情况通报工伤认定部门，待工伤认定部门重新调查作出工伤认定决定和劳动能力鉴定部门重新作出劳动能力鉴定结论后，再视情况确定是否继续审理。本案中，王某与乙公司并不存在劳动关系，实际用人单位为甲公司。根据《中华人民共和国社会保险法》等相关法律法规，代扣代缴社会保险费是用人单位的法定义务，甲公司未依法为王某缴纳社会保险费，违反法律强制性规定。甲公司与乙公司签订人力资源委托协议，乙公司通过拟制虚假劳动关系以乙公司的名义为王某缴纳社会保险费，虽然现行劳动法律法规并未禁止双重劳动关系，但王某与乙公司并不存在事实劳动关系，王某受伤时的工作单位、工作时间、工作地点和工作原因均与乙公司无关，工伤认定决定书认定的事实与实际情况不符。《社会保险基金监督举报工作管理办法》《社会保险基金监督举报奖励暂行办法》均规定了国家禁止通过虚构劳动关系缴纳社会保险费和严禁骗取社会保险基金的行为，乙公司为王某申报工伤认定并从工伤保险基金报销相关工伤待遇违反上述国家有关规定，涉嫌骗取社会保险基金。鉴于此，劳动人事争议仲裁委员会最终采纳了第三种观点。

对于本案，笔者延伸出以下三点思考。

第一，当前，随着经济社会发展，新业态不断涌现，劳动关系趋于隐形化、复杂化。个别用人单位为降低用工成本，转移用工风险，出现了假派遣真用工、假业务外包真用工，以合作之名或签订劳务协议的形式掩盖劳动关系之实，以人力资源委托服务名义代缴社会保险费，劳动者被要求多次与不同单位签订劳动合同导致名义劳动关系频繁在多家单位、多个城市转移等现象，且呈现一定程度蔓延态势。上述行为侵害了广大劳动者合法权益，严重扰乱了人力资源市场秩序，给社保基金安全带来挑战，导致政府部门监管难，劳动者维权难，也加大了劳动者维权成本，需要引起我们高度重视，采取切实措施加以规范和完善。

第二，社会保险的登记、申报和缴费具有法律强制性，代扣代缴社会保险费是用人单位的法定义务。本案中，针对甲、乙公司签订社会保险费委托代缴协议将实际用人单位与缴费单位相分离的做法，有观点认为，乙公司仅系依据双方签订的协议代位实际用人单位履行缴费义务，甲、乙公司系合同关系，是双方真实意思表示，并不涉及劳动关系的实际转移，也未形成双重劳动关系，只要按月足额缴费，社会保险基金并未遭受损失，应当认定合同有效。而笔者认为，乙公司的代缴社会保险费行为与国家现行法律法规相悖，扰乱了劳动力市场秩序，并可能诱发一系列法律后果，其危害性是显而易见的，应当认定该人力资源委托协议自始无效。针对此行为，调解仲裁机构应当将有关情况通报工伤认定部门和工伤保险经办机构。2023年7月21日王某另行提出仲裁申请，要求甲公司支付其相关工伤待遇。当然，社会保险经办机构有权向乙公司追偿已支付的工伤保险待遇损失。

第三，劳动人事争议调解仲裁工作是人力资源社会保障部门的一项重要职能，劳动人事争议仲裁委员会不仅是和谐劳动关系的构建者、弱势群体的保护者，也是劳动保障法律法规和政策的执行者、法律秩序的维护者，肩负着重要的政治责任。仲裁员直接面对基层百姓中的矛盾群体，在仲裁案件办理中更容易发现在执行劳动法律法规和政策中存在的问题。这就需要广大仲裁员要提高政治站位，不仅要考虑局部一个案件的处理，更要考虑全局，不仅要考虑当前，更要兼顾长远高质量发展，与相关部门密切配合，维护法治精神和法治秩序，维护劳动关系和谐稳定，维护社会公平正义。

（河北省秦皇岛市人力资源和社会保障局　张连光）

67. 解除劳动关系后工伤职工依据复查鉴定主张工伤待遇差额的是否支持

争议焦点

用人单位各项经济损失已经补偿，且已经解除劳动关系，其延续发生的各项经济损失是否应予补偿？

基本案情

原告：袁某

被告：某乡萤石矿

袁某曾为某乡萤石矿职工，双方自 2004 年 3 月至 2009 年 1 月存在劳动关系。2012 年，袁某被认定为工伤，2012 年 12 月 31 日袁某经某市劳动能力鉴定委员会鉴定为职业病四级。2013 年 10 月 10 日，某县劳动人事争议仲裁委员会作出仲裁裁决书，裁决袁某与某乡萤石矿劳动关系解除，某乡萤石矿给付袁某医疗费、交通费、鉴定费、一次性伤残补助金、一次性工伤保险长期待遇各项经济损失共 301 700.38 元，其他请求不予支持。某乡萤石矿对仲裁裁决书不服，向人民法院起诉。人民法院于 2014 年 1 月 10 日作出民事判决书，判决袁某与某乡萤石矿劳动关系解除。某乡萤石矿给付袁某交通费 1 360 元、鉴定费 600 元、医疗费 13 141.38 元、一次性伤残补助金 69 300 元、一次性工伤保险长期待遇 216 144 元，合计 301 700.38 元。原告和被告庭审中均认可，某乡萤石矿已按民事判决书向袁某履行了给付义务。

2022 年 6 月 24 日，某市劳动能力鉴定委员会作出复查鉴定结论书，被鉴定人袁某，用人单位某乡萤石矿，袁某伤残情况为职业性矽肺三期，鉴定结论为伤残三级。袁某据此再次提起仲裁，请求某乡萤石矿给付一次性伤残补助金差额6 600元，以及一次性工伤保险长期待遇差额等。

2023年3月3日，某县劳动人事争议仲裁委员会作出不予受理通知书，袁某对仲裁裁决不服，向人民法院起诉。

审理结果

人民法院依照《中华人民共和国劳动法》第二条、第二十四条、第七十九条，《工伤保险条例》第二十八条、第三十五条，《人力资源社会保障部关于实施修订后劳动能力鉴定标准有关问题处理意见的通知》第四条、《关于调整农民工一次性享受工伤保险长期待遇标准有关问题的通知》规定，判决如下：驳回原告袁某的诉讼请求。

评析意见

一、关于一次性伤残补助金差额

《工伤保险条例》第二十八条规定，自劳动能力鉴定结论作出之日起1年后，工伤职工或者其近亲属、所在单位或者经办机构认为伤残情况发生变化的，可以申请劳动能力复查鉴定。原告认为根据该条规定，其在与被告某乡萤石矿解除劳动关系后申请作出的劳动能力复查鉴定结论于法有据。被告某乡萤石矿认为劳动关系解除后，不能适用该条规定进行劳动能力复查鉴定。《人力资源社会保障部关于实施修订后劳动能力鉴定标准有关问题处理意见的通知》第四条规定，按本通知第三条规定提出劳动能力复查鉴定及对复查鉴定结论不服提出再次鉴定申请，且鉴定级别发生变化的，工伤职工的伤残津贴和生活护理费自作出鉴定结论的次月起作相应调整，一次性伤残补助金不作调整。一次性伤残就业补助金和一次性工伤医疗补助金的计发标准，按与用人单位解除终止劳动关系前最后一次的鉴定结论确定。该通知已经明确一次性伤残补助金不作调整，故对原告请求被告给付一次性伤残补助金差额6 600元的请求不予支持。

二、关于原告请求被告给付一次性工伤保险长期待遇差额

在本案中，袁某作为仲裁申请人的仲裁裁决书中，裁决袁某与某乡萤石矿劳动关系解除，民事判决书亦判决袁某与某乡萤石矿劳动关系解除，该判决已经生

效,且已经履行完毕。《工伤保险条例》第三十五条规定,职工因工致残被鉴定为一级至四级伤残的,保留劳动关系,退出工作岗位。不宜理解为对劳动者自愿解除劳动合同权利的禁止或剥夺,根据《河北省劳动和社会保障厅关于调整农民工一次性享受工伤保险长期待遇标准有关问题的通知》,因工受伤达到1~4级的农民工和因工死亡的农民工供养亲属可选择一次性享受长期待遇。原告选择了解除劳动关系和一次性享受工伤保险长期待遇。依据法律规定,劳动者享有解除劳动合同的权利,袁某作为劳动者享有劳动合同法赋予的相关权利,可以依法解除劳动合同。再一点,袁某第一次鉴定主张的一次性工伤保险长期待遇的计算标准依据《河北省劳动和社会保障厅关于调整农民工一次性享受工伤保险长期待遇标准有关问题的通知》伤残等级四级76个月计算(满30周岁不满50周岁),已经赔付完毕;本次诉讼主张按《河北省劳动和社会保障厅关于调整农民工一次性享受工伤保险长期待遇标准有关问题的通知》三级伤残65个月和四级伤残54个月之间的差额11个月主张(满50周岁以上)。原告袁某两次鉴定跨越两个年龄段,两次年龄段享受的工伤保险长期待遇标准也不一样,袁某虽然伤残等级由四级上升为三级,但袁某在享受伤残等级四级时是按76个月计算的,在本次诉讼中,袁某因年满50周岁,三级伤残等级是65个月,四级伤残等级是54个月,都低于第一次的76个月(满30岁不满50周岁,四级伤残)。同时解除或者终止劳动关系和工伤保险关系是工伤职工一次性享受工伤保险长期待遇的基本条件,由于劳动能力鉴定结论与工伤保险待遇紧密相关,如果劳动者在解除或者终止劳动关系和工伤保险关系后,还可以进行劳动能力复查鉴定,那么劳动者的工伤保险待遇将永远处于一种变化的不稳定状态,这也与劳动者通过解除劳动关系或者终止劳动关系和工伤保险关系并以此获取一次性工伤保险长期待遇的立法目的相悖。虽然《工伤保险条例》第二十八条规定,自劳动能力鉴定结论作出之日起1年后,工伤职工或者其近亲属、所在单位或者经办机构认为伤残情况发生变化的,可以申请劳动能力复查鉴定。但该条所指的劳动能力复查鉴定权应以工伤职工与原用人单位尚保留劳动关系为前提。本案中,原告在2014年就已与原用人单位解除了劳动关系并领取了相应的工伤保险长期待遇,其不能再依据《工伤保险条例》第二十八条的规定进行劳动能力复查鉴定,加之原告袁某与用人单位解除了劳动关系后,用人单位也再未对其进行劳动管理,即使其自行委托某市劳动能力鉴定委员会进行鉴定并出具了某市劳动能力鉴定委员会2021年复查鉴定结论书,也不宜根据该鉴定结论主张其工伤保险待遇差额。原告袁某自行委托某市劳动能力鉴定委员会进行鉴定，应自行承担鉴定费用。关于原告主张交通费的诉讼请求，因未提供相应证据，不予支持。综上所述，对原告的诉讼请求均不予支持。

（河北省围场满族蒙古族自治县人民法院　屈利然　贾云博）

68. 超过法定退休年龄的劳动者工伤赔偿责任主体

争议焦点

超过法定退休年龄的劳动者发生工伤，用人单位是否应承担工伤赔偿责任？

基本案情

原告： 张某
被告： 某城市服务公司

2018年，张某受聘到某城市服务公司从事环卫清洁工作，双方签订两份书面劳动合同，约定劳动期限至2021年12月31日，2019年1月1日签订的劳动合同中约定张某月工资标准为1700元。2020年3月23日，张某在上下班途中与案外人毕某相撞，某市公安局交通警察支队直属三大队出具《道路交通事故认定书》，认定张某负次要责任。事故发生后，张某住院治疗23天，共计发生医疗费63 136.18元，道路交通事故损害赔偿已经解决完毕。张某向某市人力资源社会保障局提出工伤认定申请，该局于2022年2月10日作出《认定工伤决定书》，认定：张某受到的事故伤害（或患职业病），符合《工伤保险条例》第十四条第（六）项之规定，属于工伤认定范围，现予以认定（或视同）为工伤。同年12月9日，某市劳动能力鉴定委员会作出《初次鉴定结论书》。鉴定结论：伤残九级；停工留薪期10个月。后张某提起诉讼。

审理结果

人民法院经审理认为，原告在上下班途中受到非本人主要责任的交通事故伤害，经某市人力资源社会保障局认定为工伤，同时其所受损伤经某市劳动能力鉴定委员会作出伤残九级、停工留薪期10个月的鉴定结论，被告作为原告的用人单位，应依法向其承担工伤赔偿责任。但依据相关规定，医疗费部分被告仅需承担交通事故赔偿差额部分。原告2020年3月23日发生交通事故受伤，停工留薪期10个月，至2021年1月23日届满，此时原告早已达到法定退休年龄。因此，法院确定原告工伤赔偿损失为：医疗费扣除交强险部分限额10 000元之后的差额部分15 940.86元；住院伙食补助费460元；交通费500元；辅助器具费不属于工伤赔偿范围；生活护理费支持住院期间23天，每天124元，合计2 852元；一次性伤残补助金为9个月本人工资，本人工资低于受伤前12个月统筹地区职工平均工资的60%，以统筹地区职工平均工资60%计算，原告工资1 700元，低于受伤前月统筹地区职工平均工资的60%即3 787.75元，故按每月3 787.75元计算9个月金额为34 089.75元；一次性工伤医疗补助金，原告虽然达到法定退休年龄，但其并未办理退休手续，领取养老保险金，依据《河北省工伤保险实施办法》第三十四条，原告应该取得该项赔偿，原告主张的该项金额不超出法律规定应该取得的赔偿金额，因此人民法院予以尊重，该项金额确定为59 927元；劳动能力鉴定费600元；停工留薪期工资10个月，每月1 700元，合计17 000元；一次性伤残就业补助金，鉴于原告已经达到法定退休年龄，依据《河北省工伤保险实施办法》第三十四条，原告不应再取得该项赔偿。综上所述，人民法院确定原告总工伤赔偿损失金额为131 369.61元。

人民法院判决如下：(1) 被告某城市服务公司于本判决生效后10日内一次性向原告张某支付工伤赔偿款合计131 369.61元；(2) 驳回原告张某其他诉讼请求。

评析意见

由本案可以引申到目前一个非常现实的社会问题，就是人口老龄化与法律的衔接问题。

随着人口老龄化的逐步加重，超过法定退休年龄仍在工作的人群越来越多，相应的社会问题及法律更新迫在眉睫。人口老龄化问题引发的社会问题有很多，在此不进行过多探讨，此评析意见仅限于超过退休年龄人员是否具有劳动关系以及工作中受伤是否可被认定为工伤并由用人单位承担工伤主体责任的问题。

一、司法实践中以是否享受养老保险待遇或者领取退休金为劳动关系是否终止的标准得以认可

《最高人民法院民一庭关于达到或者超过法定退休年龄的劳动者（含农民工）与用人单位之间劳动关系终止的确定标准问题的答复》规定，达到或者超过法定退休年龄的劳动者与用人单位之间的关系，以是否享受养老保险待遇或者领取退休金为标准。根据该答复，若劳动者已经依法享受养老保险待遇或领取退休金，为劳务关系；若劳动者没有依法享受养老保险待遇或领取退休金，则为劳动关系。在这里，笔者认为，该答复相对简单，具体案件还要具体分析，并不是没有享受养老保险的劳动者与用人单位就应当认为劳动关系，这还要看劳动者与用人单位之间的工作关系进程，如达到退休年龄之后进入单位则不应认为劳动关系，不管签订的合同为何种类型，因为后者不应为前者的不当行为负责（如前者用人单位应为其办理退休手续而没有办理，并非后者用人单位的过错，后者用人单位不应承担不利后果）。返回本文案例，如用人单位在该劳动者入职时签订的劳动合同能够明确该劳动者达到法定退休年龄后终止劳动合同，续签时签订劳务合同，则不宜认定用人单位承担工伤主体责任。

二、考虑劳动者未享受养老保险待遇用人单位与劳动者之间的过错程度

根据最高人民法院民事审判第一庭在《最高人民法院劳动争议司法解释（三）的理解与适用》一书中认为，《中华人民共和国劳动合同法实施条例》第二十一条赋予了用人单位在劳动者已达法定退休年龄时享有对劳动关系的终止权，但该终止权的行使，并不意味着用人单位与已达法定退休年龄的劳动者形成的劳动关系，在劳动者已达法定退休年龄时就自动终止。也就是说，用人单位在劳动者达到法定退休年龄时，若主动提出终止劳动关系，为劳动者办理退休手续，此时劳动关系终止；若用人单位继续使用劳动者且未作出任何终止劳动关系的表示及行动，则双方劳动关系应继续存续，此时，用人单位承担工伤主体责任是毋庸置疑的，本案亦是如此，因为用人单位在劳动者达到法定退休年龄时未为该劳动者办理退休手续，存在过错，相应地承担工伤主体责任也是符合法律精神的。

（河北省承德市双桥区人民法院　栾佳为）

69. 因工致残的退休后提供劳务人员工伤赔偿责任承担主体

争议焦点

1. 用人单位招用退休后人员应承担工伤赔偿责任吗？
2. 月平均工资数额及停工留薪期间的工资如何计算？

基本案情

原告：张某

被告：某建筑安装工程公司

2018年3月9日起，张某在某建筑安装工程公司处打零工。同年12月10日12时40分，张某在工作中不慎掉入管道井中受伤，住院就医5天后出院，经某市中心医院诊断为左胫骨干骨折胸部闭合性损伤，右侧第4~7肋骨骨折，右侧胸腔积液，右肩闭合伤等。2019年1月18日，经某市人力资源社会保障局认定张某受到的事故伤害为工伤，8月31日，经某市劳动能力鉴定委员会评定张某所受损伤构成九级伤残、停工留薪期8个月，双方未在法定期限内申请再次鉴定。张某在某建筑安装工程公司处打零工期间，其日平均工资为140元，2018年3—11月的月平均出勤天数为（17.5+26+14.5+16.5+21+28+25.5+29+27）÷9个月≈22.78天。2020年3月30日，张某于某市中心医院接受骨骼术后愈合内固定物取出术，住院5天后出院。因医疗费、住院伙食补助费、停工留薪期工资、营养费、交通费、一次性伤残补助金、一次性工伤医疗补助金、一次性伤残就业补助金等工伤待遇及赔付问题双方发生争议，张某于2021年7月8日以某建筑安装工程公司为被申请人向某市某区劳动人事争议仲裁委员会申请仲裁，某市某区劳动人事争议仲裁委员会以"经查申请人张某已经达到法定退休年龄、申请人主体不适格、此申请不属于劳动争议仲裁受理范围"为由,决定不予受理此案。张某不服,于2021年7月22日诉至某区人民法院。

审理结果

某区人民法院经审理后判决如下:(1)被告某建筑安装工程公司于本判决生效之日起3日内一次性向原告张某支付医疗费8 555.9元、伙食补助费500元、营养费200元、一次性伤残补助金28 702.8元、停工留薪期工资25 513.6元,以上各项合计人民币63 472.3元;(2)驳回原告张某的其他诉讼请求。

评析意见

一、某建筑安装工程公司作为被告主体是否适格

原告张某虽因特殊工种在年满60周岁前办理了退休手续,但其系在被告处工作期间受伤,并已经向某市某区劳动人事争议仲裁委员会申请过仲裁,且其系依据行政部门(某市人力资源社会保障局、某市劳动能力鉴定委员会)作出的已发生法律效力的工伤认定决定书和劳动能力初次鉴定结论书主张工伤待遇,故其退休人员身份不影响其主张权利。被告某建筑安装工程公司作为用人单位,应当对原告张某承担相应的工伤赔偿责任。原告虽为退休人员但被告已为原告缴纳了工伤保险,根据《人力资源社会保障部关于执行〈工伤保险条例〉若干问题的意见(二)》,应适用《工伤保险条例》的有关规定处理。

被告主张按《工伤保险条例》处理各项赔偿,应由工伤保险基金赔付,即应向某市人力资源社会保障局主张权利。但考虑被告年龄较大,向社会保险行政部门申请赔付时间较长,为充分保护原告合法权益,缩短原告得到赔偿款的时间,简化得到赔偿要走的流程,人民法院认为应先由用人单位即被告承担赔偿责任,在其支付后依法再向相关经办机构申报办理应从工伤保险基金支付的赔偿款项较为适宜。

二、月平均工资数额及停工留薪期间的工资如何计算

被告主张原告的月平均工资为1 883.88元,且从事的是建筑安装行业,某市冬季为冬歇期无法施工,故停工留薪期间应减去3个月。人民法院为充分保障原

告的合法权益，认定由于原告张某系在被告公司处打零工，工作时间不足12个月，但根据被告提供的原告工作期间劳动报酬的证据材料核算，原告张某日平均工资为140元，月平均出勤天数为22.78天，从而确定原告张某的月平均工资为3 189.2元。根据《工伤保险条例》第三十七条，原告张某的一次性伤残补助金为28 702.8元（月平均工资3 189.2元×9个月＝28 702.8元），应由被告某建筑安装工程公司支付。对于停工留薪期工资的计算，严格按照某市劳动能力鉴定委员会作出的初次鉴定结论书确定停工留薪的时间，最大限度上让原告获得应有的赔偿，即停工留薪期工资为25 513.6元（月平均工资3 189.2元×8个月＝25 513.6元）。因原告张某已办理退休手续，根据《河北省工伤保险实施办法》第三十四条第二款，原告张某关于要求被告给付一次性工伤医疗补助金88 404.12元、一次性伤残就业补助金37 887.48元的诉讼请求，不予支持。被告某建筑安装工程公司向原告张某支付的医疗费应以医疗机构出具的单证所载金额计算，合计8 555.9元；伙食补助费为500元（50元×住院10天＝500元）、营养费为200元（20元×住院10天＝200元）。对于原告要求支付统筹地区以内就医所需的交通费，不予支持。

本案在裁判的过程中，充分考虑了原告的实际情况，为尽快让其得到应有的补偿，判决涉事公司承担工伤赔偿主体责任，为劳动者营造良好的工作环境，提供全方位的权益保障。公司的正常运转归根结底需要人的参与，保护好劳动者的合法权益，才能让劳动者安定、有序、幸福地劳动，公司才能持续、健康、稳定地发展。

（河北省承德市双滦区人民法院　王兴硕）

70. 关于医疗保险、失业保险待遇损失相关问题的实务研讨

争议焦点

劳动者在用人单位工作期间，用人单位未按照规定缴纳医疗保险、失业保险费用，终止劳动合同后，劳动者主张要求用人单位赔偿医疗保险、失业保险待遇损失的诉讼请求是否能够得到人民法院的支持？

基本案情

原告：孙某

被告：某电子公司

原告于 2010 年 11 月 9 日到被告处工作，2022 年 6 月 30 日原告从被告处离职。被告没有按规定为原告缴纳失业保险费和医疗保险费给原告造成损失。

原告孙某向人民法院提出诉讼请求：（1）要求被告给付失业保险待遇损失 10 080 元；（2）要求被告给付医疗保险损失 15 917.04 元；（3）本案诉讼费由被告承担。

被告某电子公司辩称，原告所诉与事实不符，原告诉讼请求没有事实和法律依据，请求依法驳回原告请求。

人民法院查明事实如下。原告、被告双方于 2010 年 11 月 9 日至 2022 年 6 月 30 日存在劳动关系，其间，某电子公司未为原告缴纳 2010 年 11 月至 2017 年 10 月的失业保险费，未为原告缴纳 2010 年 11 月至 2013 年 12 月的医疗保险费。被告为原告缴纳了 2017 年 11 月至 2022 年 6 月的失业保险费，为原告缴纳了 2014 年 1 月至 2022 年 12 月的医疗保险费。原告离开被告公司后未申领失业保险待

遇，原告已于 2022 年 10 月重新就业。

审理结果

人民法院认为，原告在被告处工作期间，被告已为原告缴纳 4 年多的失业保险费。按现行规定，原告如符合领取失业保险待遇条件，可领取 12 个月。重新就业后，失业保险待遇领取终止。原告重新就业距其从被告处离职为 4 个多月时间。因此，被告未为原告缴纳全部工作期间的失业保险费，现尚未给原告造成失业保险待遇损失，故原告要求被告给付失业保险待遇损失的诉讼请求，人民法院不予支持。原告未提交因被告未给原告缴纳医疗保险费而给原告造成损失的相关证据。按现行规定，职工医疗保险属于预缴保险费，不能实行补缴，职工达到法定退休年龄享受医疗保险待遇应满足一定的缴费年限，达不到缴费年限的，职工本人可缴足。原告达到法定退休年龄需要享受医疗保险待遇，且达到法定退休年龄时因被告未缴纳的年限致使其未达到缴费年限，原告需要的补缴年限中涉及被告应承担部分数额不确定，且被告同意届时为原告补缴。故原告认为被告未为其缴纳全部工作时间的医疗保险费给其造成损失，要求被告将未为原告缴纳的 3 年医疗保险费被告应缴部分给付原告的诉讼请求，证据不足且不符合法律规定，人民法院亦不予支持。

经人民法院审判委员会讨论决定，依据相关法律规定，驳回原告孙某的诉讼请求。

评析意见

一、关于医疗保险待遇损失赔偿问题

职工医疗保险是为了补偿劳动者因疾病风险造成的经济损失而建立的一项社会保障制度。依照《中华人民共和国社会保险法》，参加医疗保险和及时足额缴纳医疗保险费是用人单位的法定义务。医疗保险待遇的支付具有较强的时效性，用人单位及劳动者欠缴职工医疗保险费的，从次月起暂停相应参保人的社会医疗统筹支付待遇。因此，用人单位应当按照国家规定缴纳医疗保险费，若因用人单位欠缴医疗保险费导致劳动者不能享受医疗保险待遇而造成经济损失的，由用人单位承担责任。

关于医疗保险待遇损失问题。《最高人民法院关于审理劳动争议案件适用法律若干问题的解释（三）》（已失效）第一条规定，劳动者以用人单位未为其办理社会保险手续，且社会保险经办机构不能补办导致其无法享受社会保险待遇为由，要求用人单位赔偿损失而发生争议的，人民法院应予受理。在本案中，被告虽未为原告缴纳2010年11月至2013年12月的医疗保险，但原告未达到法定退休年龄，《中华人民共和国社会保险法》第二十七条规定，参加职工基本医疗保险的个人，达到法定退休年龄时累计缴费达到国家规定年限的，退休后不再缴纳基本医疗保险费，按照国家规定享受基本医疗保险待遇；未达到国家规定年限的，可以缴费至国家规定年限。基本医疗保险累计缴费年限男满30年、女满25年，且在统筹区最低实际缴纳基本医疗保险满10年，申请办理医疗保险退休手续后方可享受退休人员的基本医疗保险待遇。被告为原告缴纳了2014年1月至2022年12月近8年的医疗保险，能否享受医疗保险待遇，取决于原告在以后能否缴足法律规定的年限。因此原告主张医疗保险待遇的损失现处于不确定状态。故本案对原告的医疗保险待遇损失不予支持，符合法律规定。

关于医疗保险费损失问题。医疗保险费实行预缴制，在本案中，因被告用人单位未为原告缴纳上述期限的医疗保险费，致使该期限的医疗保险费用不能补缴，但按照上述规定，被告可在原告退休后，就未缴纳部分进行续缴，且被告同意续缴，故原告不存在医疗保险费损失。本案以原告的证据不足且不符合法律规定为由驳回了原告主张的医疗保险费损失。

关于未缴纳医疗保险造成的损失问题。因被告未在案涉期间为原告缴纳医疗保险费用，按照相关规定，原告不能享受医疗保险报销的待遇。原告未缴纳医疗保险造成的损失，根据"谁主张、谁举证"的规则，原告应提供在就医过程中因未享受医疗保险核销的相关医疗票据予以证明。本案以原告未提交因被告未给原告缴纳医疗保险费而给原告造成损失的相关证据，驳回原告的请求，适用法律正确。

二、关于失业保险待遇问题

失业保险待遇损失指的是劳动者因用人单位未为其办理失业保险登记及缴纳失业保险费用或者在劳动者离职时未按照法律规定出具办理失业保险所需的证明材料，导致劳动者不能依法申领失业保险待遇而造成的损失。《中华人民共和国劳动争议调解仲裁法》第二条、《劳动人事争议仲裁办案规则》第二条均规定了社会保险属于劳动争议的受案范围,故劳动者要求用人单位赔偿失业保险待遇损失属于劳动争议案件的受理范围。

关于失业保险费损失问题。本案中,虽未对失业保险费损失进行论述;但一方面,根据查明的事实,原告未代缴失业保险费单位应缴部分,另一方面已经为劳动者办理社会保险手续但未依法缴纳社会保险费的情况,在实践中社会保险费可以及时补缴,补缴后,劳动者可以享受社会保险待遇。在司法实务中,如已经为劳动者办理社会保险手续,劳动者的社会保险问题一般通过社会保险行政部门解决,劳动者主张用人单位赔偿社会保险待遇损失的,人民法院一般不予支持。

关于失业保险待遇损失问题。用人单位依法为劳动者缴纳社会保险费后,劳动者也不必然能够享受社会保险待遇。本案中,原告未提供领取失业保险待遇以及办理失业登记的手续,且被告为原告缴纳的失业保险,足以能够保障原告在失业至重新就业期间领取失业补助金。本案承办人以"原告在被告处工作期间,已为原告缴纳4年多的失业保险费。按现行规定,原告如符合领取失业保险待遇条件,可领取12个月。重新就业后,失业保险待遇领取终止。原告重新就业距其从被告处离职为4个多月时间。因此,被告未为原告缴纳全部工作期间的失业保险费,现尚未给原告造成失业保险待遇损失"为由驳回原告要求被告给付失业保险待遇损失的诉讼请求,于法有据,裁判正确。

三、值得思考的几个问题

(一) 失业保险待遇纠纷是否存在不属于受理范围及受理条件的情形

根据《失业保险条例》第十四条规定的劳动者申领失业保险需要满足三个基本条件:用人单位按照规定为劳动者缴纳失业保险费;劳动者的失业系用人单位或其他客观原因所致;劳动者已处于失业状态。部分判例以上述规定为依据,认为劳动者主张领取失业补助金的诉讼请求的前提是,社会保险行政部门首先应确认劳动者是否具备办理失业保险和领取失业保险待遇的资格,该问题应通过社会保险行政部门予以解决,该主张不属于人民法院民事案件受理范围。如闫某与河南华信企业信息服务有限公司、飞利浦(中国)投资有限公司劳动争议一审民事判决书([2016]豫0103民初2211号)中,闫某要求河南华信企业信息服务有限公司、飞利浦(中国)投资有限公司支付因未按规定向社会保险经办机构报送有关材料导致无法享受失业保险待遇的损失30 720元。人民法院以其起诉不属于《最高人民法院关于审理劳动争议案件适用法律若干问题的解释(三)》(已失效）第一条规定的人民法院应予受理的情形，故不支持闫某的诉讼请求。再如衣某、北京大杰致远信息技术有限公司劳动合同纠纷二审民事判决书（〔2019〕鲁02民终1392号）中，衣某要求北京大杰致远公司、青岛经济技术公司支付失业保险待遇损失9 000元。人民法院认为，衣某主张北京大杰致远公司支付其失业保险待遇损失9 000元，因衣某是否符合领取失业保险待遇条件、领取数额未经相关部门确认，本案不予处理。

对于失业损失，在笔者查阅的大部分判例中均认定属于仲裁和人民法院受理范围，笔者认为上述判例的观点值得商榷，增加了劳动者一方的诉累，不利于对劳动者权益的及时保护。

（二）若因劳动者原因而无法申领失业保险待遇或失业保险待遇损失尚未发生，用人单位是否承担赔偿责任

保险合同作为射幸合同，系被保险人按照约定或规定费率交纳保险费，在保险事件或约定条件发生时，保险人向被保险人支付保险金的合同。社会保险与商业保险合同虽然存在诸多的区别，但从本质上看，具有"射幸"的同一性，保险事件的发生系保险金给付的前提条件。因此笔者认为若因劳动者原因而无法申领失业保险待遇或失业保险待遇损失尚未发生，用人单位无须承担赔偿责任。比如周某与江阴新全盛纺织印染有限公司失业保险待遇纠纷申诉民事裁定书（〔2016〕苏民申1153号）中，人民法院以周某于2014年4月24日向新全盛公司寄送解除劳动关系通知函之前，其已于2014年3月25日与江阴市和平纺织机械有限公司建立了劳动关系，即周某与新全盛公司解除劳动关系后并未发生失业的事实，故不支持周某主张失业保险待遇损失的诉讼请求。再如张某与青岛简明服装有限公司劳动争议二审民事判决书（〔2018〕鲁02民终9392号）中，张某于2006年11月入职简明公司，双方于2009年11月30日订立期限自2009年11月30日至2017年11月30日的劳动合同。简明公司自2009年12月起为张某缴纳社会保险费，连续缴纳至2017年11月。张某于2017年11月20日从简明公司处离职。本案经仲裁、一审、二审阶段，张某请求简明公司支付失业保险待遇25 920元。人民法院认为，因张某主张的失业保险待遇损失尚未实际发生，故原审法院对此不予处理亦无不当。

通过上述梳理不难看出，对于人民法院受理的此类案件，损失是否实际发生以及损失发生的原因应是案件审理的重点。

（三）关于用人单位未按规定为劳动者缴纳医疗保险费，导致劳动者不能享受医疗保险待遇，劳动者要求用人单位赔偿相关医疗保险待遇损失如何确定

关于这一问题，各地人民法院的做法不一，但均值得借鉴，比如北京市高级人民法院《劳动争议案件审理中涉及的社会保险问题研讨会会议纪要》规定，因用人单位未按规定为劳动者缴纳医疗保险费，劳动者要求用人单位赔偿相关医疗保险待遇损失，劳动仲裁部门受理后，应要求劳动者提交相关医疗单据，并委托所在区县的医疗保险经办机构协助核算应由用人单位承担的医疗费数额。劳动仲裁部门和人民法院在处理相应案件时，均可参照。而湖北省按职工医疗保险统筹基金支付的比例核算应报销的费用，即用人单位应赔偿劳动者的医疗保险待遇损失，如果劳动者由城乡居民基本医疗保险报销了一定费用，则再减除城乡居民基本医疗保险报销的费用。

笔者认为，用人单位未缴医疗保险费，劳动者自行缴纳，按用人单位应当承担的医疗保险费赔偿劳动者的损失。对于当地已有明确规定起付标准和报销比例的，在劳动者无法提供医疗保险机构的医疗费用报销核算单或证明时，劳动者可以根据当地规定的起付标准和报销比例，主张医疗保险待遇损失。

（河北省平泉市人民法院　宋跃国）

71. 劳动合同解除后是否应为劳动者补缴社会保险费

争议焦点

1. 劳动合同解除后是否应为劳动者补缴社会保险费？
2. 劳动合同解除后是否应向劳动者支付失业保险金与加班费？

基本案情

原告： 卢某梅
被告： 河北省某实业集团有限公司某服务区

2016 年 8 月 23 日卢某梅开始在河北省某实业集团有限公司某服务区（以下简称某服务区）工作，从事餐厅服务员岗位，双方签订了劳动合同书。2016 年 8 月 24 日卢某梅交工装押金 300 元。2016 年 10 月 23 日，卢某梅向某服务区递交个人申请一份，内容为：因家中有保险原因（或其他原因），自愿放弃某服务区为职工缴纳的养老保险、医疗保险、生育保险、失业保险的福利待遇。在工作期间，卢某梅先后在餐厅、超市、东超市和东餐厅工作。2016 年 8 月至 2019 年 5 月，某服务区未依法为卢某梅缴纳社会保险费。2019 年 6 月，某服务区开始为卢某梅缴纳社会保险费。2021 年 9 月 26 日，卢某梅以某服务区不支付加班工资、不按时为劳动者缴纳社会保险费等理由向某服务区递交解除劳动合同通知书一份。根据卢某梅的工资银行流水、某服务区提交的工资表查明，卢某梅在双方劳动合同终止前 12 个月的月平均工资为 1 798.52 元（不含加班费）。

另查明，在双方劳动合同终止前 24 个月，某服务区为卢某梅共实际发放加班费 8 425 元。2021 年 10 月 18 日，卢某梅向某县劳动人事争议仲裁委员会提交仲裁申请，请求事项为：（1）申请人与被申请人劳动关系于2021年9月26日解除；（2）被申请人依法为申请人补缴2016年8月23日至2019年5月31日养老保险费、医疗保险费、生育保险费、失业保险费，以及自2016年8月23日至2021年9月26日的住房公积金；（3）被申请人支付申请人解除劳动合同经济补偿金11 663.3元；（4）被申请人支付申请人失业保险金损失25 447.2元；（5）被申请人支付申请人加班费120 030元；（6）被申请人退还申请人工装押金300元。

某县劳动人事争议仲裁委员会于2021年12月15日作出仲裁裁决书，裁决如下：（1）被申请人某服务区支付申请人经济补偿11 663.3元；（2）被申请人某服务区退还申请人工装押金300元；（3）驳回申请人的其他仲裁请求。

卢某梅于2021年12月17日收到仲裁裁决书，因不服上述裁决，于2021年12月21日向人民法院起诉，进入诉前调解阶段，后调解不成于2022年1月5日转正式立案。

审理结果

河北省某县人民法院于2022年3月21日作出判决：（1）被告某服务区向原告卢某梅支付经济补偿金11 663.3元；（2）被告某服务区支付原告卢某梅加班费31 431.86元；（3）被告某服务区退还原告卢某梅工装押金300元；（4）原告卢某梅退还被告某服务区发放的夏装四套、秋装一套和冬装一套工装；（5）驳回原告卢某梅的其他诉讼请求。

一审判决后，原被告均不服，上诉至某市中级人民法院。某市中级人民法院于2022年8月10日作出二审判决：驳回上诉，维持原判。

评析意见

劳动者的合法权益应受法律保护。用人单位自用工之日起即与劳动者建立劳动关系，双方应按照法律规定和双方约定行使权利并履行义务，积极构建和谐稳定的劳动关系，促进企业的有序发展。本案的核心问题是用人单位解除劳动合同是否应为劳动者补缴社会保险费，支付失业保险金与加班费。

一、社会保险争议是否应作为人民法院受案范围

关于社会保险争议是否属于民事案件受案范围，司法实践中存在两种观点。

第一种观点，社会保险争议属于人民法院的受案范围；第二种观点，并非所有的社会保险争议都属于人民法院民事案件的受案范围。因社会保险关系主体的多样性和争议的复杂性，社会保险争议并非仅仅是劳动者和用人单位平等主体之间的权利义务争议，社会保险关系的性质不同，纠纷解决的方式亦不相同。社会保险争议的类型主要包括：社会保险征缴争议、社会保险发放争议、社会保险赔偿争议。

社会保险征缴争议，即劳动者、用人单位与社会保险经办机构因未缴、欠缴社会保险费或因缴费基数、年限等，劳动者要求补缴发生的争议。这也是在司法实践中产生争议最多的纠纷，那么该类纠纷属于民事纠纷还是行政纠纷？从主体上讲，该类争议涉及劳动者、用人单位及社会保险经办机构三方，不是平等主体之间的权利义务关系。从内容上讲，社会保险费的征缴具有社会管理的性质。因此，社会保险征缴争议不属于单纯的民事纠纷，应当属于社会保险行政法律关系，应当由行政法调整，不属于民事诉讼的受案范围。

第二类社会保险发放争议，即劳动者与社会保险经办机构在发放社会保险待遇时所产生的争议。该类争议的主体，一方是社会保险经办机构，另一方是劳动者，二者之间不是平等主体之间权利义务关系。从依据上讲，其依据依然是法律、行政法规。而且用人单位、劳动者在缴纳个人应缴纳的社会保险费时与社会保险经办机构形成的法律关系也是行政法律关系，权利义务内容也属于行政管理范畴。那么社会保险发放过程中用人单位与劳动者所形成的关系，也应当属于行政法律关系，社会保险发放争议也不属于民事案件的受案范围。

第三类社会保险赔偿争议，即劳动者因用人单位未为其缴纳社会保险费用，因不能补缴导致劳动者无法享受社会保险待遇，劳动者要求用人单位赔偿损失发生的争议。社会保险赔偿争议中，主体上，劳动者和用人单位在法律地位上双方是平等主体之间的权利义务关系。从权利来源上，其既依据法律法规、也依据用人单位与劳动者签订的劳动合同，属于民事法律关系范畴。社会保险赔偿争议应属于社会保险民事法律关系，其应当属于民事案件的受案范围。

本案中，根据《中华人民共和国社会保险法》第六十三条，用人单位未按时足额缴纳社会保险费的，由社会保险费征收机构责令其限期缴纳或者补足。以及《社会保险费征缴暂行条例》《劳动保障监察条例》等行政法规赋予了人力资源社会保障行政部门对用人单位为劳动者办理社会保险的专属管理权、监察权和处罚权，劳动者与用人单位就补缴社会保险发生纠纷，是征收与缴纳之间的纠纷，属于行政管理的范畴，带有社会管理的性质，不是单一的劳动者与用人单位之间的社会保险争议。故本案卢某梅与某服务区之间的社会保险争议不属于人民法院受理劳动争议案件的受案范围。

另外，虽然原告卢某梅在解除劳动合同后未能领取失业保险金，但《中华人民共和国社会保险法》第四十六条规定，失业人员失业前用人单位和本人累计缴费满1年不足5年的，领取失业保险金的期限最长为12个月；累计缴费满5年不足10年的，领取失业保险金的期限最长为18个月；累计缴费10年以上的，领取失业保险金的期限最长为24个月。重新就业后，再次失业的，缴费时间重新计算，领取失业保险金的期限与前次失业应当领取而尚未领取的失业保险金的期限合并计算，最长不超过24个月。《中华人民共和国失业保险条例》第十七条（与《社会保险法》第四十六条规定一致）也为其设置了救济途径，即重新就业后，再次失业的，缴费时间重新计算，领取失业保险金的期限可以与前次失业应领取而尚未领取的失业保险金的期限合并计算，但是最长不得超过24个月。故卢某梅要求某服务区承担失业保险金损失的请求于法无据，不予支持。

二、加班事实的举证规则以及加班费的计算

《中华人民共和国劳动合同法》第三十一条，用人单位应当严格执行劳动定额标准，不得强迫或者变相强迫劳动者加班。用人单位安排加班的，应当按照国家有关规定向劳动者支付加班费。《中华人民共和国劳动法》第四十四条规定，有下列情形之一的，用人单位应当按照下列标准支付高于劳动者正常工作时间工资的工资报酬：（一）安排劳动者延长工作时间的，支付不低于工资的150%的工资报酬；（二）休息日安排劳动者工作又不能安排补休的，支付不低于工资的200%的工资报酬；（三）法定休假日安排劳动者工作的，支付不低于工资的300%的工资报酬。用人单位安排劳动者加班，应按规定的标准向劳动者支付加班费。《最高人民法院关于审理劳动争议案件适用法律问题的解释（一）》第四十二条，劳动者主张加班费的，应当就加班事实的存在承担举证责任。但劳动者有证据证明用人单位掌握加班事实存在的证据，用人单位不提供的，由用人单位承担不利后果。

本案中，根据卢某梅提交的两份生效民事判决书、申请人民法院调取的考勤表以及某服务区提交的工资发放清单等证据，某服务区并未严格按照双方签订的劳动合同的约定安排劳动者执行标准工时工作制，亦未严格按照《中华人民共和国劳动法》第四十四条规定的加班工资标准向劳动者支付加班费，故某服务区关于其已经依法全额支付卢某梅加班费的主张不能成立。

关于如何认定卢某梅加班的具体时间，经对本案有效证据的分析，应适用举证妨碍推定规则，参照《河北省工资支付规定》第十二条，用人单位应当书面记录支付劳动者工资的数额、项目、时间和领取工资者的签字，并至少保存两年备查。在某服务区没有提交卢某梅考勤记录的情况下，应推定原告卢某梅辞职前2年内的休息日、法定节假日全部加班。

被告某服务区在人民法院审理的郝某、刘某雨与其劳动争议纠纷案件中提供了相关考勤记录，但是在本案中，被告某服务区仅提供了工资表，辩称不掌握相关考勤记录，不予支持。因原告卢某梅未提供证据直接证明其加班事实的具体情况，被告某服务区至少应提供2年的考勤记录，其未提供应承担不利后果，故推定原告卢某梅休息日、法定节假日全部加班。两年共有休息日208天、法定节假日22天，则加班费共计39 856.86元，扣除已实际发放的加班费8 425元，被告某服务区应向原告卢某梅支付加班费31 431.86元。

综上所述，劳动者的正当合法权益应得到人民法院的司法保障，人民法院应依法确定劳动者权益保障的范围，在维护劳动者权益、构建和谐劳动关系和促进企业有序发展中担当重要职责。

（河北省衡水市景县人民法院　李凤志　车路锦）

商业秘密与竞业限制

72. 劳动者通过与第三人建立劳动关系规避竞业限制义务属于违约

争议焦点

劳动者通过与第三人建立劳动关系进而规避竞业限制义务的认定。

基本案情

申请人：J公司

被申请人：李某

李某于2010年7月8日入职J公司，担任技术工程师，双方签订了《保密协议》，约定李某离职后履行竞业限制义务，J公司按月向其支付竞业限制补偿金；非J公司同意，李某不得在与J公司生产或经营同类产品、经营同类业务的用人单位工作；如李某违约，需退还竞业限制补偿金，并按J公司已支付竞业限制补偿金的5倍标准支付违约金，继续履行竞业限制义务。2020年6月李某提出辞职后，J公司向其发送履行竞业限制义务告知书，要求李某履行1年期限的竞业限制义务。李某辞职后，向J公司汇报其就职于第三方单位（与J公司无竞争关系），并提交了与第三方单位（与J公司无竞争关系）的劳动合同、银行流水、社会保险缴费记录，未提交其实际付出劳动的相关证据。此后，J公司以李某违反竞业限制协议为由提起仲裁，请求李某继续履行竞业限制义务；支付违约金。

审理结果

劳动人事争议仲裁委员会查明，李某虽提供了与第三方单位的劳动合同、银行流水，但其未就任职情况、考勤、工作地点、工作内容进行合理解释，且李某向 J 公司提供的与第三方单位（与 J 公司无竞争关系）的社会保险缴费记录与实际缴纳主体不符，而李某均未对此作出合理解释。

劳动人事争议仲裁委员会裁决：支持 J 公司的仲裁请求。

评析意见

竞业限制的实质是为了保护用人单位的商业秘密，限制劳动者从事与本单位具有同类竞争的业务。竞业限制的核心是防止劳动者利用、泄露、使用其掌握的商业秘密向他人提供劳动或服务。判断劳动者是否履行竞业限制义务，不以与其他用人单位建立劳动关系包括签订合同、发工资、缴纳社会保险作为标准。审理关键点在于劳动者是否有可能泄露、使用商业秘密，是否为具有竞争关系的用人单位提供了服务，如提供了服务，故不可避免地涉及其知晓的商业秘密，侵害原用人单位权利。劳动人事争议仲裁委员会在实际审理和案情归纳中发现，劳动者存在为规避竞业限制责任，隐藏竞业行为而规划采取隐性违约的情况。为规避竞业限制，劳动者一般采用与无竞争关系的用人单位签订劳动合同、虚构工资流水、委托第三方机构代缴社会保险作为掩护，实际为竞业单位提供服务。

审理中，判断劳动者是否履行竞业限制义务主要关注以下两个方面：（1）根据劳动者提供的就业信息，查明与其提供的就业信息陈述是否相符，包括工作内容、工作地点、考勤、工作邮件往来；（2）劳动者实际社会保险缴纳机构、工资发放主体、个人所得税代扣代缴主体。对用人单位而言，需提供初始或基本的劳动者违约线索，包括但不限于劳动者实际入职单位、工作地点、日常行程轨迹、邮件往来或出入竞业单位工作地（办公楼、宿舍）视频等证据。如案情需要，申请人也可向劳动人事争议仲裁委员会提出追加相关第三人的申请。

本案中，李某虽提供了与第三方单位的劳动合同、银行流水，但其未就任职情况、考勤、工作地点、工作内容进行合理解释。且李某向 J 公司提供社保缴费单位主体与实际缴纳主体不符，而李某未对其作出合理解释。综上所述，J 公司怀疑李某为竞业限制单位提供服务具有合理性，李某作为负有履行竞业限制义务的当事人，有义务举证证明其履行了竞业限制义务，故其应承担不利后果。本委员会认定李某在竞业限制期内违反了竞业限制义务，对 J 公司的诉请予以支持。

近年来，随着公司对商业秘密、知识产权的保护意识增强，越来越多的公司和劳动者之间签订了竞业限制协议。对劳动者而言，要遵守诚实信用原则，实际履行竞业限制义务。

（北京经济技术开发区劳动人事争议仲裁院　商锡亮）

73. 竞业限制协议中的报告义务

争议焦点

李某违反报告义务是否实质上构成违反竞业限制。

基本案情

申请人：某科技公司

被申请人：李某

某科技公司与李某签订竞业限制协议，约定竞业限制期限为2022年11月26日至2023年11月25日，该协议除约定李某不得到与某科技公司具有竞争关系的单位及关联单位就职等基本竞业限制义务，还约定李某在竞业限制期间内每月5日前向某科技公司报告工作及就业情况。2023年1月，某科技公司多次要求李某提供是否工作及就业的相关材料（如社会保险缴费记录、与新单位签订的劳动合同等），李某均未予答复，故某科技公司暂停发放李某自2023年1月起的竞业限制补偿金，并以李某违反竞业限制协议为由要求李某返还竞业限制补偿金，支付违约金并继续履行竞业限制协议。此后，因某科技公司停发李某竞业限制补偿金超过3个月，李某向某科技公司发送律师函要求解除双方签订的竞业限制协议，并在庭审中以此作为无须继续履行竞业限制协议的抗辩理由。

审理结果

劳动人事争议仲裁委员会支持了某科技公司要求李某继续履行竞业限制协议的请求，驳回了某科技公司其他仲裁请求。

评析意见

随着社会经济对高精尖人才的客观需要，越来越多的用人单位与劳动者签订了竞业限制协议，约束劳动者离职后的就业选择权，用以保护用人单位的商业秘密，保持市场核心竞争力。但客观上，用人单位对劳动者离职后的就业情况难以掌握。为此，在与劳动者签订竞业限制协议时，用人单位会专门在竞业限制协议中约定报告义务，即要求劳动者在固定时间或入职新单位时汇报就业等情况并提交相应材料，如劳动合同、社会保险缴费记录等。

一般来说，报告义务是劳动者与用人单位在竞业限制协议中约定，劳动者在竞业限制期限内按时向该用人单位报告自己当前的就业状况，以自证履行了竞业限制义务的附加义务，基本条款格式如下：在竞业限制期限内，劳动者应于每月5日前向用人单位报告其工作及就业情况，并按照用人单位的要求提交个人所得税及社会保险缴费记录或失业证明等相关材料。劳动者未按协议约定告知就业情况、未提供相关材料，用人单位有权暂停支付竞业限制补偿金，暂停支付不影响劳动者履行竞业限制义务。经用人单位要求，劳动者不能在7日内向用人单位说明当下工作情况或所说明的工作情况与实际不符的，视为劳动者违反竞业限制义务，应承担违约责任。本案庭审中，李某提交了与新入职公司签订的劳动合同、银行流水、社会保险缴费记录等证明所入职的新单位并非竞业限制协议中规定的竞业限制单位及关联单位。某科技公司未提交证据证明李某存在到与其公司生产或者经营同类产品、从事同类业务、存在竞争关系的其他用人单位工作，或者李某开业生产或者经营同类产品、从事同类业务，仅提出李某违反了双方所签竞业限制协议中的报告义务即视为违反竞业限制义务，应向其公司支付违约金。那么违反报告义务是否等于违反了竞业限制义务呢？

《中华人民共和国劳动合同法》第二十三条规定，对负有保密义务的劳动者，用人单位可以在劳动合同或者保密协议中与劳动者约定竞业限制条款，并约定在解除或者终止劳动合同后，在竞业限制期限内按月给予劳动者经济补偿。劳动者违反竞业限制约定的，应当按照约定向用人单位支付违约金。《中华人民共和国劳动合同法》第二十四条还规定，竞业限制的人员限于用人单位的高级管理人员、高级技术人员和其他负有保密义务的人员。竞业限制的范围、地域、期限由用人单位与劳动者约定，竞业限制的约定不得违反法律、法规的规定。在解除或者终止劳动合同后，前款规定的人员到与本单位生产或者经营同类产品、从事同类业务的有竞争关系的其他用人单位，或者自己开业生产或者经营同类产品、从事同类业务的竞业限制期限，不得超过两年。综上可知，竞业限制义务本质上是一种消极义务、不作为义务。劳动者在离职后不能到与本单位生产或者经营同类产品、从事同类业务的有竞争关系的其他用人单位，或者自己开业生产或者经营同类产品、从事同类业务。因此，劳动者只要在竞业限制期限内，未有前述行为，即不构成违约。而报告义务系积极义务，虽然亦属双方的合意并载入竞业限制协议，但与法律上的竞业限制义务有明显的区别，劳动者违反报告义务并不等同于违反竞业限制义务。报告义务虽系双方合意并写入竞业限制协议，但实际上仍为用人单位一方拟定的格式文本，其中增设的报告义务系在法律规定之外，客观上加重了劳动者的义务。用人单位仅以劳动者违反报告义务而未举证证明劳动者确实违反法定的竞业限制义务，要求劳动者返还竞业限制补偿金，并支付违约金的请求法律依据不足，不应得到支持。

随着诚实信用原则和契约精神越来越受到重视，司法实践中对用人单位可在劳动者违反报告义务时可不予支付竞业限制经济补偿的观点也逐渐增加。本案中李某还提出了因某科技公司超过3个月未支付竞业限制补偿金，其已提出解除竞业限制协议，因此无须继续履行。但是，《最高人民法院关于审理劳动争议案件适用法律问题的解释（一）》第三十八条规定，当事人在劳动合同或者保密协议中约定了竞业限制和经济补偿，劳动合同解除或者终止后，因用人单位的原因导致三个月未支付经济补偿，劳动者请求解除竞业限制约定的，人民法院应予支持。以上规定赋予劳动者解除权的前提是"用人单位的原因"导致三个月未付经济补偿，劳动者才能主张解除竞业限制协议。根据"谁主张，谁举证"的原则，劳动者应就其已全面履行竞业限制义务承担举证证明责任。而本案中，李某却未在协议约定的时间向某科技公司告知就业情况，导致某科技公司对李某是否履行竞业限制义务的判断产生不安进而暂停发放竞业限制经济补偿，此时超过三个月未支付经济补偿的原因在于李某未按照竞业限制协议的约定履行报告义务，李某对此应承担主要责任，不应归责为用人单位的原因，因此李某无法基于上述事实要求解除与某科技公司签订的竞业限制协议，仍需继续履行。需要注意的是，因劳动者未履行报告义务导致用人单位可以暂停发放竞业限制经济补偿的条件是，应通知劳动者并有明确约定，如对违反报告义务承担何种责任，可采取何种措施自行停发竞业限制补偿金，如未有约定则可能存在败诉的风险。

（北京市顺义区劳动人事争议仲裁院　魏月）

74. 竞业限制履行情况报告义务的效力分析

争议焦点

1. 竞业限制履行情况报告义务的约定是否有效？
2. 未履行报告义务能否视为违反竞业限制约定？
3. 未履行报告义务能否暂停支付竞业限制经济补偿？
4. 未履行报告义务导致3个月未支付竞业限制经济补偿，劳动者能否要求解除竞业限制约定？

基本案情

申请人：刘某

被申请人：某科技公司

刘某于2019年7月1日入职某科技公司，任营销部高级经理，双方签订有劳动合同与竞业限制协议。该竞业限制协议中除约定了竞业限制的范围、地域、期限（解除劳动合同后2年内）、竞业限制经济补偿（解除前12个月平均工资的30%）、违反竞业限制约定违约金外，还约定了劳动者工作情况的报告义务。具体内容为：刘某需每隔30日以书面形式向某科技公司出示当前任职、服务或工作情况证明（包括但不限于向用人单位提交的社会保险缴费记录、个人所得税缴费证明、新用人单位经营范围、联系方式等信息），如逾期未提交此种情况证明，某科技公司有权暂停支付竞业限制经济补偿直至刘某提交该证明，且暂停支付竞业限制经济补偿期间刘某仍应履行竞业限制义务。2020年10月31日，刘某因个人发展主动向某科技公司提出解除劳动合同，某科技公司同意解除劳动合同并要求刘某履行竞业限制协议。2020年11月1日至2022年4月30日，刘某按照某科技公司要求每月15日左右通过电子邮件方式向某科技公司报告其工作情况，并提交社会保险缴费记录作为佐证，某科技公司每月 25 日左右以银行转账形式向刘某支付竞业限制经济补偿。2022 年 5 月起，经某科技公司两次催告，刘某仍未提交工作情况报告，某科技公司停止向刘某支付竞业限制经济补偿。2022 年 8 月，刘某向劳动人事争议仲裁委员会提出劳动人事争议仲裁申请，要求某科技公司支付 2022 年 5 月 1 日至 2022 年 7 月 31 日竞业限制经济补偿。

审理结果

经劳动人事争议仲裁委员会主持调解，刘某同意向某科技公司履行报告义务以证明其履行了竞业限制义务，某科技公司亦同意支付刘某 2022 年 5 月 1 日至 2022 年 7 月 31 日竞业限制经济补偿。

评析意见

我国现行法律法规与司法解释中有关竞业限制条款的篇幅有限，但近年来，越来越多用人单位通过与劳动者签订竞业限制协议的方式来保护自身商业秘密与竞争优势，由此带来的竞业限制纠纷日益增多，最常见的即为要求支付竞业限制经济补偿与要求支付违反竞业限制约定违约金。此类案件中双方互付的义务为劳动者未实施竞业行为与用人单位支付经济补偿，如劳动者实施了竞业行为，用人单位则无须支付经济补偿并有权要求支付违约金。因劳动者未实施竞业行为本质上属于消极事实，消极事实一般无须（无法）举证，故无论是劳动者要求支付经济补偿还是用人单位要求支付违约金，一般认为均需由用人单位就劳动者违反竞业限制约定的事实承担举证责任。但在实践中，因劳动者实施竞业行为大都具有隐蔽性，且劳动者已离职，用人单位不便掌握其新入职情况，用人单位在相关诉讼中往往因举证不能而承担不利后果，支付了高额经济补偿却无法监督劳动者切实履行竞业限制义务。因此，越来越多的用人单位在竞业限制协议中增加履行情况报告义务，要求劳动者按月以书面形式向用人单位报告其就职情况并提供相关证明，用以掌握劳动者竞业限制义务履行情况，并作为其支付竞业限制经济补偿的前提。目前，对于该报告义务的效力看法不一，争议较大，笔者将从以下三方面进行浅析。

一、报告义务的约定是否有效

部分观点认为，是否违反竞业限制约定应由用人单位举证，如未能提供有效证据证明,用人单位应当支付劳动者竞业限制经济补偿;竞业限制协议中有关劳动者负有报告义务的约定,免除了用人单位的责任,增加了劳动者的义务,应属无效。但笔者认为,该约定应属合法有效。其一,法律并未禁止不能约定报告义务;其二,双方在竞业限制协议中明确约定了报告义务,系双方真实意思表示,根据意思自治原则,在不存在欺诈、胁迫或显失公平的情况下,不应轻易认定该约定无效;其三,该约定并未过分加重劳动者义务,仅是督促劳动者履行竞业限制义务的一种方式,且向用人单位报告其就职情况容易实现和操作。

二、报告义务的性质

(一)报告义务系约定义务,而非法定义务

现有法律中未规定劳动者负有向用人单位报告竞业限制履行情况的义务,该义务有赖于双方的约定,故该义务系约定义务,而非法定义务。用人单位需在竞业限制协议或劳动合同中与劳动者明确约定该报告义务,如用人单位仅在履行竞业限制约定通知书中要求劳动者承担报告义务,因该要求系用人单位单方意思表示,劳动者并无义务配合。

(二)报告义务系附随义务,而非主合同义务

附随义务的理论法源是诚实信用原则。《中华人民共和国民法典》第五百零九条第二款规定了合同中的附随义务,即"当事人应当遵循诚信原则,根据合同的性质、目的和交易习惯履行通知、协助、保密等义务"。用人单位为了方便掌握劳动者的入职动向,督促劳动者履行竞业限制协议的主合同义务,与劳动者约定报告义务,从义务类型的划分上报告义务应属附随义务,而非主合同义务。

三、未履行报告义务对裁判结果的影响

(一)未履行报告义务能否视为违反竞业限制约定

部分用人单位与劳动者约定"如未按时提交任职情况证明将视为放弃相应期间全部竞业限制经济补偿"或者"如未按时提交任职情况证明将视为违反竞业限制约定,用人单位有权要求支付违约金",此类约定是否有效?笔者认为,此类约定应属无效。报告义务仅为附随义务,竞业限制协议中双方的主合同义务为劳动者实质履行竞业限制协议与用人单位支付竞业限制经济补偿,报告义务作为附随义务不足以直接对抗用人单位支付经济补偿的主合同义务。只有在劳动者未履行竞业限制义务的情况下,用人单位才能免于支付经济补偿并要求支付违约金。此类"视为"约定,本质上是将是否履行报告义务等同于是否履行竞业限制义

务，这无异于完全免除了用人单位的举证责任，变成了劳动者需"自证清白"，过分加重了劳动者的义务，与目前审判实践中主流的举证责任分配规则相悖，亦显失公平，故用人单位此类"一劳永逸"的约定应属无效。

（二）未履行报告义务能否暂停支付竞业限制经济补偿

笔者认为，如双方明确约定了未履行报告义务则暂停支付竞业限制经济补偿，劳动者应当受到该约定的约束，忠诚如实地履行其报告义务。用人单位主张暂停支付，并非拒绝支付，尚未实质侵害劳动者权利，只要劳动者补交任职情况相关证明，仍有权获得未支付的竞业限制经济补偿。本案中，刘某自2022年5月起不再向某科技公司报告工作情况，经某科技公司两次催告后仍未履行其报告义务，此时，某科技公司有合理理由怀疑刘某具有较大的违约可能和风险，某科技公司基于双方约定暂停支付竞业限制经济补偿，并无不当。刘某未履行报告义务，既违反了双方约定，亦有违诚实信用原则。调解过程中，刘某认识到自身过错，最终双方达成和解，合理平衡保护了双方利益。

（三）未履行报告义务导致3个月未支付竞业限制经济补偿，劳动者能否要求解除竞业限制约定

如前文所述，如双方明确约定未履行报告义务则暂停支付竞业限制经济补偿，那么，超过3个月未支付竞业限制经济补偿的原因不在用人单位，而在于劳动者自身，故不属于《最高人民法院关于审理劳动争议案件适用法律问题的解释（一）》第三十八条规定之情形，劳动者无权要求解除竞业限制约定。此外，如支持劳动者解除竞业限制约定的请求，劳动者将有可能为了实施竞业行为而故意不履行报告义务，以达到提前解除竞业限制约定的目的，此种情况下，劳动者违反报告义务的行为，不仅未受到谴责，反而有可能从中获利，违背了"不因不法行为获利"的基本法理。

（北京市朝阳区劳动人事争议仲裁院　郭淑娴）

其他

75. 关于女性劳动者退休年龄的认定

争议焦点

1. 女性劳动者的退休年龄、岗位性质认定是否属于劳动争议的审理范围？
2. 认定女性劳动者的法定退休年龄时，是以"身份（干部或工人）"为考量因素，还是以"岗位性质（管理岗或非管理岗）"为考量因素？
3. 如何界定"管理岗位"？

基本案情

申请人：张某

被申请人：A 公司

A 公司为一家经营日化品销售的公司。1993 年 11 月 12 日，张某入职 A 公司韶关门市部，工作岗位为咨询员，身份为工人；1994 年 7 月 1 日至 1996 年 6 月 30 日，张某与 A 公司韶关门市部签订劳动合同，工作岗位为美容顾问；2008 年 7 月 15 日，张某与 A 公司韶关分公司（前身为 A 公司韶关门市部）签订自 2008 年 7 月 16 日起的无固定期限劳动合同，工作岗位为区域销售经理；2012 年 5 月 25 日，张某、A 公司及 A 公司韶关分公司签订了变更劳动合同协议书，约定自 2012 年 6 月 1 日起，劳动合同主体由 A 公司韶关分公司变更为 A 公司。

2020 年 11 月，张某在未经 A 公司同意的情况下，私自使用公章，将自己在社会保险缴费系统及税务系统中的人员类别由"工人"修改为"干部"。

2021 年 11 月，A 公司发现上述信息变化，并于当月联系社会保险及税务部门，将张某的人员类别还原为"工人"。

2021 年 12 月 10 日，张某年满 50 周岁。2021 年 12 月 17 日，A 公司通知张某已达到法定退休年龄，要求张某办理退休手续，但是张某认为自己所在岗位属于管理岗,且身份为干部,法定退休年龄应当为55周岁,拒绝办理退休手续。由于社会保险缴费系统及税务系统中记载张某的身份/人员类别为工人,社会保险缴费系统在张某达到法定退休年龄当月(即2021年12月)自动停止缴存。

由于双方就办理退休事宜始终未能达成一致,2022年4月30日,A公司以张某达到法定退休年龄为由终止劳动合同。

2022年6月24日,张某向当地的劳动人事争议仲裁委员会申请仲裁,请求如下:(1)确认1993年11月12日至2022年4月30日与A公司存在劳动关系(即在公司的工作年限为28.5年);(2)A公司支付违法解除劳动合同赔偿金195万元(计算标准为:28.5年工龄×劳动合同终止前12个月的平均工资×2)。主要理由为:(1)张某身份为干部,A公司于2021年11月修改其身份类别属无效;(2)张某在职时担任A公司分公司销售经理,属于管理岗位,法定退休年龄应当为55周岁;(3)A公司在其年满50周岁(未达法定退休年龄)时,单方终止劳动合同属于违法解除,应当支付违法解除劳动合同赔偿金。

A公司主张,公司认可张某的工作年限为28.5年,但是不认可终止劳动合同的行为违法,主要理由如下:(1)张某的法定退休年龄是50周岁还是55周岁,取决于张某的身份(是工人还是干部)以及岗位性质(是否为管理岗位)的认定,前述两个事项的认定属于社会保险行政部门的职权范畴,不属于劳动争议案件受理范围;(2)社会保险缴费系统以及税务系统均记载张某的身份为工人,张某私自将工人修改为干部的结果无效;(3)张某所在岗位不属于管理岗。A公司作为销售型企业,依据其组织架构,张某所担任的广东省的"区域销售经理"仅高于销售代表,属于基层员工;张某对于A公司广东销售区域的"人、财、物"均无独立的、完整的决定权;张某的工作内容中包括了"终端门店走访、经销商门店拜访、跑线路、商品推广、销售产品及订单跟进"等销售代表从事的一线、基础销售工作。

审理结果

劳动人事争议仲裁委员会认为"关于退休年龄及岗位性质等涉及退休妥当性的事项应由社会保险行政部门审查认定,劳动人事争议仲裁委员会不予认定",基于此,劳动人事争议仲裁委员会驳回张某提出的"支付违法解除劳动关系赔偿金"的仲裁请求。

评析意见

一、"退休年龄及岗位性质"的认定是否属于劳动争议的审理范围

关于"退休年龄及岗位性质"的认定是否属于劳动争议案件的受理范围,现有法律法规并未明确规定。对于这一问题,司法实践中存在不同观点。一种观点认为,针对劳动者岗位性质、退休年龄问题产生的争议,应当以社会保险行政部门的审核结果为前提,不属于劳动争议案件受理范围。[①] 另一种观点认为,劳动者的退休制度属于劳动法律法规及相关规章调整的范围,应当从劳动法律规范的层面分析认定,属于劳动争议案件受理范围。人民法院需对劳动者的岗位性质进行实质性审查和确认,并据此确定法定退休年龄。[②] 针对北京市、天津市、河北省以及广东省等地对这一问题的司法裁判情况,笔者统计了2019—2023年的同类案例,各地裁判尺度的统计结果见表1。

表1 各地关于退休年龄及岗位性质认定的裁判尺度统计表

地区	属于劳动争议审理范围		不属于劳动争议审理范围	
	案例个数	所占比例	案例个数	所占比例
北京市	18	85.7%	3	14.3%
天津市	3	60%	2	40%
河北省	8	72.7%	3	27.3%
广东省	21	87.5%	3	12.5%

由表1可见,针对"退休年龄及岗位性质"的认定是否属于劳动争议的审理范围这一问题,主流观点认为属于劳动争议审理范围。

二、认定女性劳动者的法定退休年龄的考量因素是"身份(干部或工人)"还是"岗位性质(管理岗或非管理岗)"

依据现行的相关政策,对于认定女性劳动者退休年龄的考量因素,既有"身份"因素,也有"岗位性质"因素。

---

① 参见广东省广州市荔湾区人民法院(2021)粤0103民初2264号民事判决书。
② 参见广东省汕尾市中级人民法院(2019)粤15民终547号民事判决书,北京市第二中级人民法院(2018)京01民终4137号民事判决书。

（一）以"身份"为考量因素的依据

《国务院关于安置老弱病残干部的暂行办法》第四条规定，党政机关、群众团体、企业、事业单位的干部，符合下列条件之一的，都可以退休。（一）男年满六十周岁，女年满五十五周岁，参加革命工作年限满十年的。《国务院关于工人退休、退职的暂行办法》第一条规定，全民所有制企业、事业单位和党政机关、群众团体的工人，符合下列条件之一的，应该退休。（二）男年满六十周岁，女年满五十周岁，连续工龄满十年的。《劳动和社会保障部关于制止和纠正违反国家规定办理企业职工提前退休有关问题的通知》规定，国家法定的企业职工退休年龄是：男年满60周岁，女工人年满50周岁，女干部年满55周岁。《劳动和社会保障部办公厅关于企业职工"法定退休年龄"涵义的复函》（已失效）规定，1999年3月我部下发的《关于制止和纠正违反国家规定办理企业职工提前退休有关问题的通知》中，"国家法定的企业职工退休年龄"，是指国家法律规定的正常退休年龄，即："男年满60周岁，女工人年满50周岁，女干部年满55周岁"。依据上述文件精神，女性劳动者的法定退休年龄，以其退休前身份作为区分标准，女干部（技术）的法定退休年龄为55周岁，女工人的法定退休年龄为50周岁。

至于"干部"和"工人"的识别标准，实践中一般为：社会保险缴费系统或税务系统中记载的劳动者人员类别、人事档案中记载的身份、劳动合同或岗位协议中的约定等。

（二）以"岗位性质"为考量因素的依据

1992年《劳动部关于试行全员劳动合同制有关问题处理意见的通知》（已失效）第八条规定，企业试行全员劳动合同制后，职工需要办理退休、退职手续的，应按其现工作岗位国家规定的年限和条件执行。其中，"现工作岗位"是指企业实行全员劳动合同制后，职工不再保留原固定身份。如原身份是干部，现到工人岗位工作的，按工人的退休、退职条件执行；原身份是工人，现到管理岗位工作的，按干部的退休、退职条件执行。根据《关于贯彻执行〈中华人民共和国劳动法〉若干问题的意见》，用人单位全部职工实行劳动合同制度后，职工在用人单位内由转制前的原工人岗位转为原干部（技术）岗位或由原干部（技术）岗位转为原工人岗位，其退休年龄和条件，按现岗位国家规定执行。《国家经济贸易委员会、人事部、劳动和社会保障部关于深化国有企业内部人事、劳动、分配制度改革的意见》规定，取消企业行政级别。企业不再套用政府机关的行政级别，不再比照国家机关公务员确定管理人员的行政级别。打破"干部"和"工人"的界限，变身份管理为岗位管理。在管理岗位工作的即为管理人员。岗位发生变动后，其收入和其他待遇要按照新的岗位相应调整。根据上述文件的精神，企业实行全员劳动合同制后，不再按照劳动者的身份性质确定退休年龄，而是依据劳动者的工作岗位性质确定退休年龄，从事管理岗位（专业技术岗位）的女性劳动者，法定退休年龄为55周岁；从事非管理岗位的女性劳动者，法定退休年龄为50周岁。

另外，部分地区也出台了类似规定，例如，北京市《关于进一步加强基础管理，规范退休核准工作有关问题的通知》附件1中规定，男年满60周岁，女管理和专业技术岗位年满55周岁、女非管理岗位年满50周岁。天津市《关于印发天津市城镇企业职工退休管理暂行办法的通知》第十五条规定，女职工由管理岗位转为操作岗位的，用人单位应及时与其变更劳动合同，并到区县人力资源和社会保障行政部门办理劳动合同备案手续。退休前在操作岗位工作且办理劳动合同备案手续满1年的，方可按操作岗位办理退休。女职工转为操作岗未满1年达到法定退休年龄的，应按整年度办理后延缴费手续，待转为操作岗满1年以上且后延缴费至整年度（满周岁）后，再办理退休手续。《广东省劳动厅、广东省社会保险管理局转发劳动和社会保障部关于制止和纠正违反国家规定办理企业职工提前退休有关问题的通知》规定，对女职工现岗位的认定，以用人单位与劳动者签订的劳动合同为依据，即不论原身份是工人还是干部，其现岗位应以劳动合同中确定的岗位为准，凡在现岗位工作1年以上，均应以现岗位认定其身份。其退休年龄，在工人岗位工作的按50周岁，在管理岗位工作的按55周岁。

（三）司法现状

由上可见，在认定女性劳动者退休年龄时，以"身份"为考量因素还是以"岗位性质"为考量因素均有政策依据。至于在具体认定时应以哪一因素为主要考量因素或优先考量因素，司法实践中存在不同的裁判尺度：一种观点认为判断女性劳动者的退休年龄应当以"岗位性质"作为主要考量因素；另一种观点认为判断女性劳动者的退休年龄应当以"身份"作为主要考量因素。其中，在北京、天津、河北及广东近5年的司法实践中，以"岗位性质"作为主要考量因素的观点为主流观点，具体统计情况见表2。

表2　各地关于女性劳动者退休年龄认定的考量因素统计表

地区	以"身份"为主要考量因素		以"岗位性质"为主要考量因素	
	案例个数	所占比例	案例个数	所占比例
北京市	2	11.1%	16	88.9%
天津市	1	33.3%	2	66.7%
河北省	3	37.5%	5	62.5%
广东省	5	23.8%	16	76.2%

三、如何界定"管理岗位"

（一）政策规定

如果依据"岗位性质"作为法定退休年龄认定的考量因素，那么如何区别、界定"管理岗位"和"非管理岗位"对于处理此类争议具有十分重要的现实意义，也往往成为当事人各方的争议焦点之一。针对"管理岗位"的界定，目前国家各类规范性文件中针对退休条件中所指"管理岗位与非管理岗位"没有准确定义或列举式定义，仅在《国家经济贸易委员会、人事部、劳动和社会保障部关于深化国有企业内部人事、劳动、分配制度改革的意见》有所涉及，该意见第二条规定，在管理岗位工作的即为管理人员。管理人员是指企业内部担任各级行政领导职务的人员、各职能管理机构的工作人员以及各生产经营单位中专职从事管理工作的人员。据此，识别"管理岗位"的标志性因素是"专职从事管理工作"。

（二）建议可考量的因素

针对具体案件（如本案）而言，笔者认为，在界定劳动者的岗位是否为"管理岗位"时，至少可以考虑如下因素。

第一，劳动者在用人单位组织架构中所处的层级。

第二，劳动者的工作内容或职责中是否包含与基层员工相同的工作内容（以识别是否为"专职管理"）。

第三，劳动者对所负责的部门或区域的"人、财、物"的管理权限大小。例如，本案中，张某不具有聘用员工的决定权、所在销售区域及区域中的员工的目标任务的决定权；不享有所在区域销售运营预算的批准权、所在销售区域员工的薪资标准的决定权；不享有办公场所租用及退租的决定权。

第四，劳动者薪资水平。

第五，相同岗位或级别的其他劳动者的退休年龄。例如，与张某职级相同的，以及张某的上级均执行 50 周岁的退休年龄，且相关员工未提出异议。

第六，劳动合同或岗位协议中对"岗位性质"的约定。

第七，用人单位规章制度中有关"管理岗位"范围或界定标准的规定。例如，北京市高级人民法院〔2022〕京民申 1286 号民事裁定书中认定"用人单位和劳动者可以在劳动合同中对于劳动者从事岗位是否具有管理性质进行约定，用人单位的规章制度、岗位架构等文件中也可以作出规定，既无约定也无规章制度规定，则由用人单位与劳动者协商确定岗位性质"。

（三）难点分析

对于具有一定管理权限的劳动者是否属于"管理岗位"的问题，是本案的争议焦点问题，也是此类案件的难点问题。对于该问题，笔者认为，虽然张某负有一定的管理职责（如所在销售区域员工年假的审批权、员工招用的建议权），但是，"负有管理职责"不等于"管理岗位"。最直接的实例为，车间班组长也有一定管理职责（如批假权、排班权、考核建议权），但是，按照普遍的认知，班组长的岗位并不因具有上述管理职责而属于"管理岗位"。因此，我们认为，"负有一定程度的管理职责"不能成为认定"管理岗位"的唯一因素，还需要综合考虑其工作内容（有无管理的专职性）、用人单位的制度规定、劳动合同约定、决策权限的大小等其他因素进行合理评估及认定。

（北京市中伦律师事务所　段海燕　何思明）

76. 劳动者有权要求用人单位重新出具离职证明吗?

争议焦点

用人单位出具离职证明除"劳动合同期限、解除或者终止劳动合同的日期、工作岗位、在本单位的工作年限"等要素外,是否可以登记其他内容?

基本案情

申请人:张某

被申请人:某金融公司

某金融公司与员工张某解除劳动关系,为其出具了解除劳动合同证明,内容为"张某于2019年7月16日入职,在我公司担任资产经理,经我公司结合张某的实际业绩、个人业务素质等情况综合评价,张某不能胜任资产经理工作,经过调整仍不能胜任相关工作,我公司于2022年12月15日将其辞退"。张某认为该金融公司解除劳动关系行为是否合法应经司法机关判定,其向离职劳动者将来的就职单位作含有不利于劳动者的记载,给劳动者的再就业制造障碍,故要求某金融公司重新出具解除劳动合同证明。某金融公司认为法律并未限制用人单位在解除劳动合同证明中写明解除劳动合同的原因,故不同意重新出具解除劳动合同证明。

审理结果

劳动人事争议仲裁委员会经审理查明,某金融公司无证据证明张某"不能胜任工作",解除劳动关系行为违法,支持了张某关于重新出具离职证明的仲裁请求。

评析意见

何为离职证明？离职证明的作用何在？离职证明是劳动者与用人单位解除或终止劳动关系的凭证，是为了证明用人单位和劳动者已经解除了劳动关系，已经按照正常的手续办理了离职，证明该劳动者已经成为自由人，可以申请失业金或者是去新用人单位应聘新的职位，也可以办理转移社会保险、人事档案关系和住房公积金手续。《中华人民共和国劳动合同法》第五十条第一款规定，用人单位应当在解除或者终止劳动合同时出具解除或者终止劳动合同的证明，并在十五日内为劳动者办理档案和社会保险关系转移手续。由此可以看出，为劳动者出具离职证明是用人单位的法定义务，但离职证明的样式在实践中却存在很大争议。

第一种观点认为法律并未禁止在离职证明记载其他内容，只要满足法律规定的离职证明必备要素，是否登记其他内容司法机关不应干涉。这种观点的法律支撑为《中华人民共和国劳动合同法实施条例》第二十四条，用人单位出具的解除、终止劳动合同的证明，应当写明劳动合同期限、解除或者终止劳动合同的日期、工作岗位、在本单位的工作年限。有的用人单位认为上述条款为离职证明不可或缺的条款，但法律也并没有禁止用人单位罗列其他内容，依据"法无禁止即可为"的原则，用人单位可以将自身认定的劳动者表现、离职原因等记载入离职证明中，以对此次用人经历进行阶段性总结，供下一家用人单位参考。

第二种观点认为，离职证明需严格按照《中华人民共和国劳动合同法实施条例》第二十四条规定的内容进行出具，不允许登记其他内容，涉及劳动者能力、品行等主观评价并非离职证明的必填项目。该观点认为，《中华人民共和国劳动合同法实施条例》第二十四条规定的法定内容均属于关于劳动合同履行的基本信息，具有客观性、不带有主观倾向性，且易于下一家用人单位核实证明，不容易引起争议。

笔者倾向于第二种观点，离职证明只需包含"劳动合同期限、解除或者终止劳动合同的日期、工作岗位、在本单位的工作年限"等信息即可，不应登记其他内容，具体理由如下。

首先，用人单位出具离职证明具有指向性，是向离职劳动者出具，是为离职劳动者的利益而出具，为方便劳动者将来就业或办理失业登记之用，而非为劳动者将来的供职单位出具。离职证明通常用于拟录用劳动者的新用人单位判断劳动者是否属于可自由择业的人员,对于劳动者工作能力、岗位匹配程度属于新用人单位在招聘录用环节作出的判断,无须原用人单位作出任何主观评价;并且,无论劳动者在原用人单位工作如何,均只适用于当时限定的环境,不能因其一时的行为推定其后续的表现。

其次,在劳动合同解除时,用人单位及时依法为劳动者出具离职证明系法律规定用人单位的后合同义务,而非用人单位可以滥用的权利,不能任由其毫无限制地描述有利于己方的、带有主观倾向性的认定,毫无底线地制造劳动者再就业障碍。尤其是在用人单位单方辞退劳动者,双方因此产生劳动争议之时,其解除理由是否合法尚需裁判机关认定,此时用人单位利用信息地位的不对等,将解除理由写入离职证明中,这种向劳动者将来的工作单位提供含有价值评判性质的、不属于法定内容的、不利于劳动者的记载,一定会为劳动者的就业前景抹上阴影。比如本案中,某金融公司在离职证明中描述的张某"不能胜任工作",但经仲裁委员会审理查明,张某在职期间工作表现良好,业绩达标,某金融公司并无证据可以证明张某无法胜任工作,其解除劳动关系依据与客观事实严重不符,故某金融公司的解除行为被仲裁认定为违法,其在离职证明中的不实陈述必然会给张某将来求职单位带来误导性的意见,不利于张某重新就业。

再次,劳动者的生存权相对于用人单位的用工自主权处于弱势地位,在劳动关系解除的过程中,劳动者无力介入用人单位离职证明的出具当中,只是作为被动接受者,有的用人单位不仅加入评价性词语,甚者加入"双方再无其他劳动争议"以干涉劳动者司法维权途径。以追求实质正义的法律应当对劳动者一方进行适度倾斜保护,但这不意味着对劳动者进行"偏袒",而是对现实中劳动者与用人单位之间这种不平等地位的矫正,无论是《中华人民共和国劳动法》还是《中华人民共和国劳动合同法》的立法宗旨均是"保护劳动者的合法权益",故出具一份简洁、合法的离职证明是平衡劳动者和用人单位地位的必然要求。

最后,在构建和谐劳动关系的大时代背景下,用人单位如果为劳动者出具了不符合客观事实、带有污蔑或诋毁性质的离职证明,给劳动者将来就业造成损失的,劳动者必然会为了维护自身权益,与原用人单位产生新的诉讼案件,届时将增加司法成本,双方当事人为了已经了结的劳动关系争吵不休,无法产生新的社会价值,也势必为和谐劳动关系的建立带来负面效应。故笔者认为应该从根源上杜绝用人单位的不规范行为，限定离职证明的内容，减少由于出具离职证明所能够引发的争议案件，引导用人单位在劳动者离职时作出客观、公正、规范的行业行为。

综上所述，离职证明是有限定内容的，如果用人单位出具违反前述法律规定或与事实不符的离职证明，劳动者均可以要求原用人单位重新开具，由此造成的损失也应由用人单位承担。用人单位应当审慎处理劳动者离职时的相关手续，规范用工行为，为劳动者及时开具符合法律要求的《离职证明》，减少不必要的劳动争议，共同营造和谐稳定的就业氛围。

（北京市东城区劳动人事争议仲裁院　陈宏）